曹薰铉、李昌镐精讲围棋系列

精讲围棋死活 5

李昌镐围棋研究室——编著

化学工业出版社

图书在版编目（CIP）数据

精讲围棋死活. 5 / 李昌镐围棋研究室编著. —北京：化学工业出版社，2020.10
（曹薰铉、李昌镐精讲围棋系列）
ISBN 978-7-122-37495-0

Ⅰ. ①精… Ⅱ. ①李… Ⅲ. ①死活棋(围棋) Ⅳ. ①G891.3

中国版本图书馆CIP数据核字(2020)第145365号

责任编辑：史　懿　　装帧设计：刘丽华
责任校对：李雨晴

出版发行：化学工业出版社（北京市东城区青年湖南街13号　邮政编码100011）
印　　装：大厂聚鑫印刷有限责任公司
710mm×1000mm 1/16　印张12　字数180千字　2020年10月北京第1版第1次印刷

购书咨询：010-64518888　　售后服务：010-64518899
网　　址：http://www.cip.com.cn
凡购买本书，如有缺损质量问题，本社销售中心负责调换。

定　价：49.80元

职业棋手在下每一手棋时，对其以后的各种变化都会经过仔细的计算。他将每一变化在脑海里像放电影似的反复演示，并判断出最佳下法，之后才会棋盘上落子。

但业余棋手，尤其是初学围棋的人下棋时，虽紧紧盯着棋盘，眼中却没有手棋以后的变化，只是一味地将棋子下在棋盘上。他们行棋的速度很快，所心的也只是谁输谁赢。养成这种习惯，对提高棋力绝对有害无益。

因此在下每一手棋时，都应认真考虑对方会如何应付，而自己接下来又该样下，这样的思考方式非常重要。这种在脑海中分析以后各种变化的能力，是人们经常提到的计算能力。

每当有人问我“如何才能提高围棋水平”时，我总是回答“培养计算能是提高棋力的捷径”。而经常接触死活问题，就是培养计算能力的最好方法。学围棋者在解答那些普通死活题时，由于往往事先就知道了正确答案，因此效不大。只有在不知道正确答案的前提下，通过对每一问题中各种变化的充分析，才能起到事半功倍的作用。

《精讲围棋死活》题目的难度逐步提升，大体上以每两册为一个台阶，分初、中、高三个层次。做题时，应尽量凭自己的计算认真解答，而不要着急看答案。通过解题，您会发现，自己的棋力在不知不觉中提高了许多。

李昌镐

2020 年 8 月

围棋是中国的国粹，它能启发智力，开拓思维，是一项非常有益的修身性的娱乐活动。成人通过学习围棋，可以培养自己良好的心境和大局观；儿通过学习围棋，可以培养耐心，提高注意力，锻炼独立思考能力，挖掘思维能。学习围棋对课业学习也有十分明显的帮助。

那么如何学习围棋？如何学好围棋？什么样的围棋书才能更有针对性提升棋艺水平？

韩国棋手曹薰铉、李昌镐不仅是韩国围棋的代表人物，在国际棋界也有足轻重的地位。我们经与曹薰铉、李昌镐本人直接接洽，使得本系列书得以利出版。

本系列书包括定式、布局、棋形、中盘、对局、官子、死活、手筋共个主题，集曹薰铉、李昌镐成长经验和众多棋手的智慧于一体，使用了韩国业棋手的大量一手资料，其难度贯穿了围棋入门、提高、实战和入段等各个段，内容覆盖了实战围棋各个方面，是非常系统且透彻的围棋自学读物。

《精讲围棋死活》每册收录了各类死活问题 120 余道。从棋形急所、做破眼要点、手筋应用、行棋次序等方面，锻炼读者的计算能力，重视死活问第一手棋的行棋方向，强调实战技巧。

本书由陈启等承担资料翻译、整理工作，由石心平、范孙操负责稿件校，并得到曹薰铉、李昌镐围棋研究室众多成员的大力协助，在此对他们的勤劳动表示诚挚的感谢。

衷心希望广大围棋爱好者能通过学习本书迅速提高棋力，并由此享受围带来的快乐。

编著者

2020 年 7

上篇　做活

下篇　杀棋

上篇

做活

问题 1

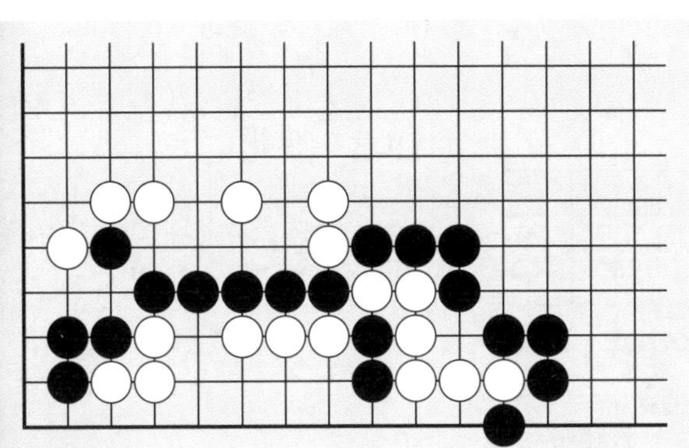
问题 1

黑先。左侧的大块黑棋还有没有活路？黑棋应利用白棋的弱点来思考问题。请问黑棋应如何下？

问题 2

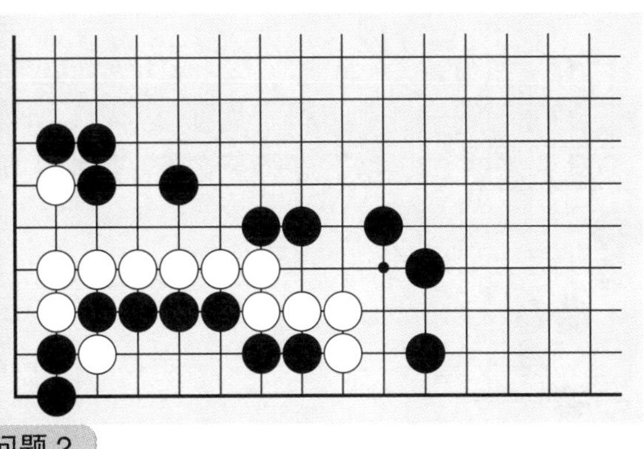
问题 2

白先。白棋如何利用黑棋的弱点做活？

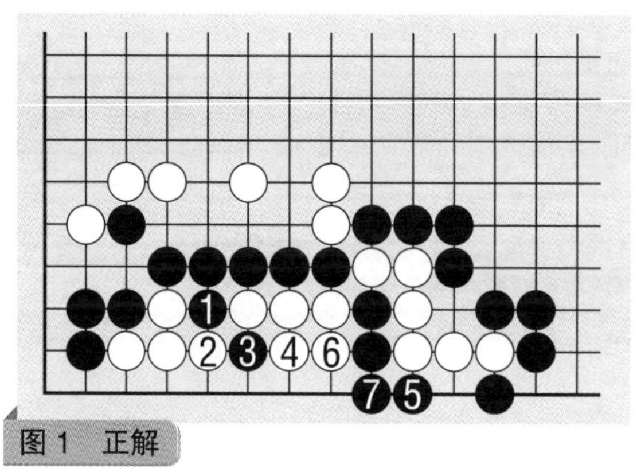
图 1 正解

问题 1 解说

图 1 正解

黑 1、3 冲断是正确的次序，白 4 时，黑 5、7 可以利用白棋不入气的弱点吃住右边白六子。

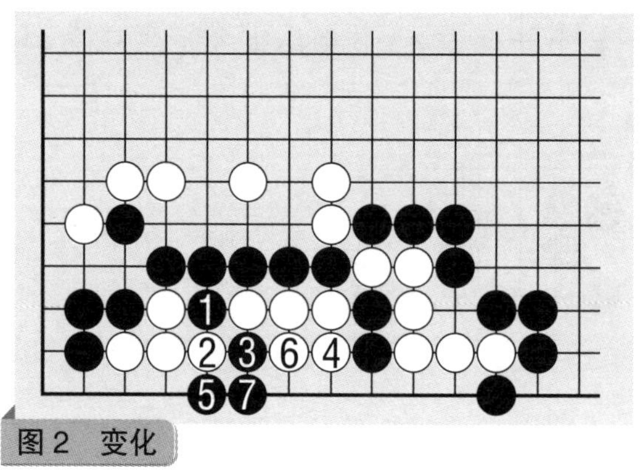
图 2 变化

图 2 变化

黑 1、3 时，白 4 如果打吃黑二子，则黑 5 扳，可以反过来吃左侧白子。

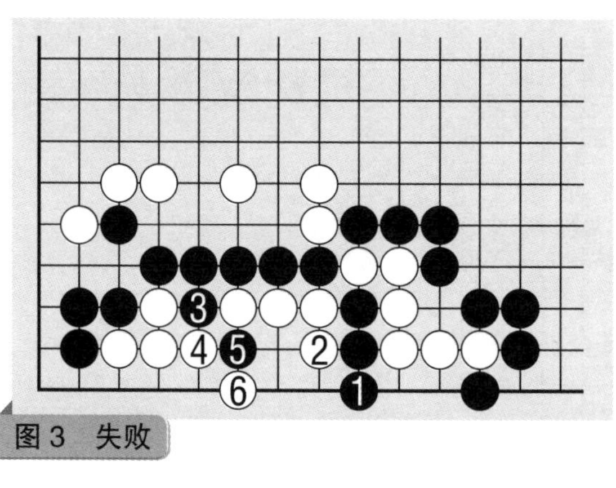
图 3 失败

图 3 失败

黑 1 先下立次序错误，以下进行至白 6，黑棋失败。

问题 2 解说

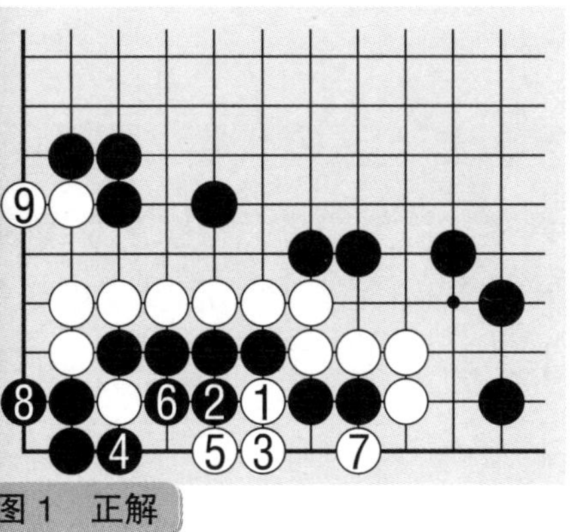
图 1 正解

图 1 正解

白 1 断是解决问题的关键，黑 2 时，白 3 下立又是好棋，以下进行至白 9，白棋已活。

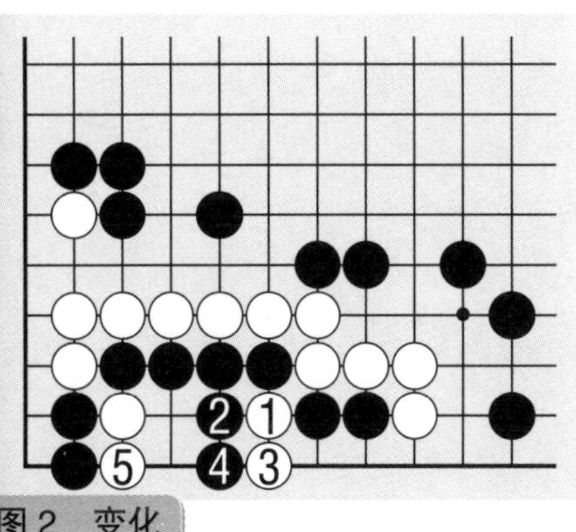
图 2 变化

图 2 变化

白 1 断、白 3 下立时，黑 4 打吃是大恶手，白 5 紧气后，黑棋被吃。

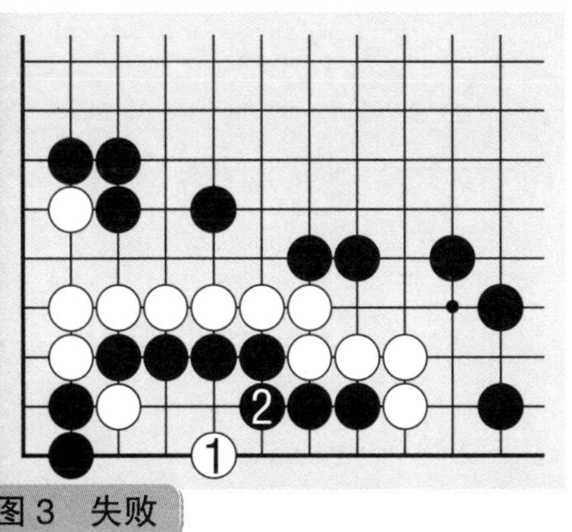
图 3 失败

图 3 失败

白 1 受棋形束缚，黑 2 连接之后，白棋不活。

问题 3

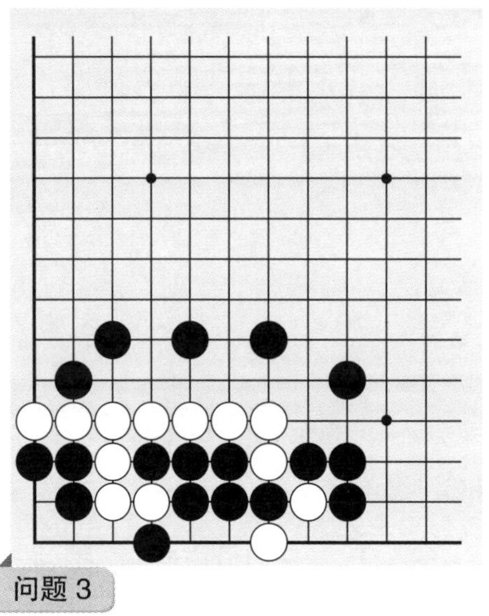
问题 3

白先。白方在本题中如果考虑问题过于简单，将会招致全军覆没。请问白棋如何下才能活棋？第一手棋和第三手棋是关键。

问题 4

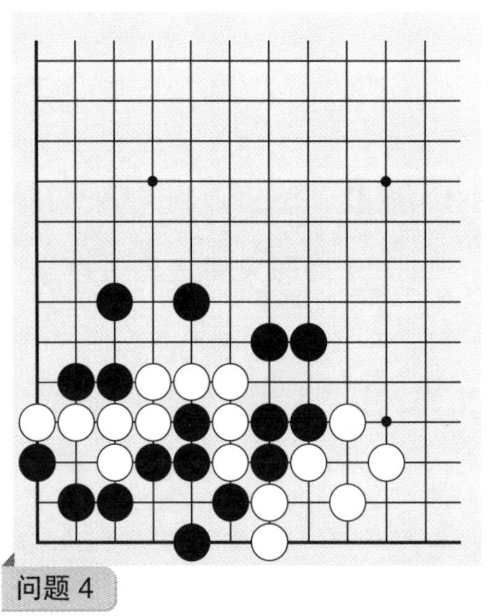
问题 4

白先。白棋十子已处于黑棋的重重包围之中，形势非常危险。请问白棋如何下才能活棋？下成打劫活即告成功。

问题 3 解说

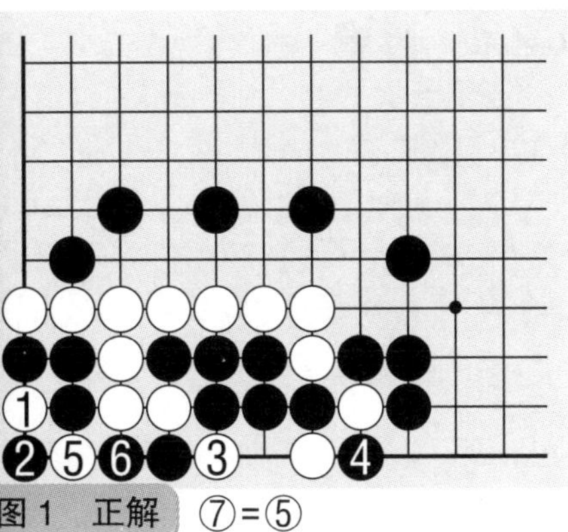
图 1 正解 ⑦=⑤

图 1 正解

白 1 先扑是解决问题的焦点，黑 2 时，白 3 又是手筋，以下进行至白 7，白棋可以活棋。

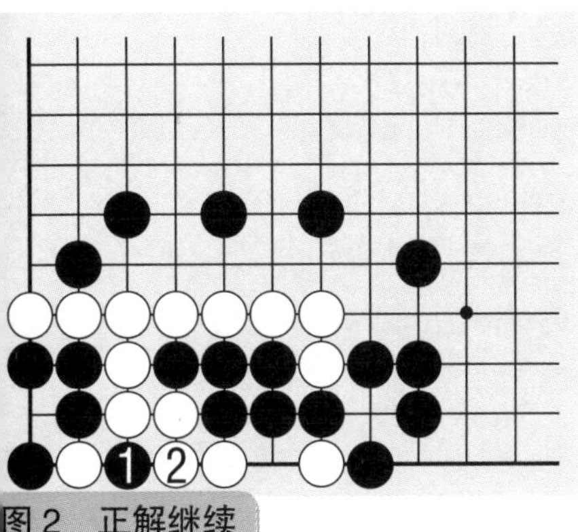
图 2 正解继续

图 2 正解继续

其后黑 1 提子，白 2 打吃，白棋气长，很明显活棋。

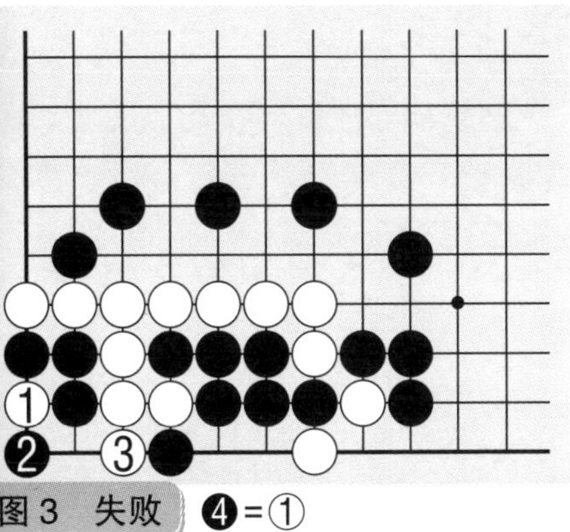
图 3 失败 ❹=①

图 3 失败

白 1、黑 2 时，白 3 如果挡，黑 4 连接则是好棋，结果白棋是“刀五”而不活。

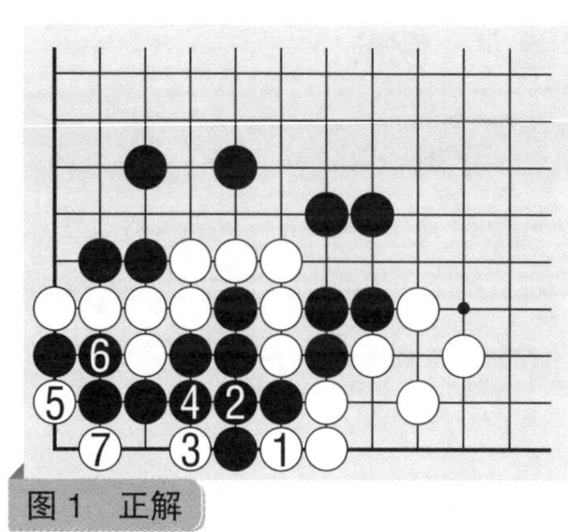

图 1 正解

问题 4 解说

图 1 正解

白 1、3 先手利用后，白 5 扑是
正确的，黑 6 虽是最佳应手，但至
白 7，白棋可以下成打劫活。

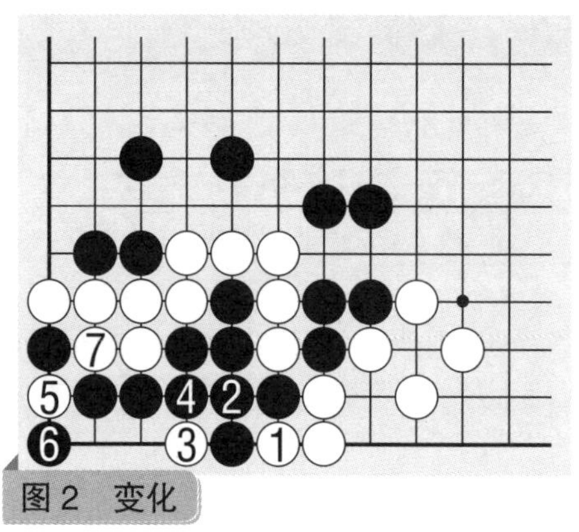

图 2 变化

图 2 变化

白 1 至白 5 时，黑 6 提也无济
于事，至白 7 打吃，仍然下成打劫。
正解中是黑棋先手劫，而本图是白
棋先提劫，故本图黑棋不满意。

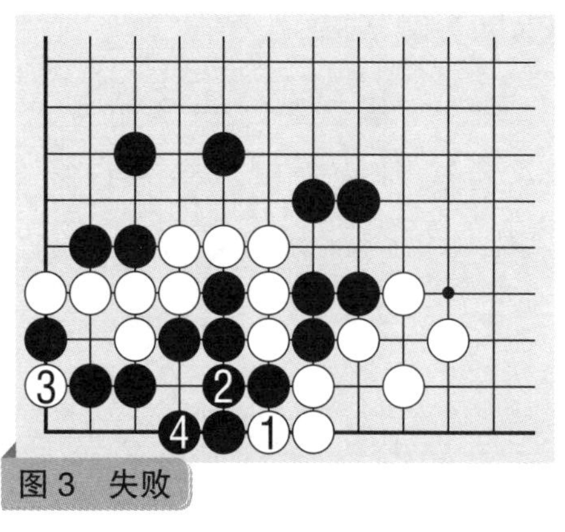

图 3 失败

图 3 失败

正解中的白 3 如果下成本图中
的白 3 扑则操之过急，次序错误，
黑 4 应后，黑棋可以活得很干净。

问题 5

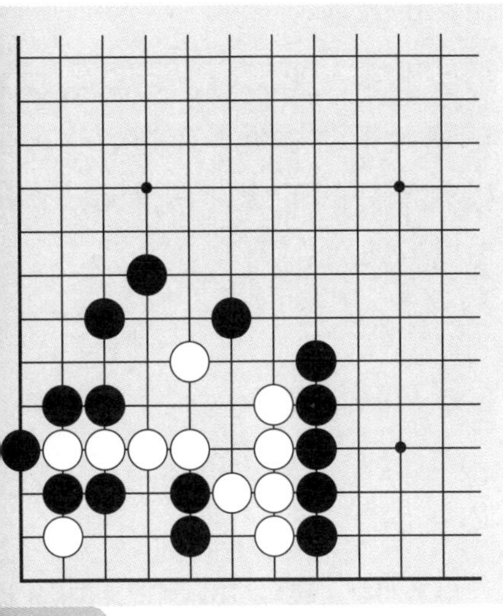
问题 5

白先。白棋目前只有一只眼，要想活棋，只有在角上做文章。请问白棋应如何下？下成打劫即是白棋的成功。

问题 6

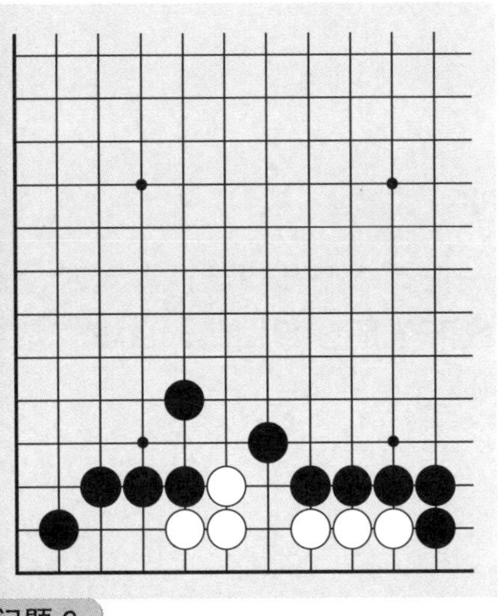
问题 6

白先。本题中白棋活棋的方法有两种，选择活得最大的下法是理所当然的。请问白棋应如何下？第一手棋是关键。

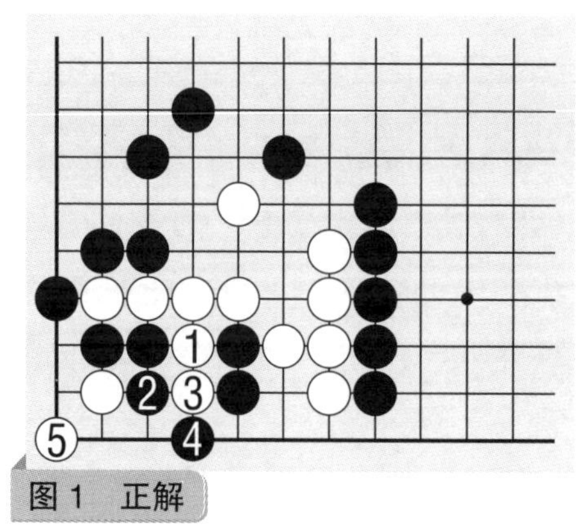

图1　正解

问题5　解说

图1　正解

白1冲，黑2时，白3再次
是正确的下法。黑4渡过，白5
是极为漂亮的下法，黑棋无法避
与白棋打劫。

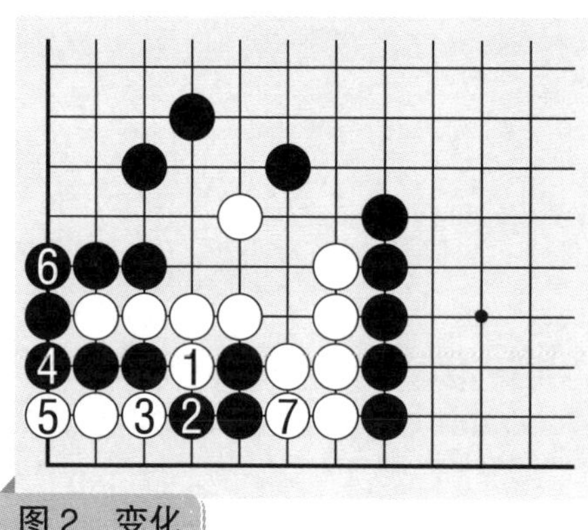

图2　变化

图2　变化

白1时，黑2挡无谋，白3
下至白7后，白棋可以吃住黑棋
子，当然极其满足。

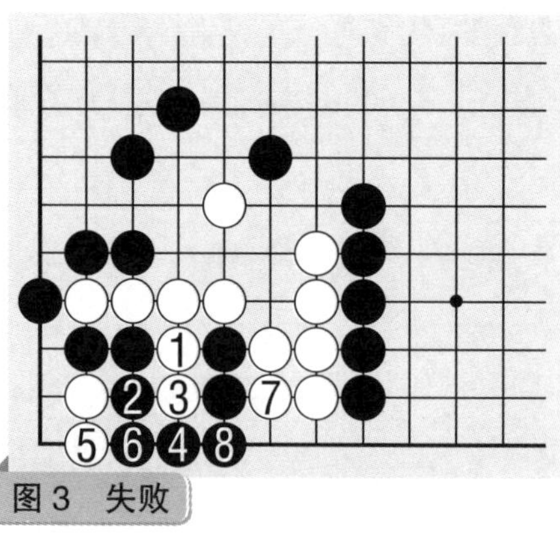

图3　失败

图3　失败

白1以下进行至黑4时，
5的下法是自断生路，白棋肯定
失败。

问题 6　解说

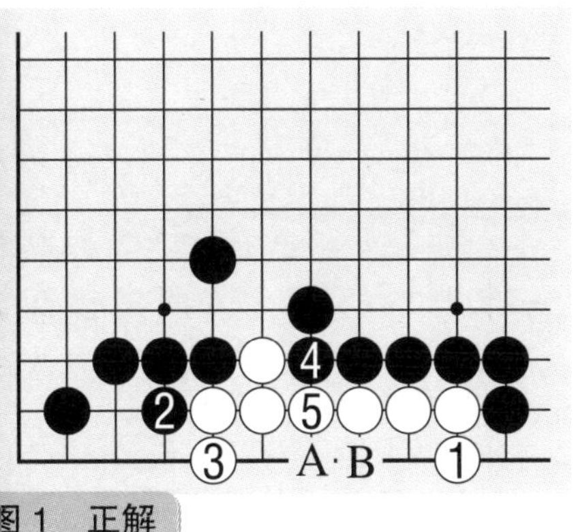

图 1　正解

图 1　正解

白 1 在一路下立是最佳的活棋方法，至白 5，白棋可以活棋，而且可围 4 目。其中黑 2 如果下在 A 位点，白 B 应，白棋仍活。

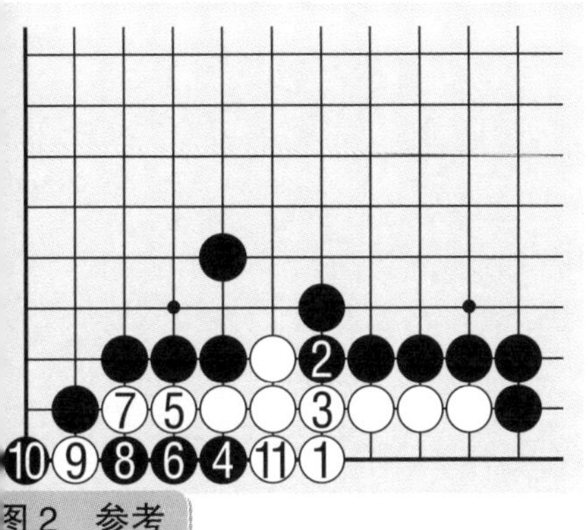
图 2　参考

图 2　参考

白 1 补于中间位置，也可以活棋。黑 4 以下至白 11，黑棋的破眼法最后以失败告终。其中黑 4 下在 5 位，白棋下在 4 位，白棋只活 3 目棋，结果不及正解。

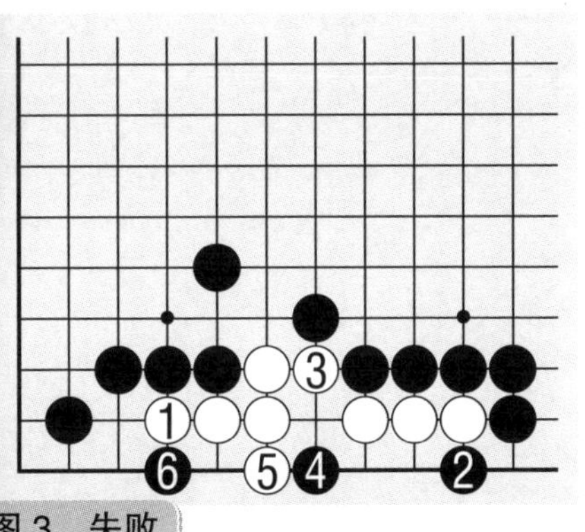
图 3　失败

图 3　失败

白 1 在二路爬的下法是失败之举，黑 2 扳是急所，以下进行至黑 6，白棋明显不活。其中白 1 如果下在 3 位，黑棋下在 4 位点，白棋仍不活。

问题 7

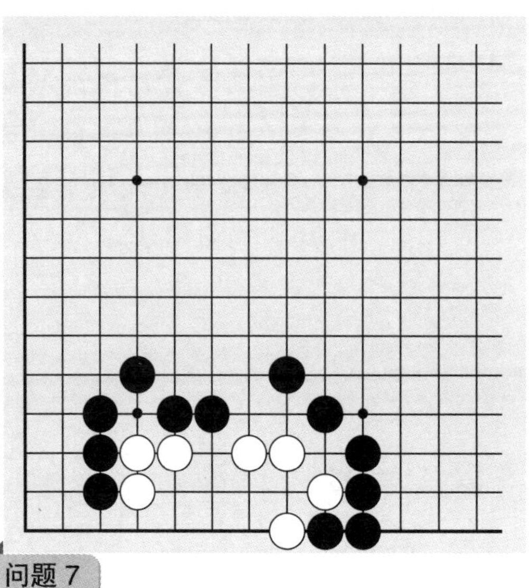

问题 7

白先。如果是了解围棋
活知识的人，会很容易找
本题的答案。请问白棋应
何下?

问题 8

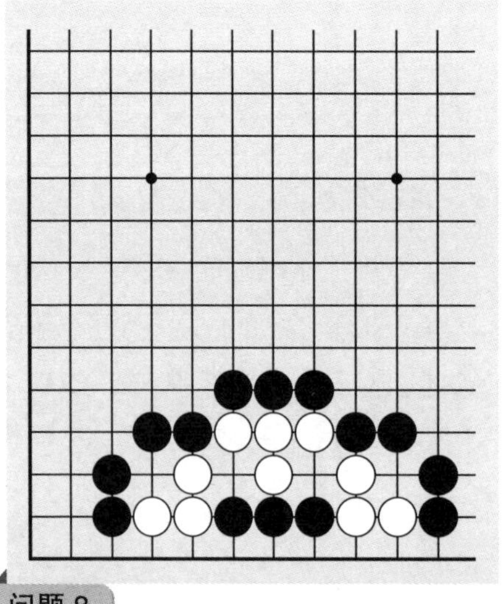

问题 8

白先。本题虽然是一道高级
活题，但具有中级水平者即可解答
在解题时，一定要牢记“两边同
走中央”这句棋谚。请问白棋应
何下?

问题7 解说

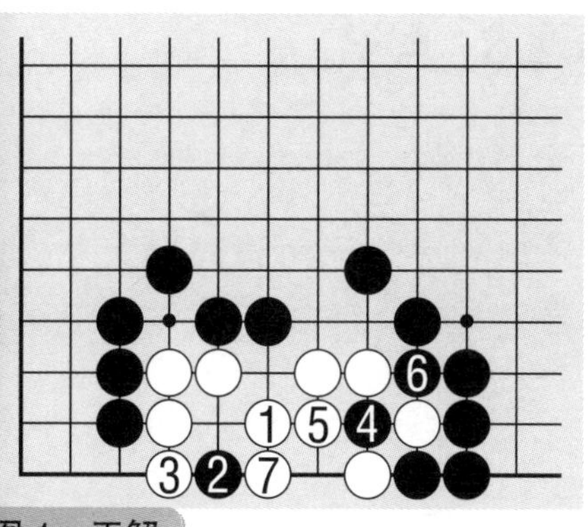
图1 正解

图1 正解

白1是死活的急所，黑2点，其后黑4扑是极其严厉的手段，以下进行至白7，白棋只能下成打劫活。

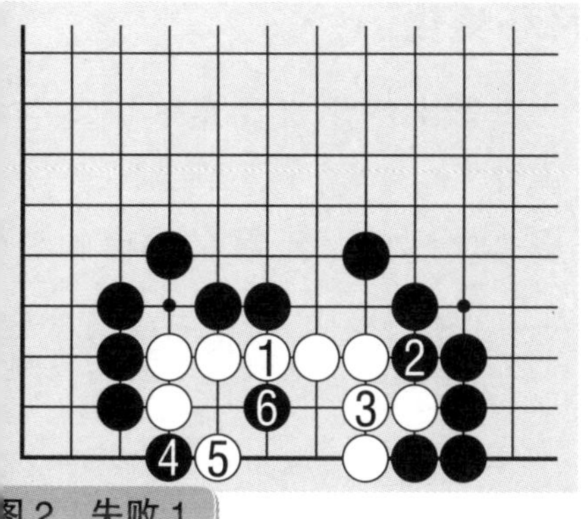
图2 失败1

图2 失败1

白1挡，最大限度地扩展空间，但黑2、白3后，黑4扳、6点，白棋净死。

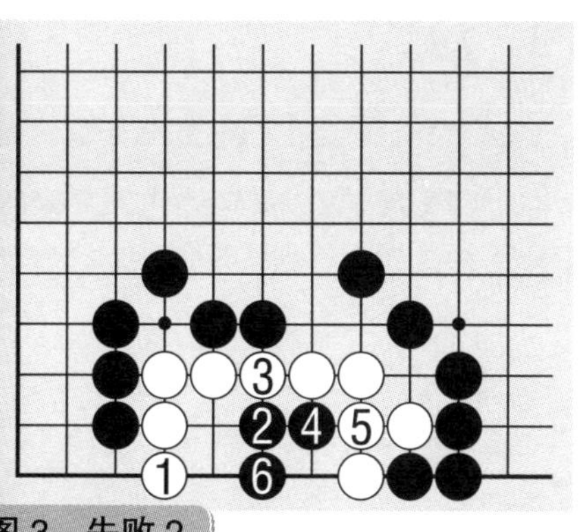
图3 失败2

图3 失败2

白1下立同样不成立，此时黑2点是急所，白3时，黑4、6破眼，白棋不活。

问题8 解说

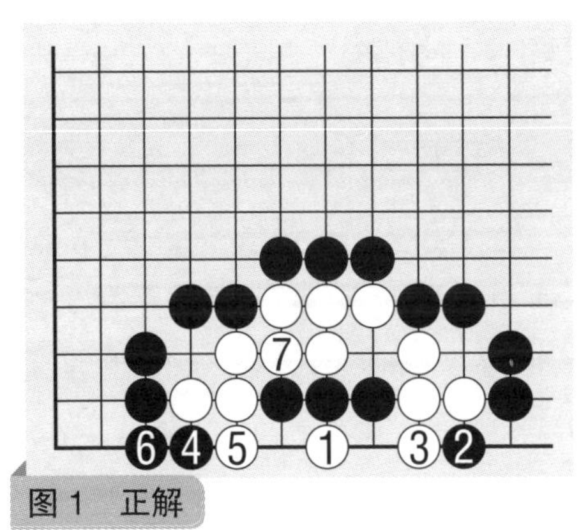
图1 正解

图1 正解

白1是位于两边同形之中央
要点，黑2以下进行攻击，但至
7，白棋可以下成双活。

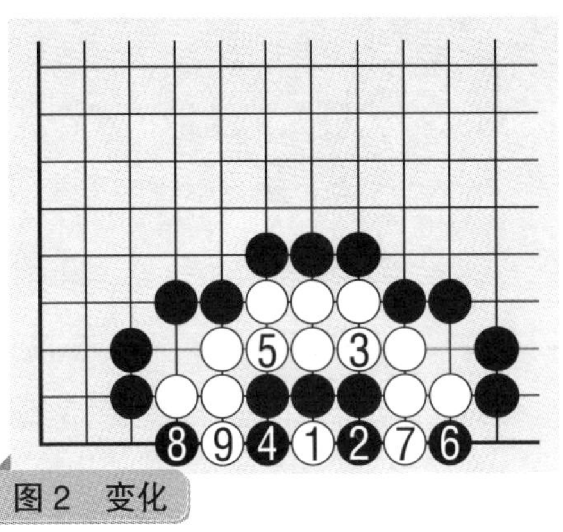
图2 变化

图2 变化

正解中的黑2如果下成本图
的黑2，白3以下至白9，白棋
得更大。因此，正解是黑棋的最
下法。

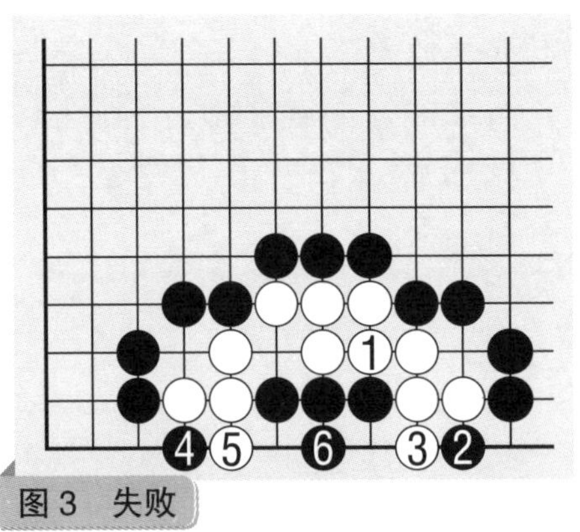
图3 失败

图3 失败

白1连接是不负责任的下
黑2、4两扳后，黑6破眼，结果
棋不活。

问题 9

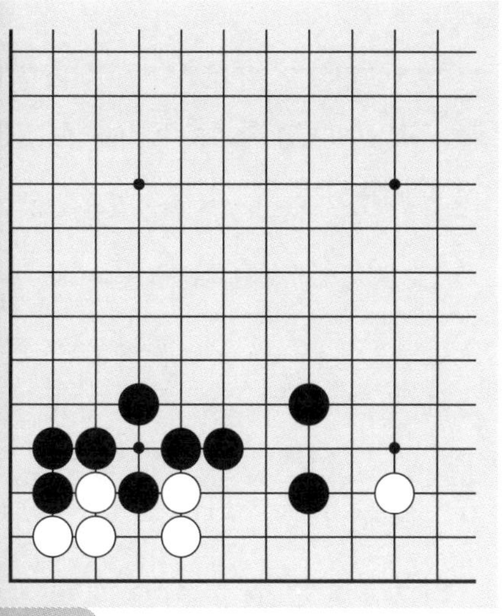

问题 9

白先。白棋角部如何下才能活棋？右边白棋一子可以发挥很大的作用。第三手棋是关键。

问题 10

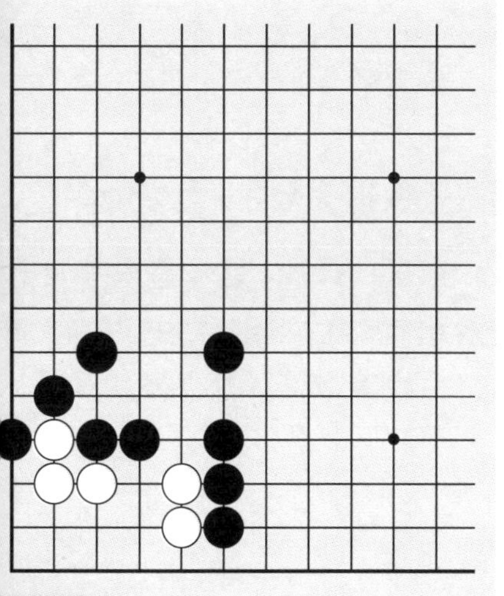

问题 10

白先。本题是角上基本死活的一种。请问白棋如何下才能活棋？本题活棋的要点是角上常用的。

问题 9 解说

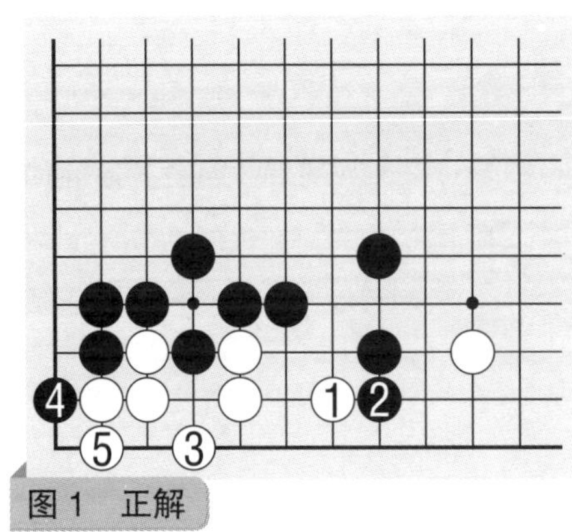
图 1 正解

图 1 正解

白 1 与黑 2 交换是活棋的先
次序，其后白 3 是做活的急所，
白 5，白棋可活。

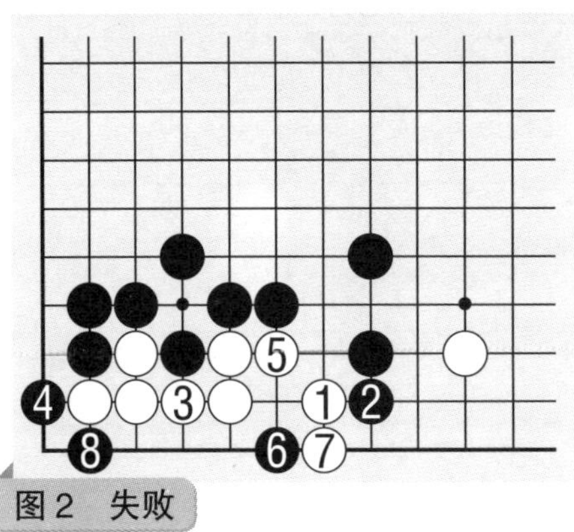
图 2 失败

图 2 失败

白 1、黑 2 时，白 3 连接，
非是想活得更大一点，但事与愿
黑 4 扳极其严厉，以下至黑 8，
棋不活。

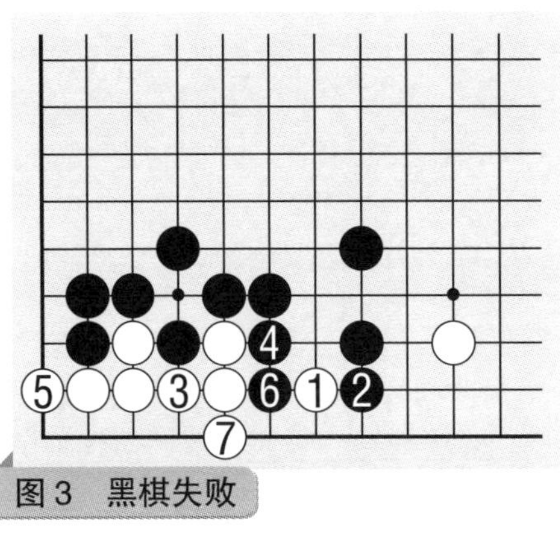
图 3 黑棋失败

图 3 黑棋失败

白 1、3 时，黑 4 是未能及时
住白棋错误的下法，白 5 抢占急
后，白棋可以活。这是黑棋的失败

问题 10 解说

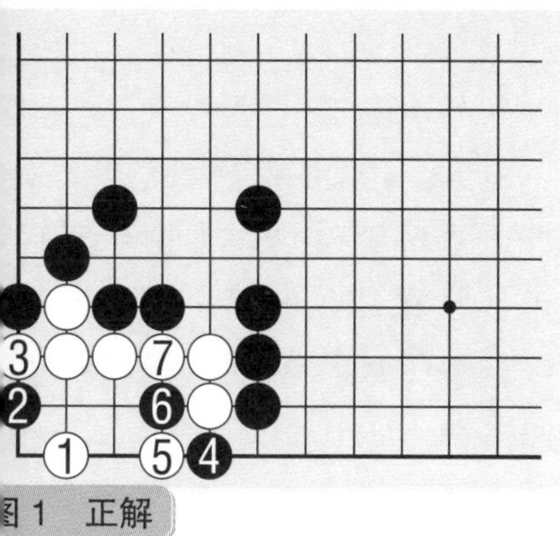
图 1 正解

图 1 正解

白 1 占据二路一线的要点是白棋活棋的根基。黑 2 点，白 3 断，其后黑 4、6 进攻时，白 5、7 应即可。

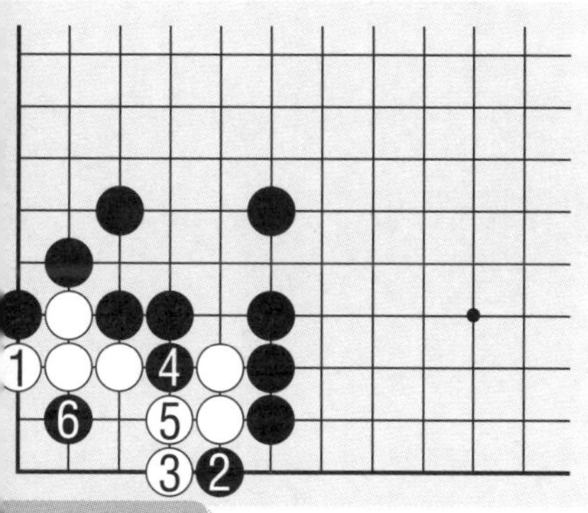
图 2 失败 1

图 2 失败 1

白 1 挡，以下至黑 6 进行后，黑棋可以简单吃住白棋。其后不论白棋如何努力都没用。

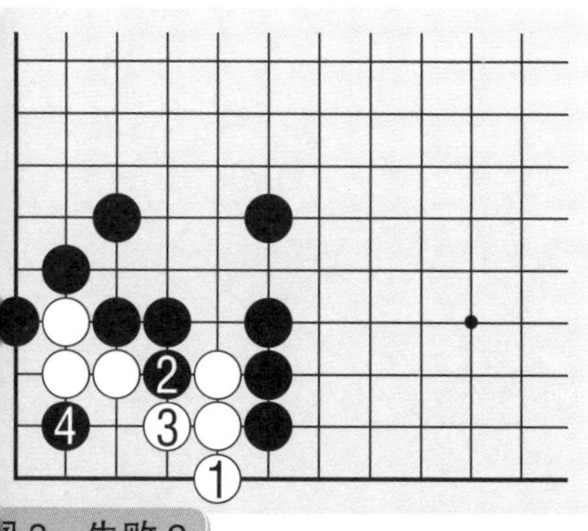
图 3 失败 2

图 3 失败 2

白 1 下立也不行，黑 2、4 攻击后，白活棋空间不够。

问题 11

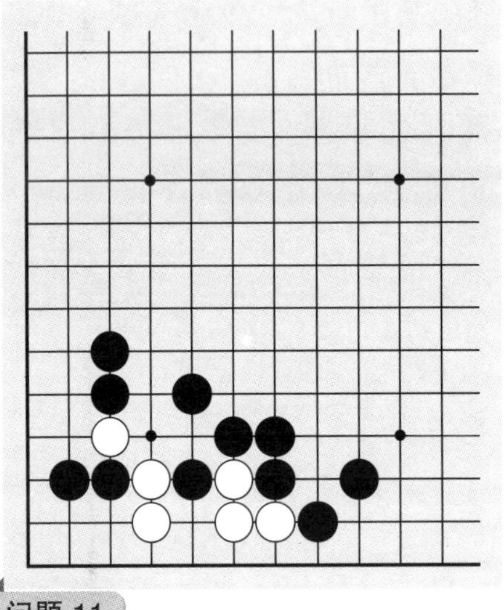
问题 11

白先。本题中白棋的第一手或许大家都能发现，但由于黑棋反击非常猛烈，白棋不能无条件棋，只能下成打劫活。请问白棋如何下？

问题 12

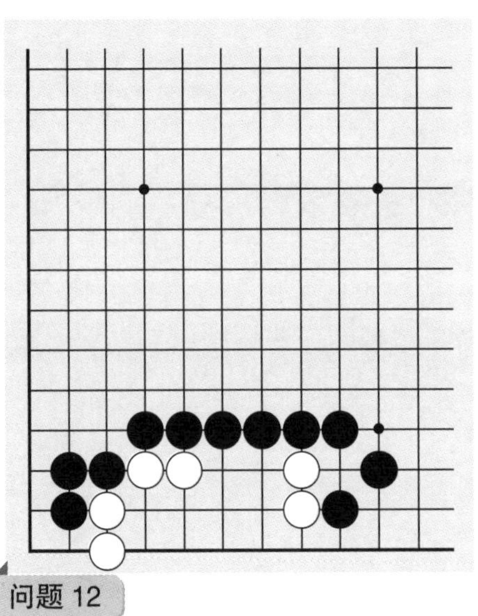
问题 12

白先。初看白棋的活棋空间非充分，其实并非如此。请问白棋应何下？

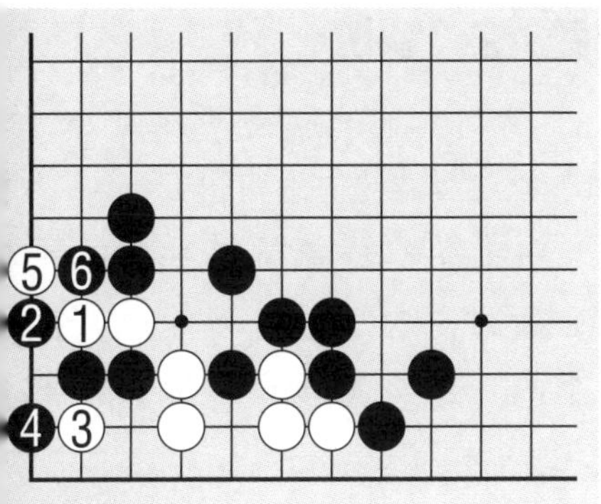
图 1 正解

问题 11 解说

图 1 正解

白 1 冲下是比较容易想到的，而黑 2 扳则是最强抵抗，白 3 时，黑 4 是正应，其后白 5、黑 6，白棋可以先提劫。

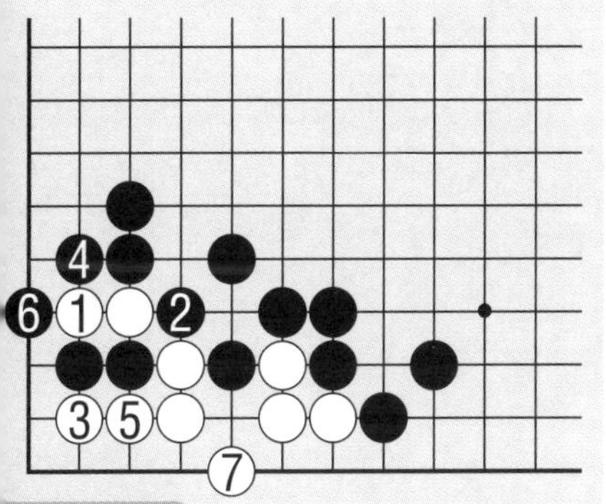
图 2 黑败

图 2 黑败

白 1 时，黑 2 断是普通的想法，其后白 3、5 先手利用，白 7 是做活的要点，结果白棋活得很干净。

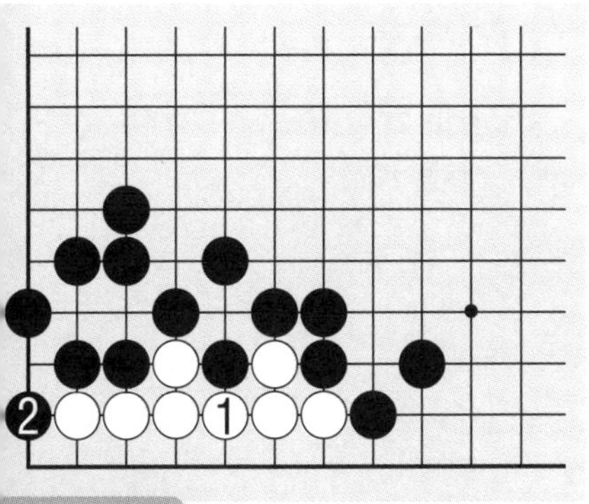
图 3 白败

图 3 白败

图 2 中的白 7 如果下成本图中的白 1 连接，被黑 2 扳后，白棋的生存空间不够。

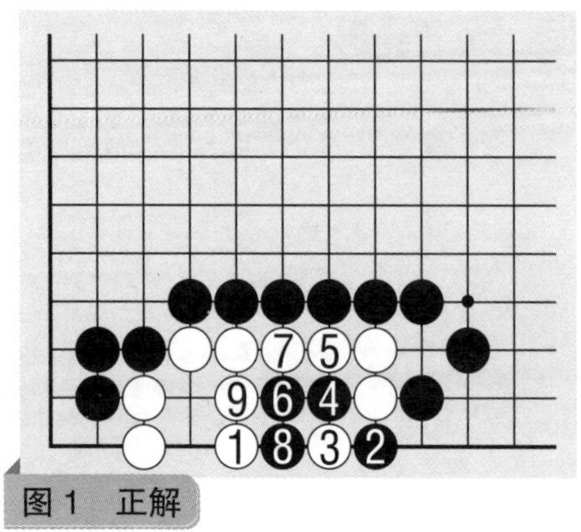
图 1　正解

问题 12　解说

图 1　正解

白 1 在一路单跳是绝妙的手筋，黑 2 扳时，白 3 扳可以成立，这是白 1 的效果，黑 4 时，白 5 以下至白 9，白棋可吃接不归。

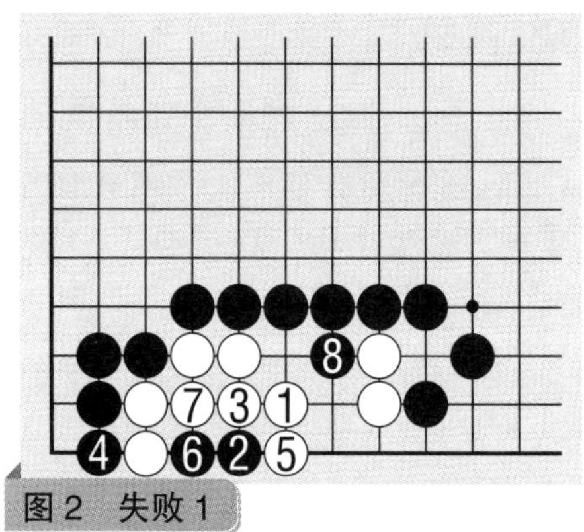
图 2　失败 1

图 2　失败 1

白 1 尖看似好棋，但黑 2 的攻击非常严厉，以下至黑 8，白棋不能活。

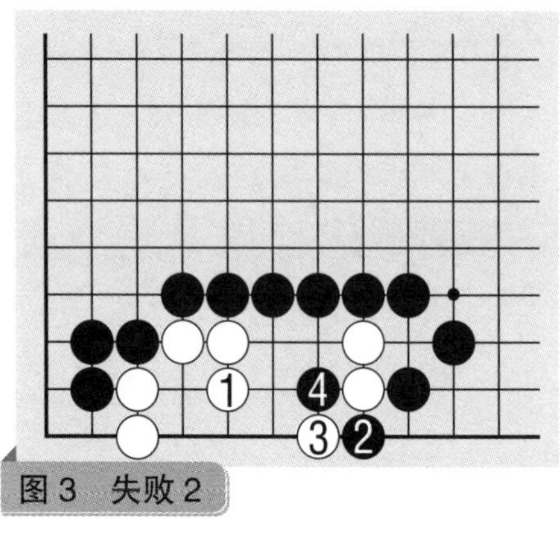
图 3　失败 2

图 3　失败 2

白 1 曲补，黑 2、4 的攻击可以成立，白棋失败。

问题 13

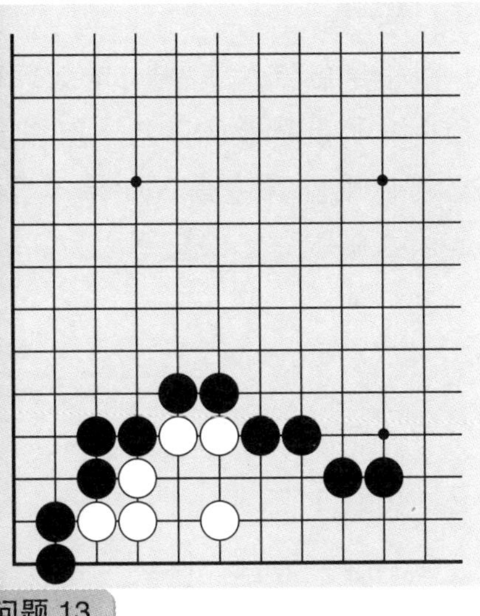
问题 13

白先。本题中的白棋如何下才能活棋？只有第一手棋和第三手棋都正确才能确保两只眼。

问题 14

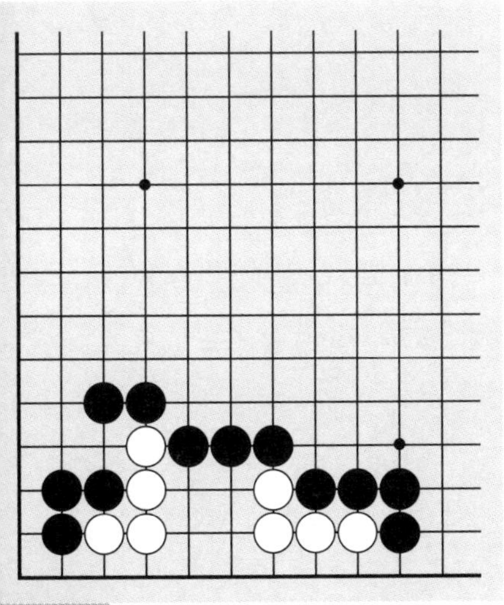
问题 14

白先。本题中的白棋生存空间虽很充分，但活棋的要点只有一个。请问白棋应如何下？

问题 13　解说

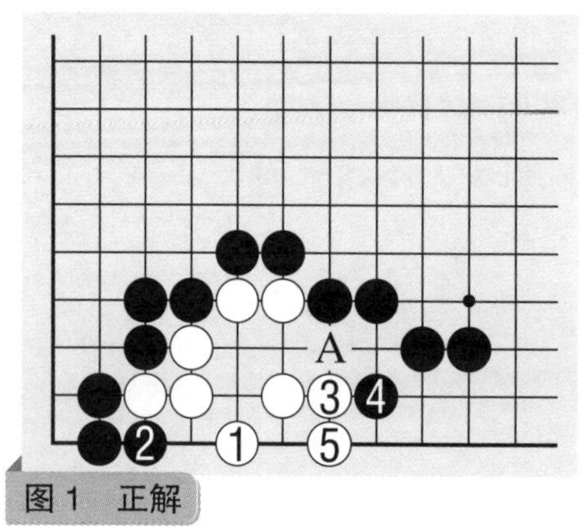
图 1　正解

图 1　正解

白 1 是做活的要点，黑 2 攻
时，白 3 长是稳健的下法，至白 5
白棋可以活。其中白 3 如果下在
位，黑 A 破眼后，白棋不活。

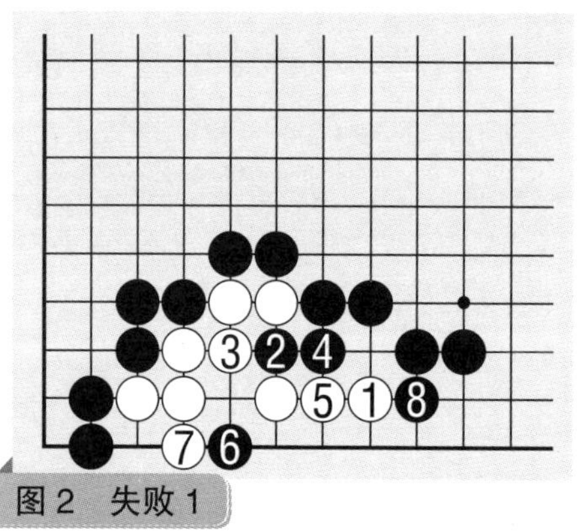
图 2　失败 1

图 2　失败 1

白 1 跳扩展自己过贪，黑 2、
是严厉的破眼手段，黑 6(或下在
位)、8 之后，白棋净死。

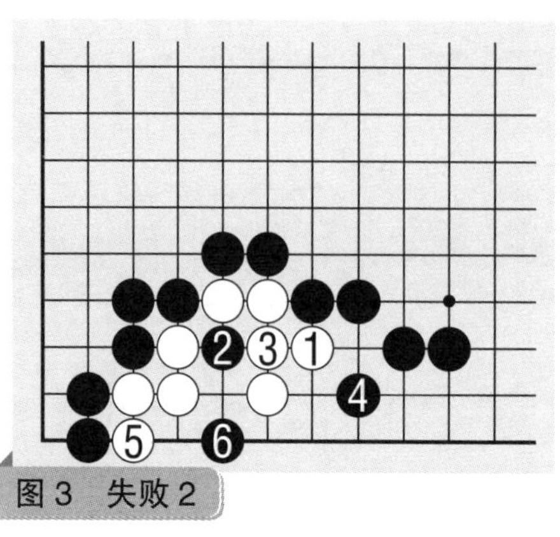
图 3　失败 2

图 3　失败 2

白 1 同样是失败的下法，黑 2
4 破眼后，白棋不活。

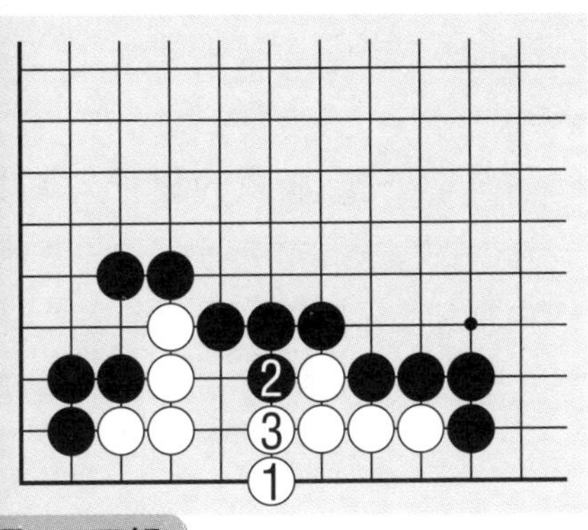

图1 正解

问题14 解说

图1 正解

白1尖是巧妙的下法，也是唯一的做活要点，由此可以左右各确保一眼。

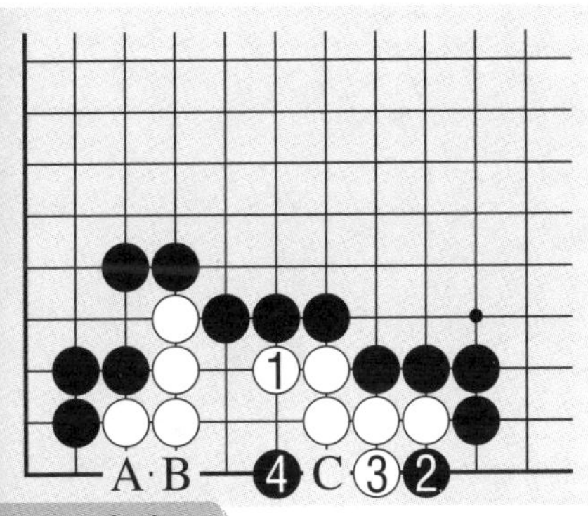

图2 失败1

图2 失败1

白1时，黑2、4是严厉的攻击手段，白棋难逃死亡的命运。其中白1如果下在2位，经黑A、白B、黑C后，白棋仍是死棋。

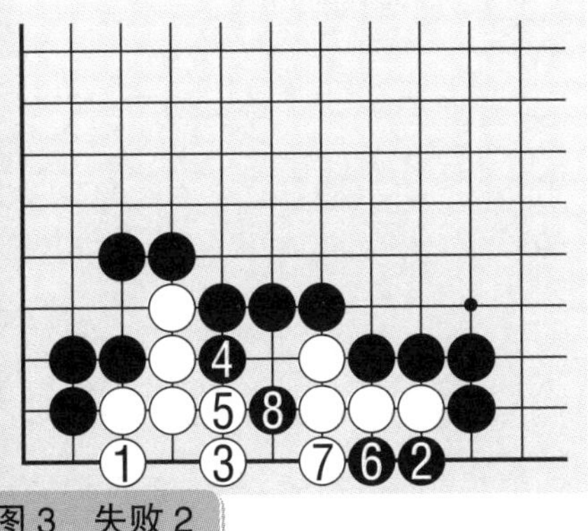

图3 失败2

图3 失败2

白1同样是失败之举，黑2以下至黑8，白棋明显是死棋。

问题 15

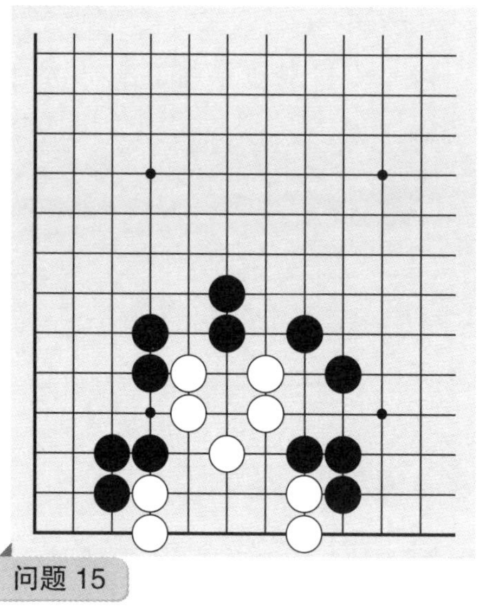

问题 15

白先。一看本题的棋形，白
属于对称型，因此中央必定是急所
请问白棋应如何下？

问题 16

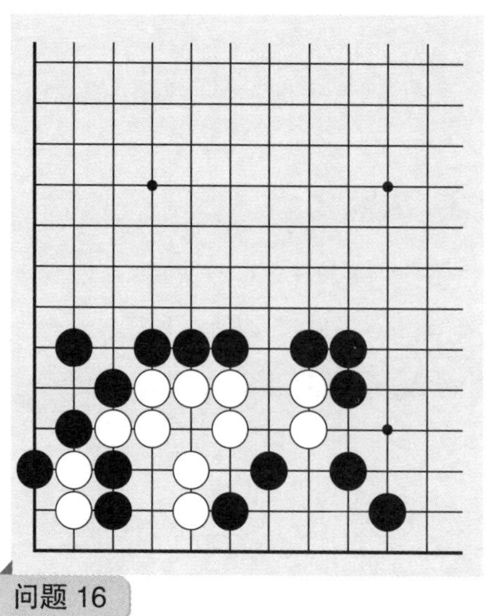

问题 16

白先。白棋本身已无做出两
眼的空间，但只要能充分利用被
住的角上二子，白棋完全可以起
回生。请问白棋应如何下？

问题 15 解说

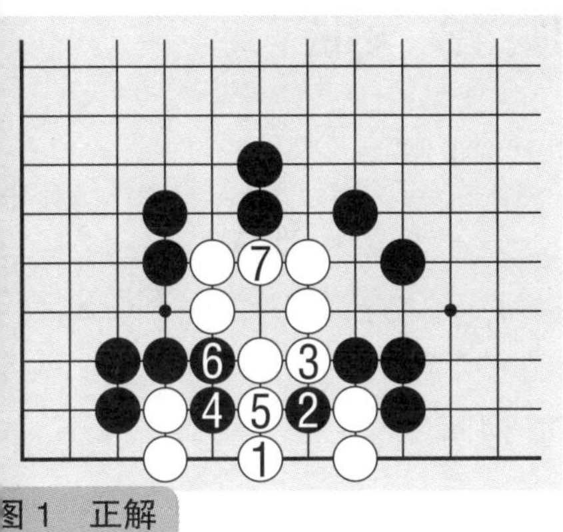
图 1 正解

图 1 正解

白 1 跳是对称棋形的中间要点，由此可以先手确保一眼，以下进行至白 7，白棋净活。

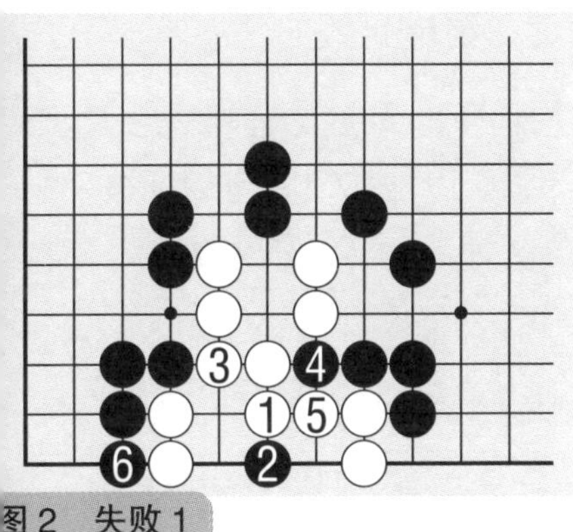
图 2 失败 1

图 2 失败 1

白 1 虽然也处在中间位置，但黑 2 是急所，以下进行至黑 6，白棋不活。

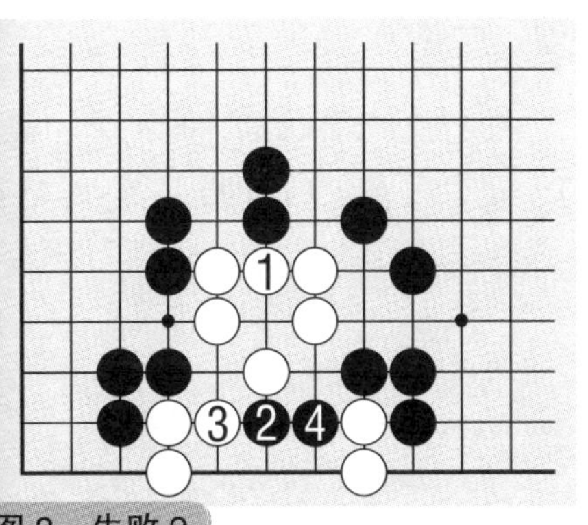
图 3 失败 2

图 3 失败 2

白 1 首先在上侧做眼，缺少计算，黑 2 点击中要害，其后白棋已没什么好的对策。其中白 3 如果下在 4 位，黑棋下在 3 位，结果相同。

问题 16 解说

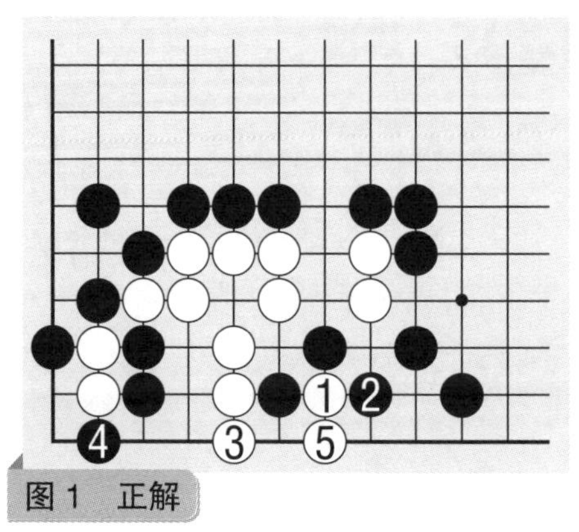
图 1 正解

图 1 正解

白 1 嵌是巧妙的下法，黑 2
吃时，白 3 下立，黑 4 不得已打
角上的二子，白 5 则可下立，从
可确保两只眼。

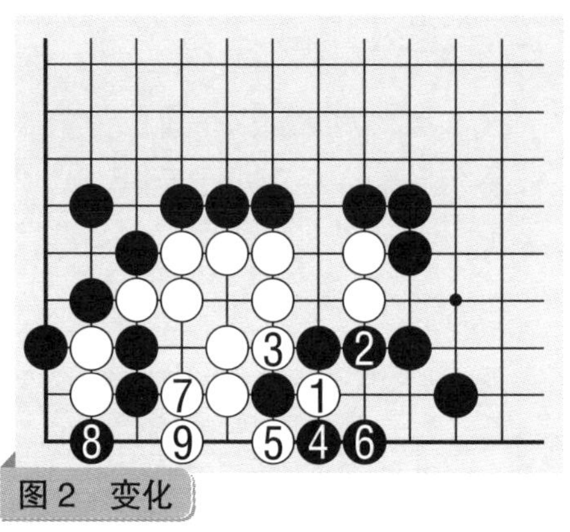
图 2 变化

图 2 变化

白 1 时，黑 2 连接，白 3、5
手利用后，白 7、9 可以活棋。

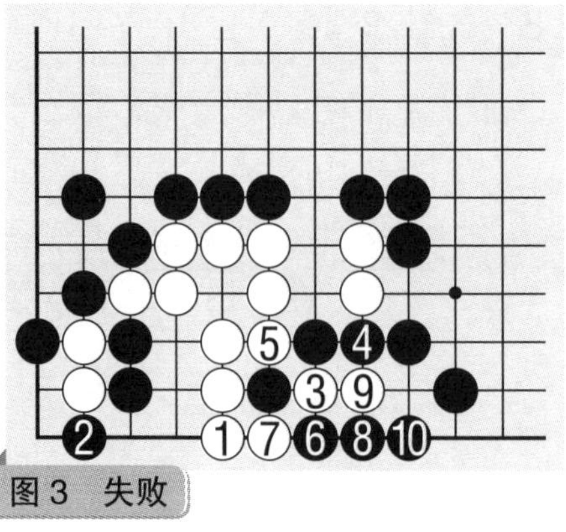
图 3 失败

图 3 失败

白 1 首先下立次序错误，黑
打吃角上二子，白 3 时，黑 4、6
眼，白棋不活。

问题 17

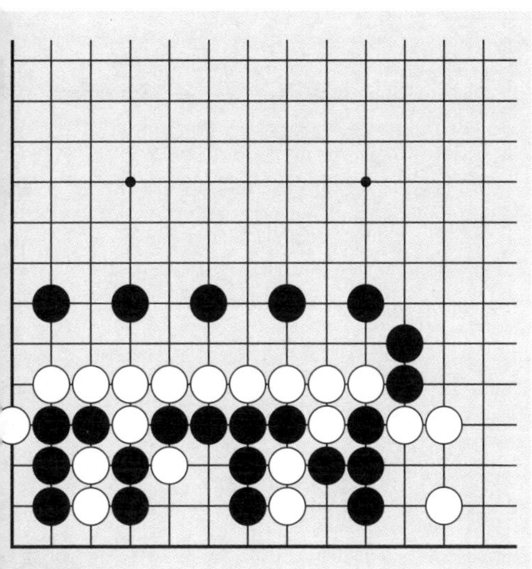
问题 17

白先。白棋已被黑棋围困，看起来毫无生存的希望，但只要白棋能正确利用被吃住的白子，完全可以开辟一条生存之路。请问白棋应如何下？

问题 18

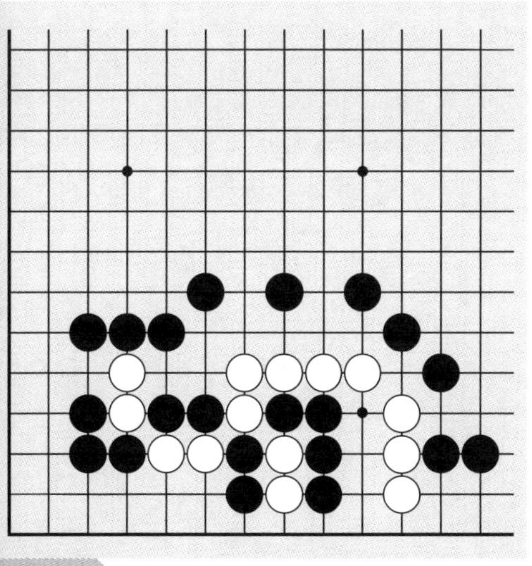
问题 18

白先。白棋如果仅仅提去中间黑二子肯定不能活棋。白棋目前可以选择的是阻止下侧黑棋渡过。请问白棋应如何下？

问题17 解说

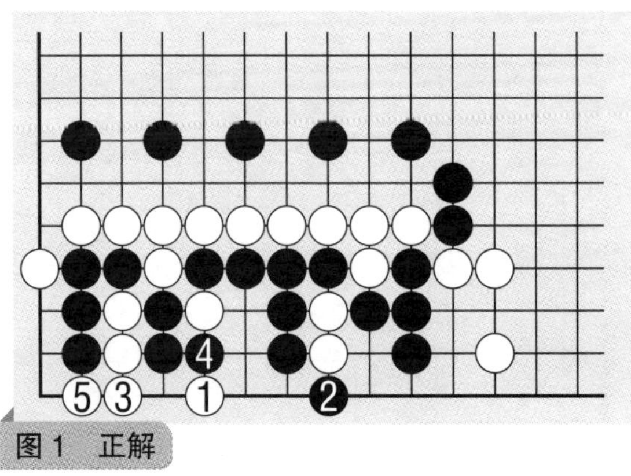
图1 正解

图1 正解

白1在一路单跳是绝的手筋，黑2时，白3立则是准备好的手段，至5，白棋可以利用黑棋不气，吃住角上黑四子。

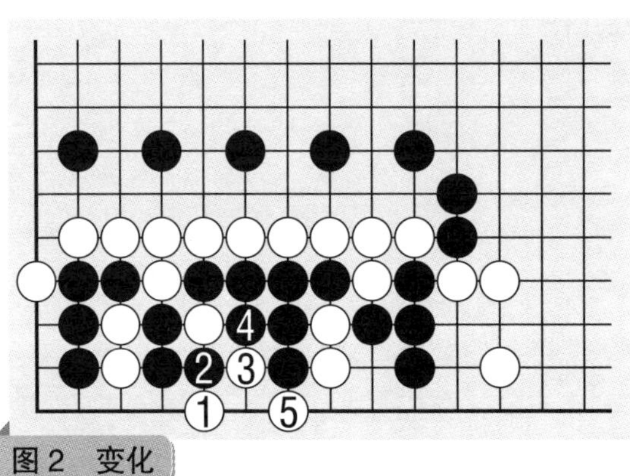
图2 变化

图2 变化

白1时，黑2如果吃，白3反打吃，黑4提后，白5可以做劫。这种择，黑棋如果劫败的话，失巨大，因此选择正解的行是稳妥的下法。

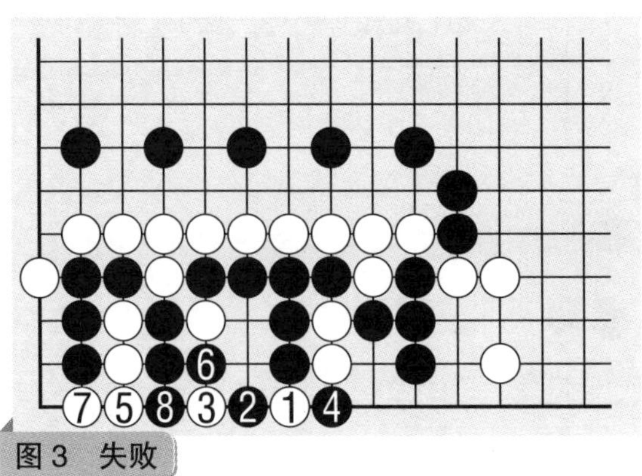
图3 失败

图3 失败

白1先扳次序错误，2应，白3、5、7进行 由于黑棋在8位可以入，棋失败。

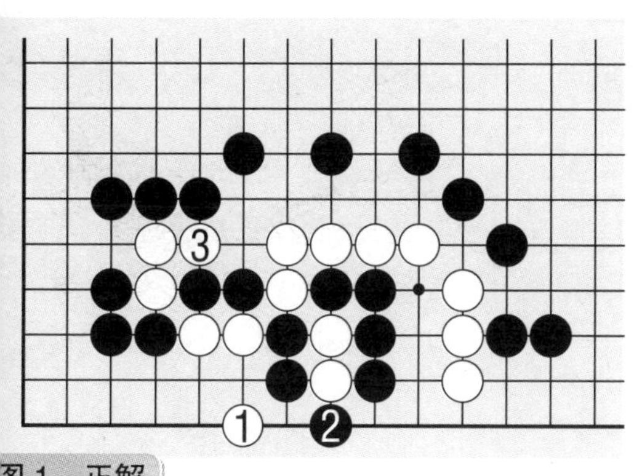
图 1 正解

问题 18 解说

图 1 正解

白 1 首先在一路跳是绝妙的下法，其后白棋在 2 位和 3 位中必居其一。实战中黑棋会选择 3 位，白棋则下在 2 位。

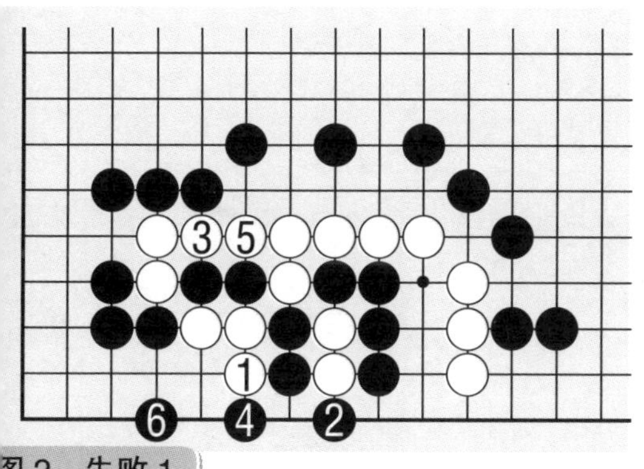
图 2 失败 1

图 2 失败 1

白 1 先打吃对切断黑棋毫无帮助，黑 2 直接提子，白 3 打吃上方黑二子，黑 4、6 则可以渡过，结果白棋不活。

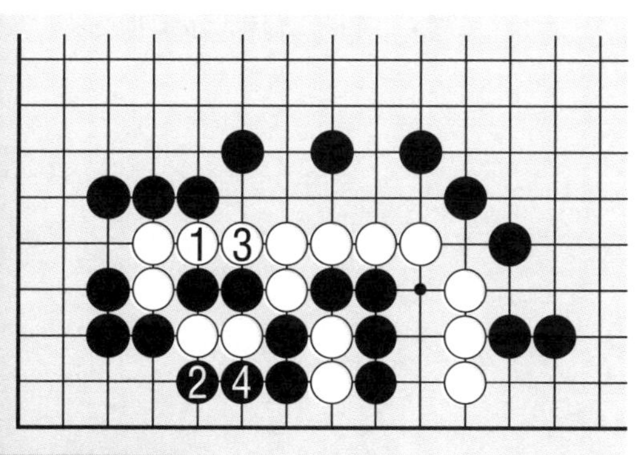
图 3 失败 2

图 3 失败 2

白 1 打吃上方黑二子，则至黑 4，白棋不活。

问题 19

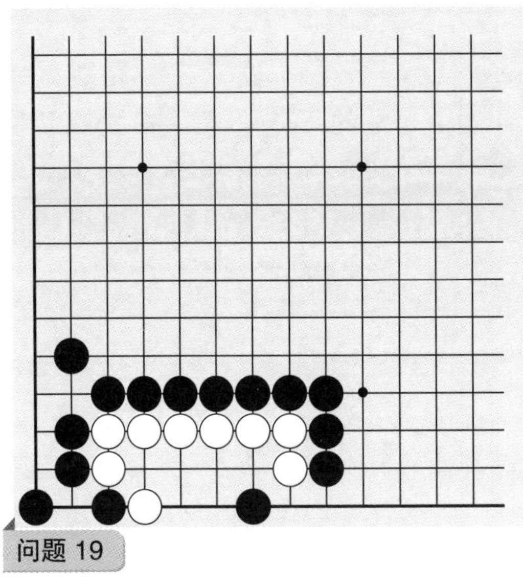
问题 19

白先。白棋在本题中如能正确抢占活棋的要点，可以非常容易地确保两只眼。请问白棋应如何下？

问题 20

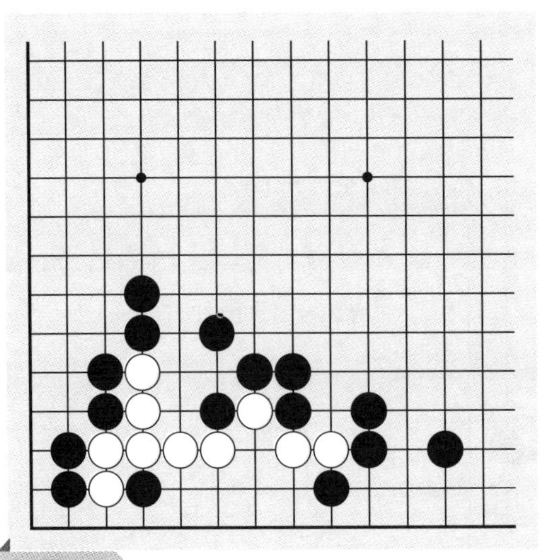
问题 20

白先。本题中的白棋第一手棋非常明显，但白棋如果考虑过于简单，很可能会招致失败。请问白棋应如何下？

问题 19　解说

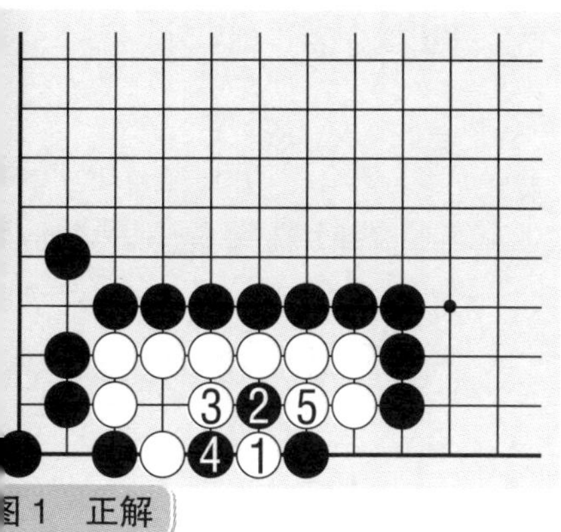
图1　正解

图 1　正解

白 1 靠是急所，黑 2 时，白 3、5 后，这里下成“摇橹劫”，白棋无异于净活。

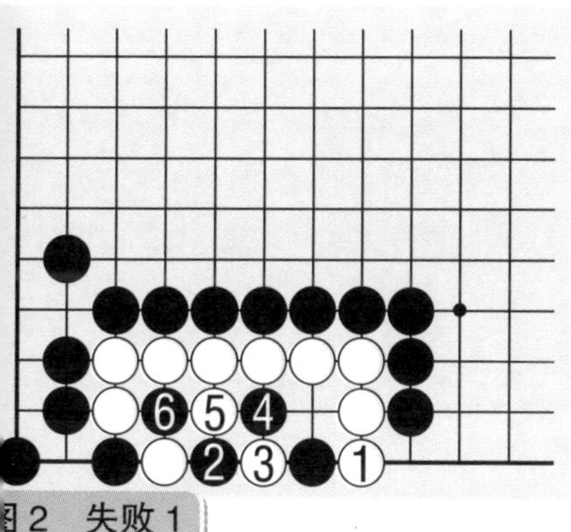
图2　失败 1

图 2　失败 1

白 1 先断有点贪心，黑 2 打吃，白 3、5 进行反抗。与正解相比，白棋由于气紧的原因，不得不打劫。

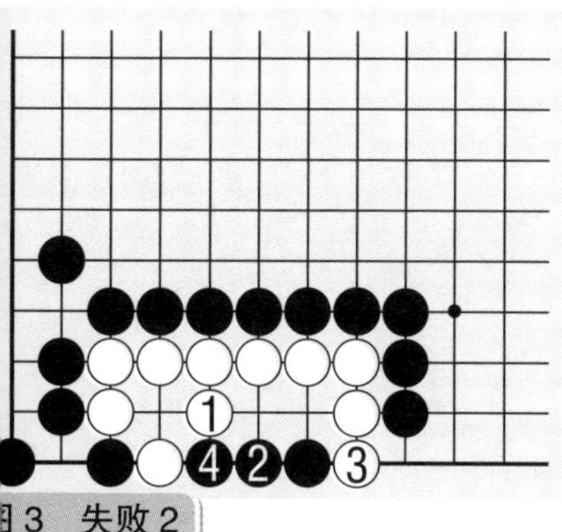
图3　失败 2

图 3　失败 2

白 1 时，黑 2 应是强手，至黑 4，双方又下成打劫。虽然此时是白棋先提劫，这一点比图 2 略好，但同样是失败的下法。

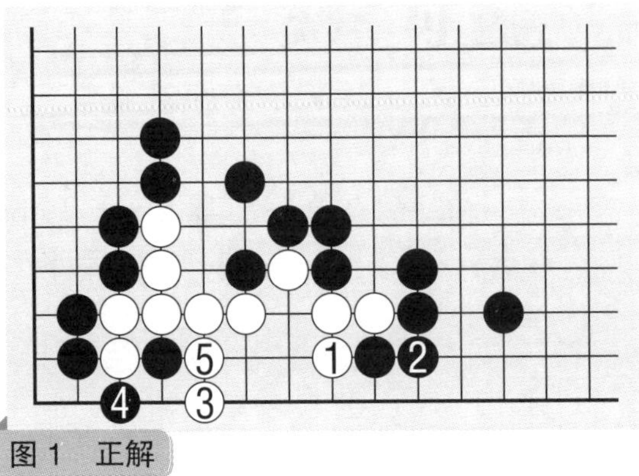
图1　正解

问题20　解说

图1　正解

白1挡首先问黑2应是当然的下法，其后白3一路跳是活棋的急所。黑时，白5连接后，白棋可左右各有一眼。

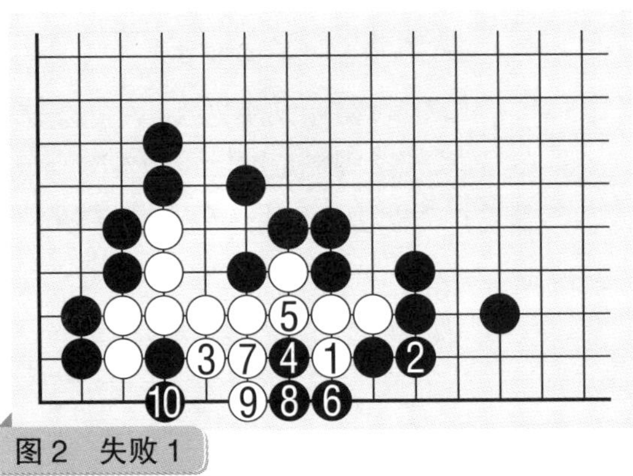
图2　失败1

图2　失败1

白1、黑2进行后，3直接打吃黑一子，明显算力不足。黑4夹是严厉下法，以后白9时，黑下立，黑棋左右两边均可手连回，白棋不活。

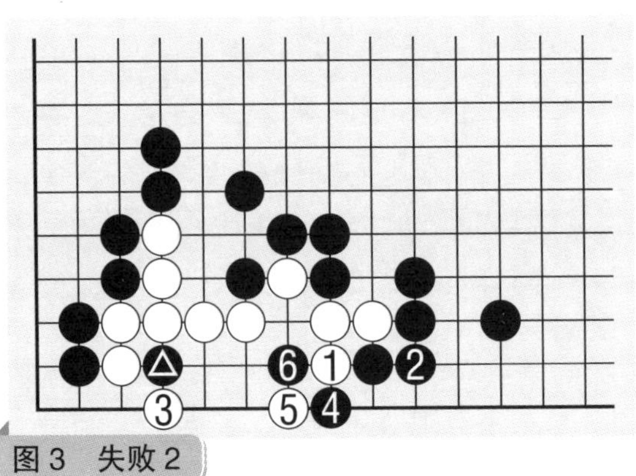
图3　失败2

图3　失败2

白1、黑2时，白3一路打吃是受黑△一子影的下法，此时黑4扳，白时，黑6断打非常巧妙，果白棋不活。

问题 21

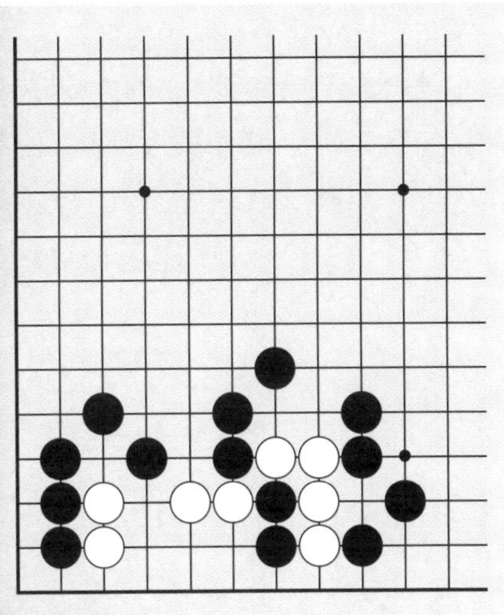
问题 21

白先。如果让黑棋二子生还，白棋将肯定不活。请问白棋应如何下？

问题 22

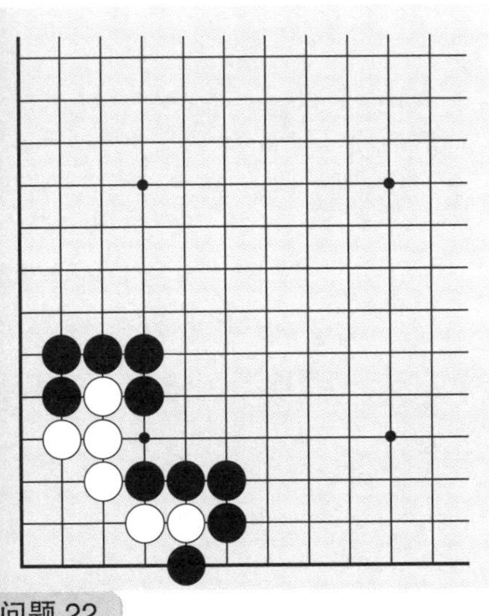
问题 22

白先。本题是基本死活的一种，如能一眼看出问题的答案，说明您具有相当水平。请问白棋应如何下？

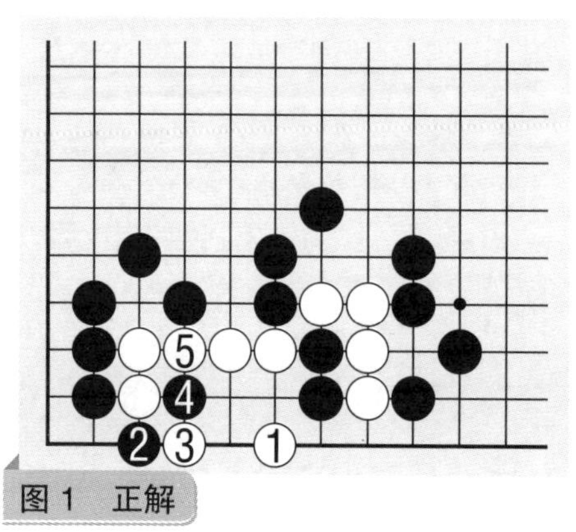
图 1　正解

问题 21　解说

图 1　正解

本题是“问题 20”的一次实际应用。白 1 在一路跳是正解，由此可以吃住黑棋二子并在右边保证一眼。黑 2、4 时，白 5 连后，可以吃黑接不归。

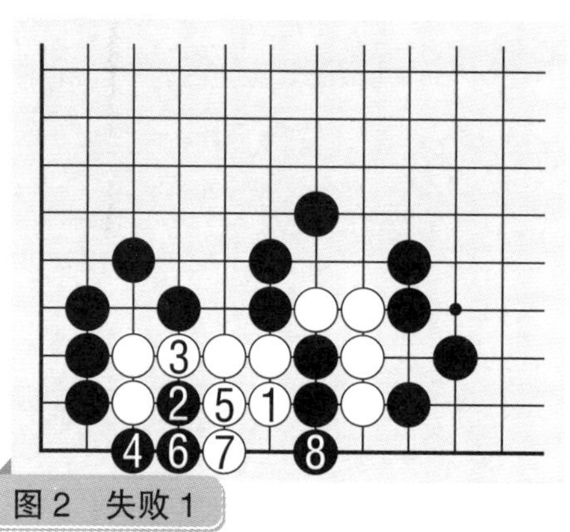
图 2　失败 1

图 2　失败 1

白 1 打吃缺少策略，黑 2、4、6 进行后，白 7 时，黑 8 可下立，结果白棋不活。

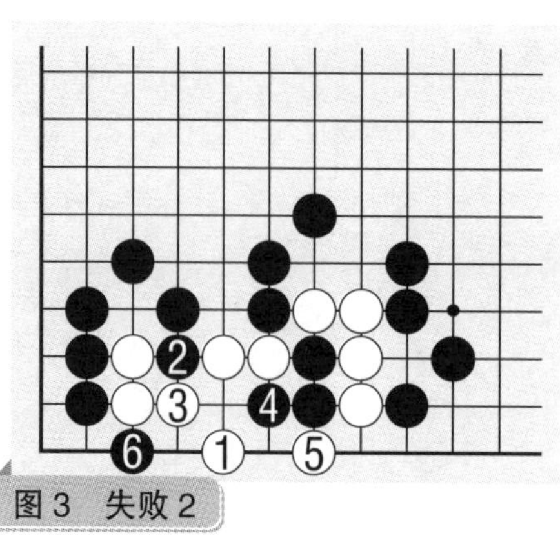
图 3　失败 2

图 3　失败 2

白 1 跳，黑棋右侧二子虽然同样不能行动，但黑 2 以下至黑 6，白棋左边一眼被消，逃脱不了死棋的命运。

问题 22 解说

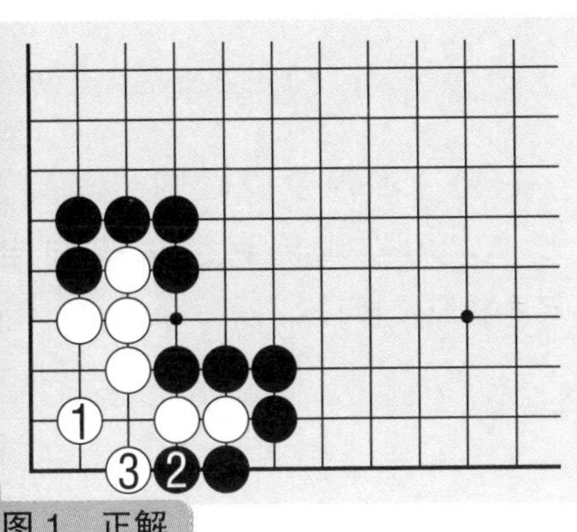
图 1 正解

图 1 正解

白 1 虎是大家都能发现的，但黑 2 时，白 3 挡，让黑提二子，就不一定都能下出来了，结果是白棋可活。后续变化请大家自行研究一下。

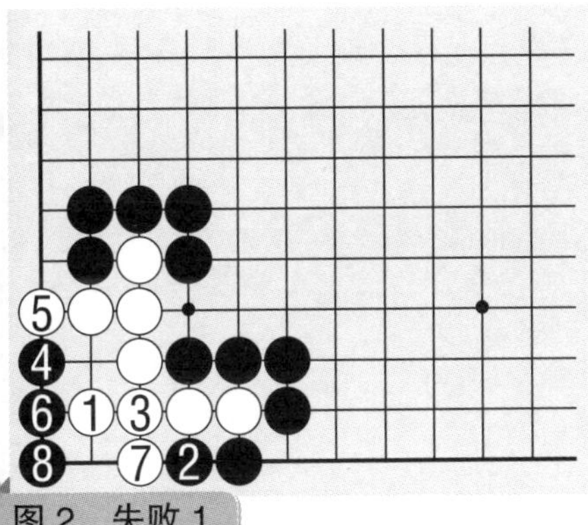
图 2 失败 1

图 2 失败 1

白 1、黑 2 时，白 3 连接是轻率的下法，以下至黑 8 破眼，白棋死。

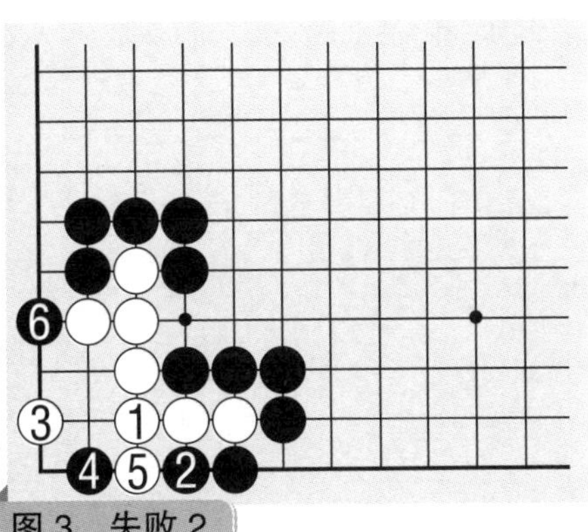
图 3 失败 2

图 3 失败 2

白 1 立即连接，白棋的活棋空间不够，黑 2、4、6 进行后，白棋净死。

问题23

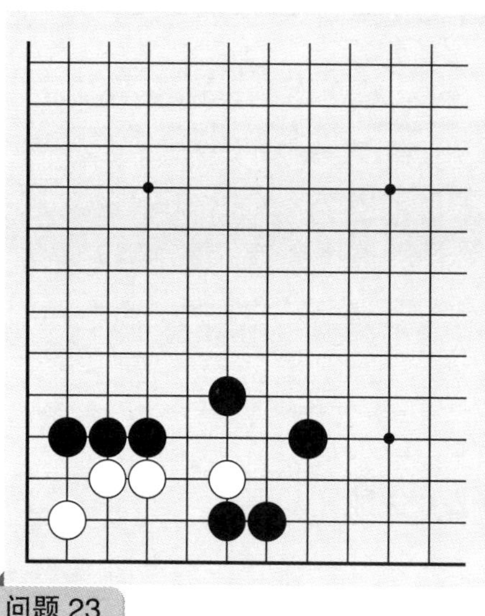
问题23

白先。本题中白棋的空间虽然比较小，但白棋仍有活棋的办法请问白棋应如何下?

问题24

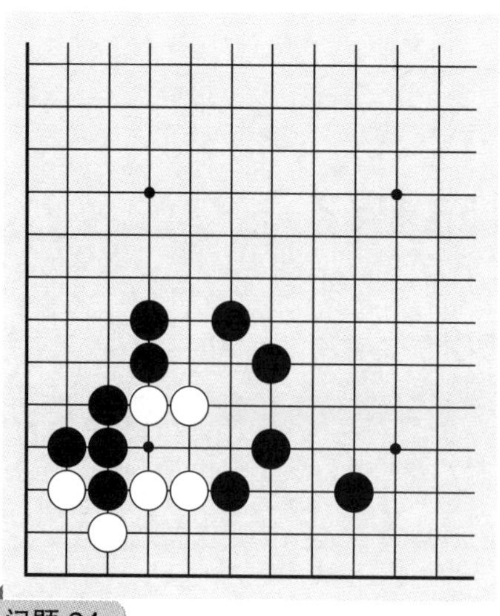
问题24

白先。在实战中大家碰到这样的棋形，如果能正确应对，则说明已达到有段的水平。请问白棋如何下才能无条件活棋?

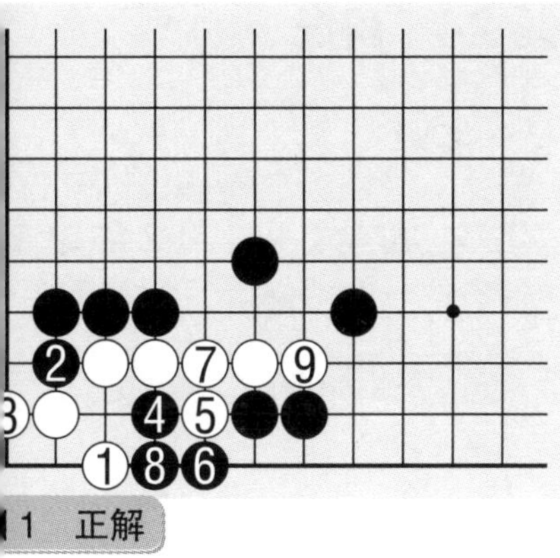

图1 正解

问题23 解说

图1 正解

白1虎是活棋的急所，黑2、4破眼，但白5以下至白9，白棋追攻外边黑棋的弱点，其后不论黑棋如何下法，白棋都可以活出。

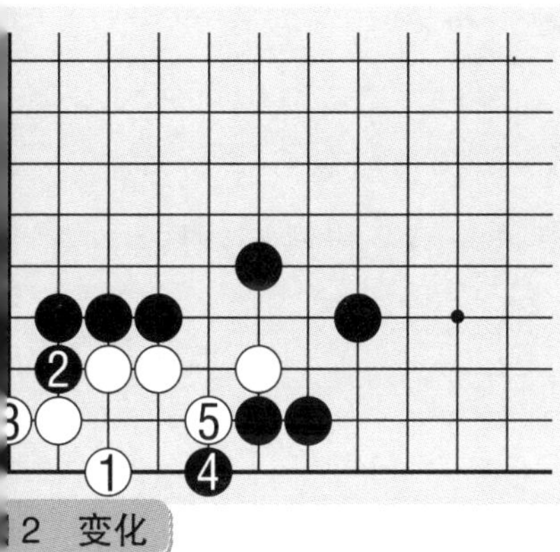

图2 变化

图2 变化

白1、黑2、白3时，黑4如果尖，白5应后，黑若强行破眼，将会还原成正解的进行。

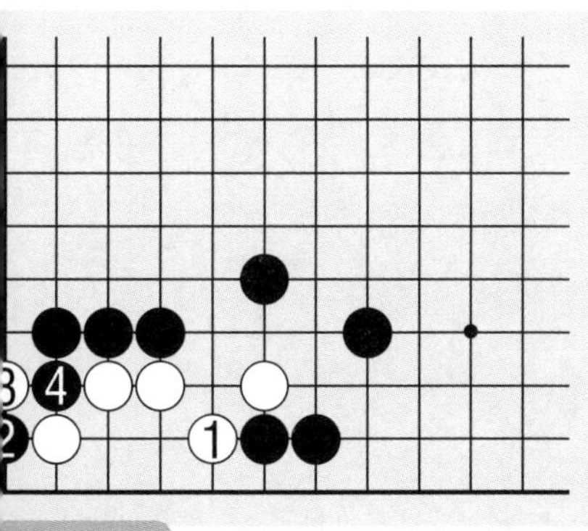

图3 失败

图3 失败

白1挡显示出对死活问题缺少了解，黑2、4破眼后，白棋不活。白棋除正解中的白1虎，其他任何下法都不行。

问题 24　解说

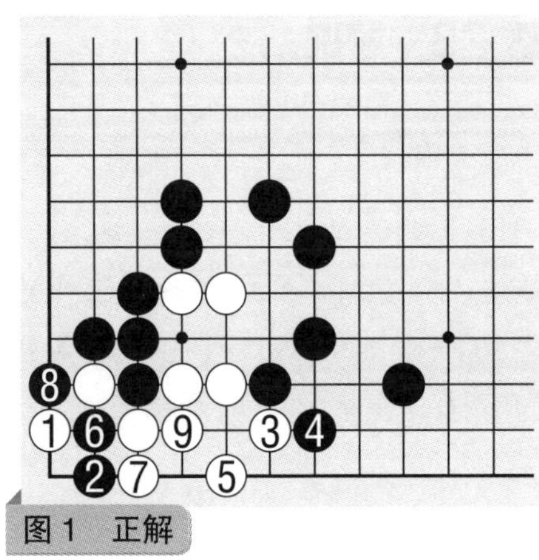
图 1　正解

图 1　正解

白 1 虎是妙手，黑 2 破眼是
然的，白 3、5 做眼时，黑 6 打
白 7 果断利用弃子，至白 9，白
已活。

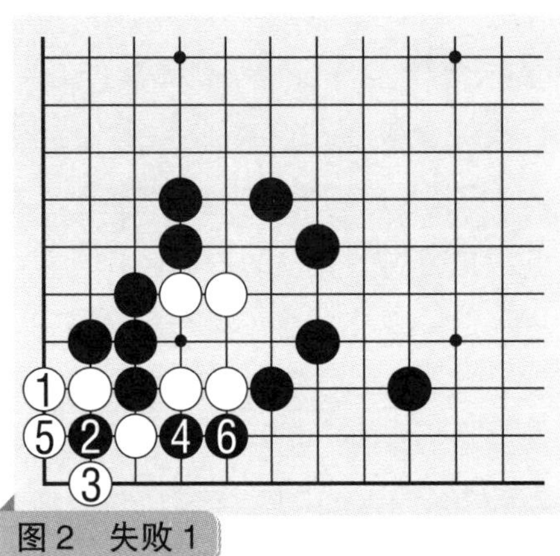
图 2　失败 1

图 2　失败 1

白 1 下立虽然也可以说是好
但黑 2 以下至黑 6 进行后，白棋
失很大，与正解无法相比。

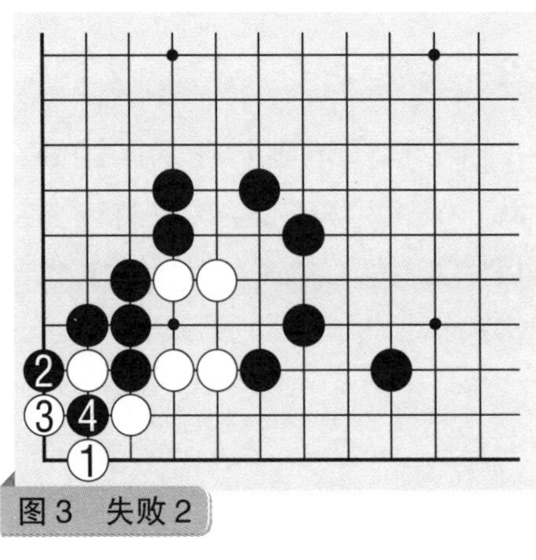
图 3　失败 2

图 3　失败 2

在实战中，很多有相当水平
人会考虑白 1 虎的下法，在黑 2
白 3 做劫。

问题 25

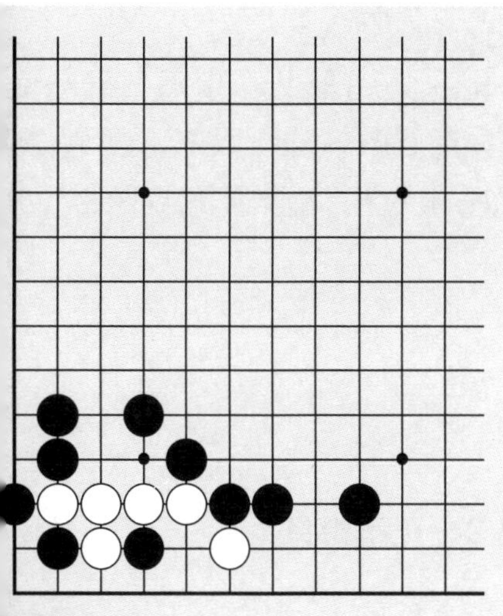

问题 25

白先。本题同样是实战型问题，要求白棋无条件活棋。请问白棋应如何下？

问题 26

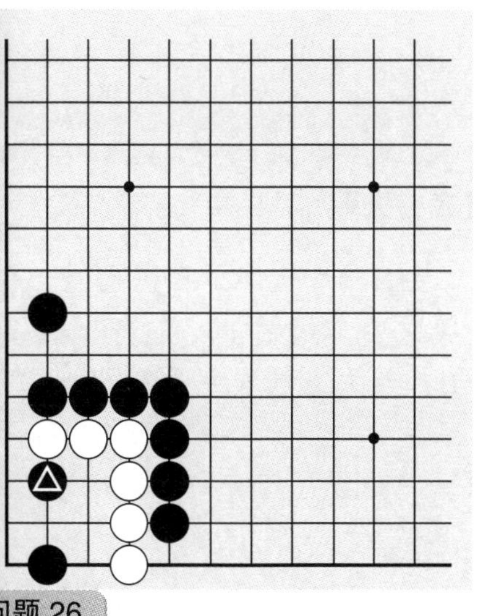

问题 26

白先。黑△攻击时，白棋如果应对正确，可以轻松活棋。请问白棋应如何下？

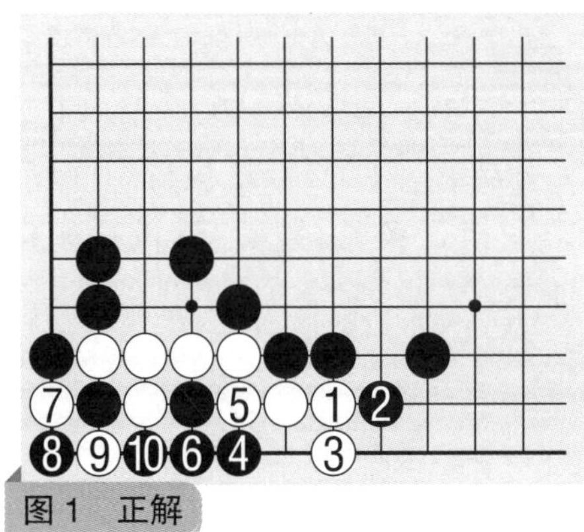
图1 正解

问题25 解说

图1 正解

白1、3最大限度地扩展空间
非常重要的下法，以下至黑10将
必然的次序，后续变化见图2。

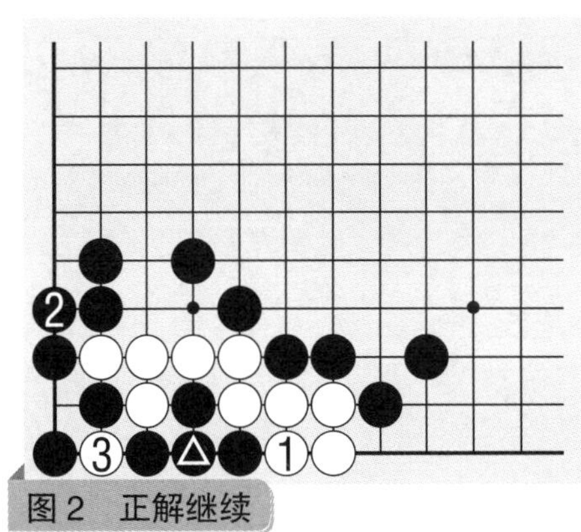
图2 正解继续

图2 正解继续

其后白1打吃，黑2只好连接
白3提子后，黑棋由于不能在△
点，因而白棋可以活。

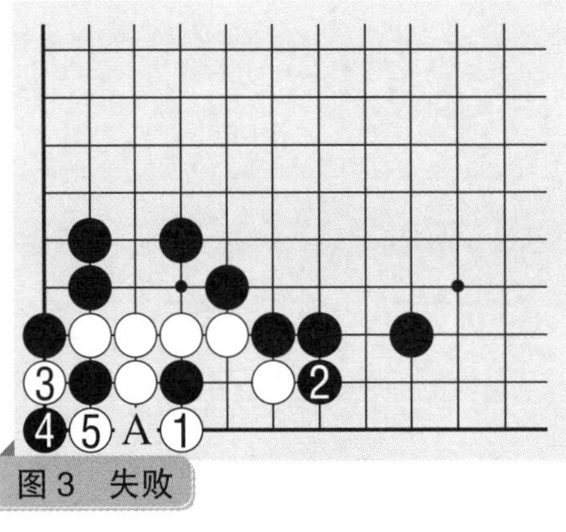
图3 失败

图3 失败

白1单打，以下进行至白
结果双方下成打劫，而且是黑棋
提劫。

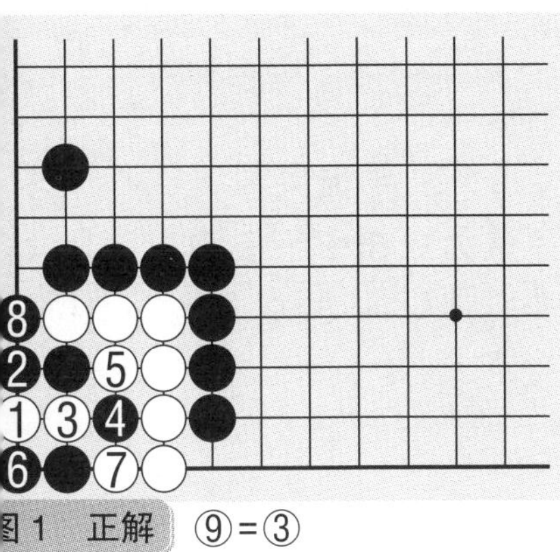
图 1 正解 ⑨=③

问题 26 解说

图 1 正解

白 1 抢占二路一线的急所是正确的下法，以下至白 9 均是必然的次序，结果白棋净活。

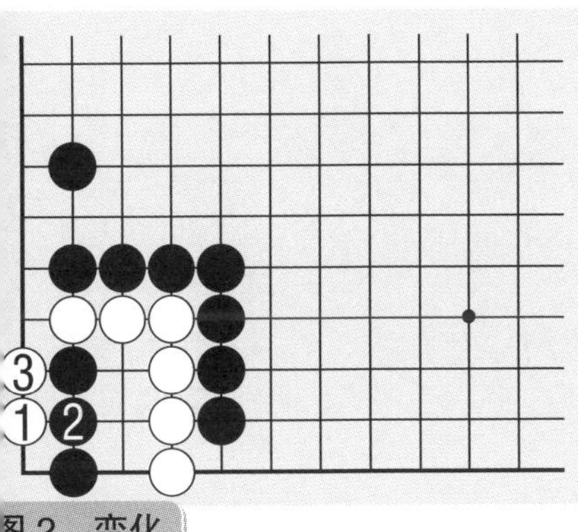
图 2 变化

图 2 变化

白 1 时，黑 2 如果连接，白 3 联络后，白棋可以下成双活。

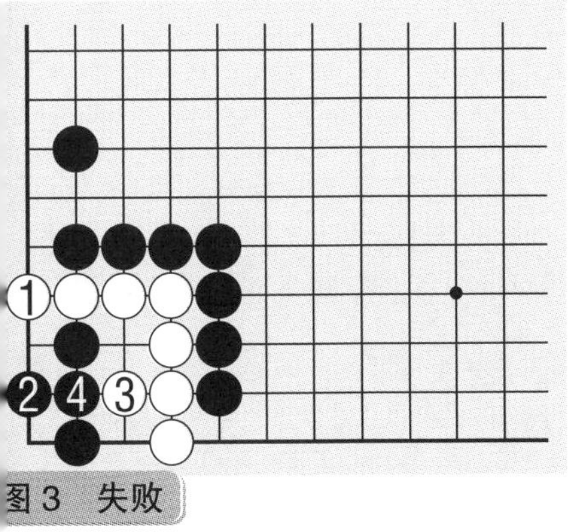
图 3 失败

图 3 失败

白 1 下立是错误下法，黑 2、4 做眼后，白棋不活。

问题 27

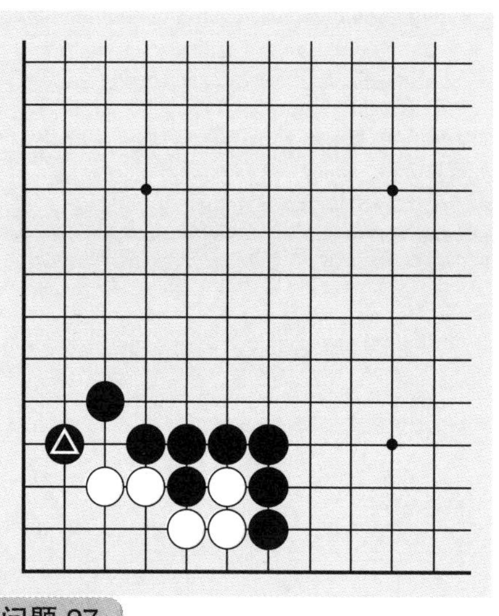

问题 27

白先。黑▲尖时，实战中很

人会认为白棋必死无疑，实际上

棋却有活棋的方法。请问白棋应

何下？

问题 28

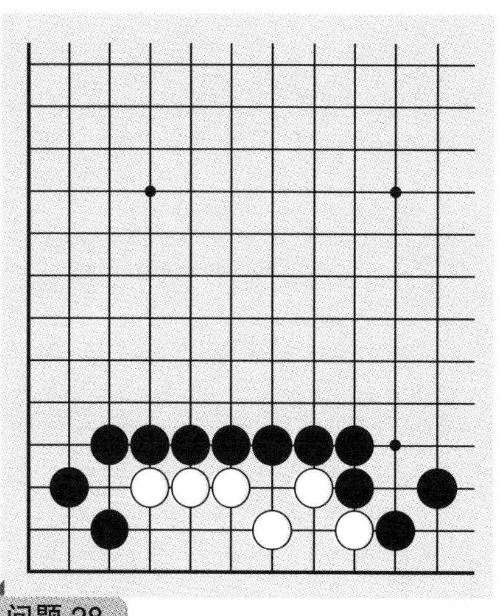

问题 28

白先。白棋不能净活，但可

择打劫活。请问白棋应如何下？

一手棋是关键。

问题 27　解说

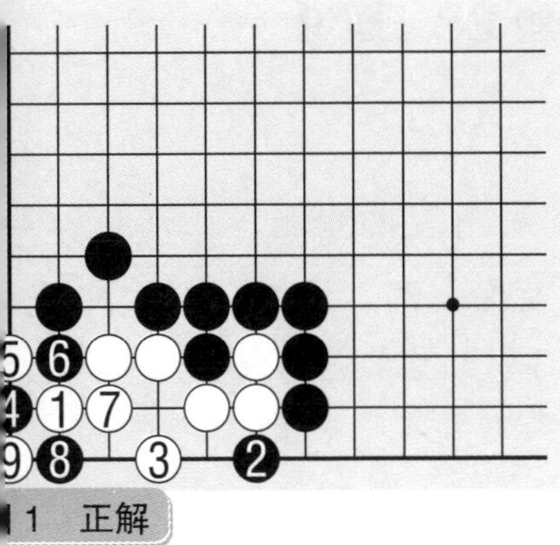

图 1　正解

图 1　正解

白 1 尖是非凡的好棋，黑 2 扳是急所，白 3 虎补，黑 4 破眼，白 5 以下至白 9，白棋下成打劫活。

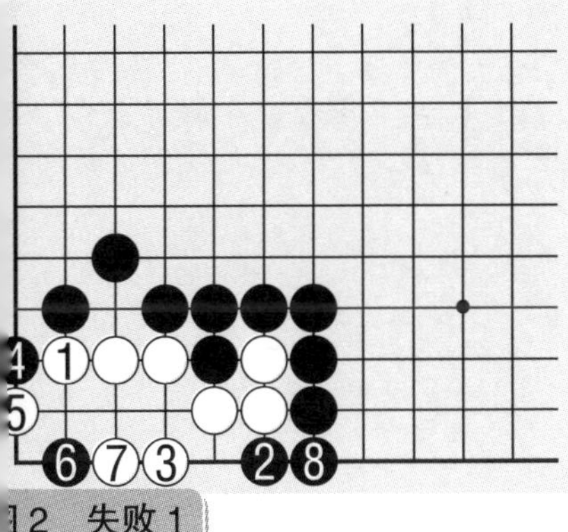

图 2　失败 1

图 2　失败 1

实战中白 1 很可能下成挡，此时黑 2 扳是急所，白 3 时，黑 4 以下至黑 8 是常用手法，白棋无法摆脱死棋的命运。

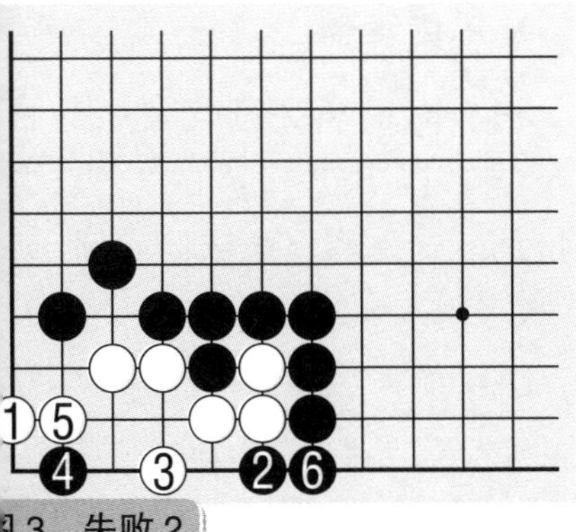

图 3　失败 2

图 3　失败 2

白 1 看似抢占急所，但此时却是失败之举。黑 2、白 3 后，黑 4 严厉，其后白 5 时，黑 6 连接，结果白棋不活。

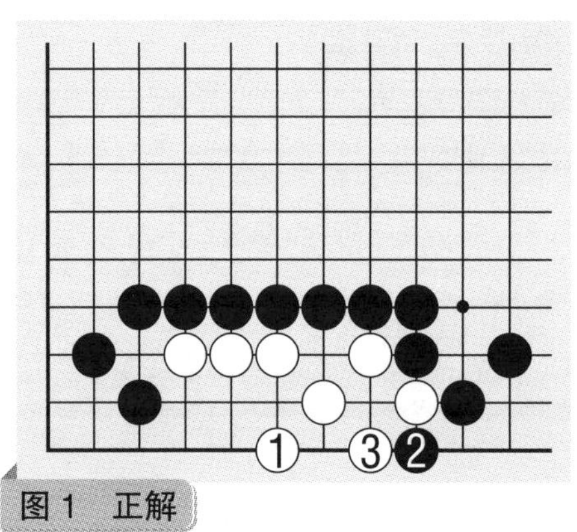
图 1　正解

问题 28　解说

图 1　正解

白 1 尖是要点，由此可以在边确保一眼。黑 2 在右边打吃时，白 3 做劫是最佳结果。

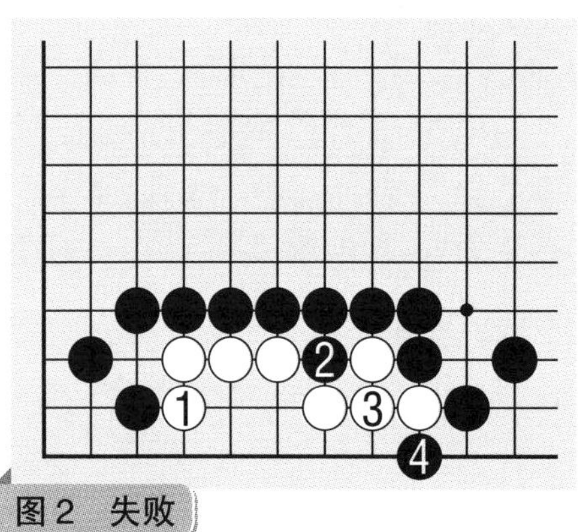
图 2　失败

图 2　失败

白 1 挡，黑 2、4 破眼后，白不活。

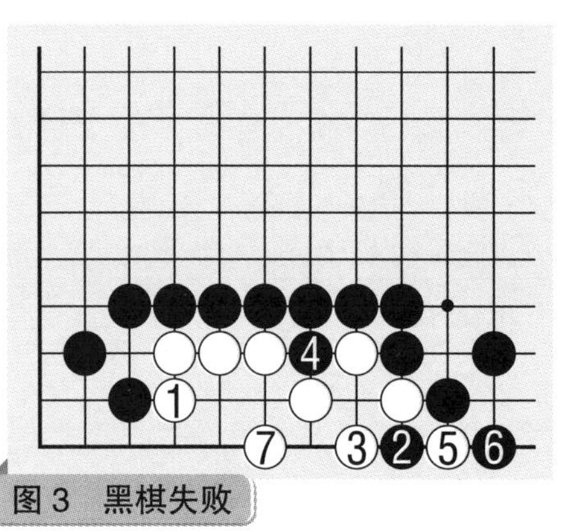
图 3　黑棋失败

图 3　黑棋失败

白 1 时，黑 2 打吃会引起白的反抗，以下进行至白 7，双方成打劫。这是黑棋的错误实例。

问题 29

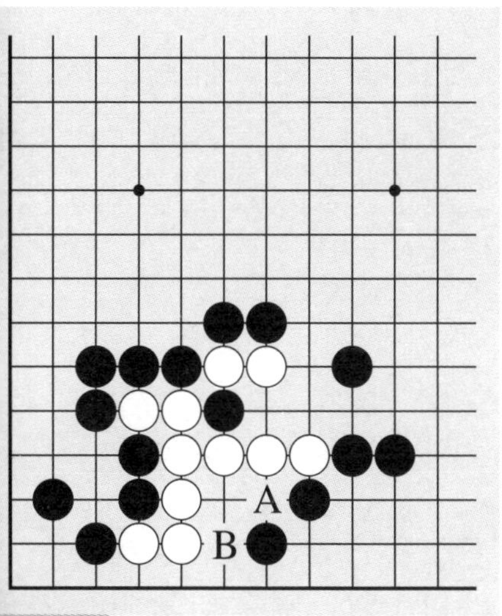

问题 29

白先。白 A 时，黑 B 应；或者白 B 时，黑 A 应，白棋都不活。请问白棋如何才能活棋？

问题 30

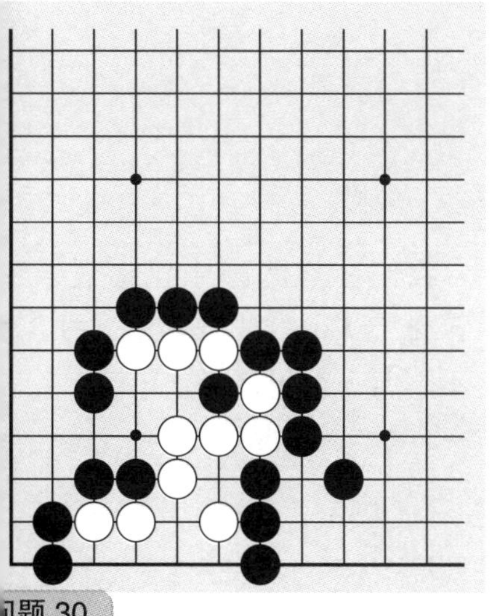
问题 30

白先。白棋在上边已有一眼，如果要活棋，还必须在下边做一眼。请问白棋应如何下？

问题 29　解说

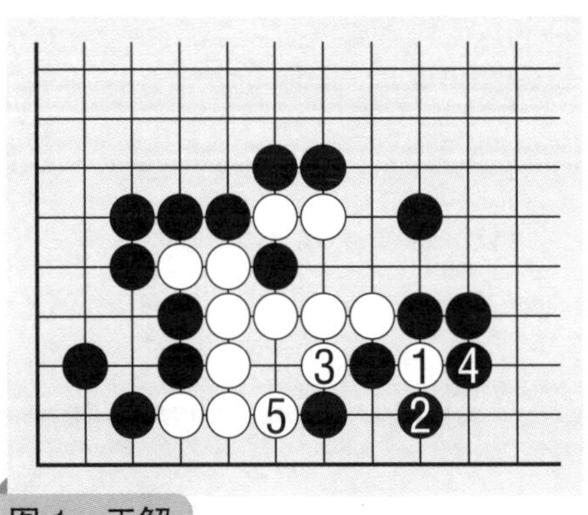

图 1　正解

图 1　正解

白 1 断是奇妙的下法，也是白棋活棋的唯一途径。黑 2 时，白 3 打是先手，至白 5，白棋可以活。

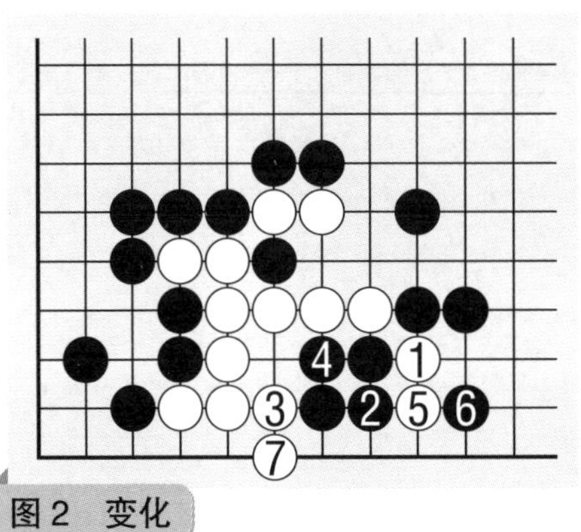

图 2　变化

图 2　变化

白 1 时，黑 2 如果阻止做眼，白 3 时，黑 4 破眼，白 5 与黑 6 交换后，白 7 下立，白棋也可以活。

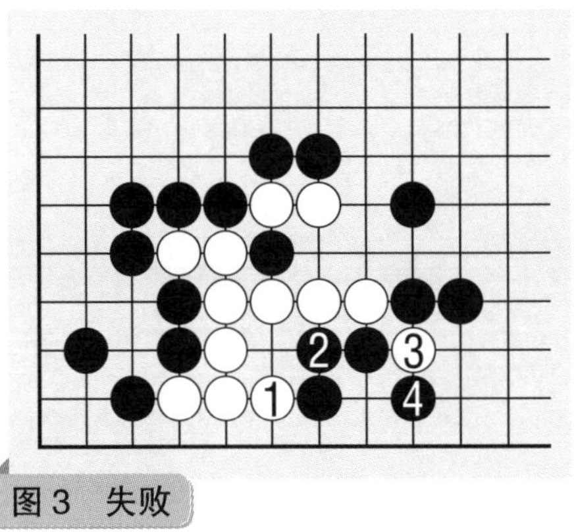

图 3　失败

图 3　失败

我们在问题图中已提过，白 1 不可能活棋，黑 2 破眼，白 3 断，黑 4 应后，白棋已肯定不活。

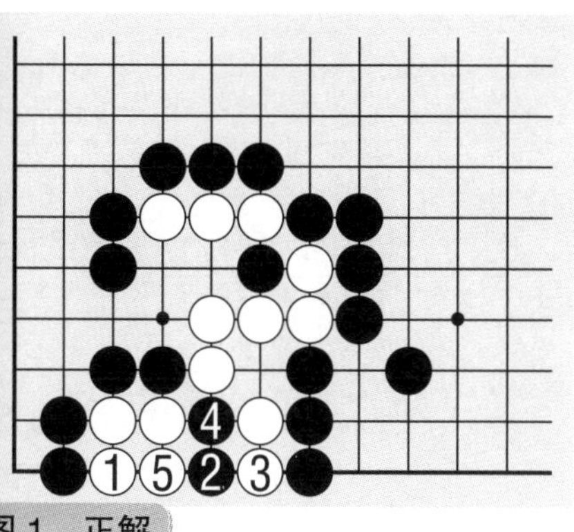
图 1　正解

问题 30　解说

图 1　正解

白 1 挡是正确的下法，黑 2、4 破眼，白 5 提子，后续变化见图 2。

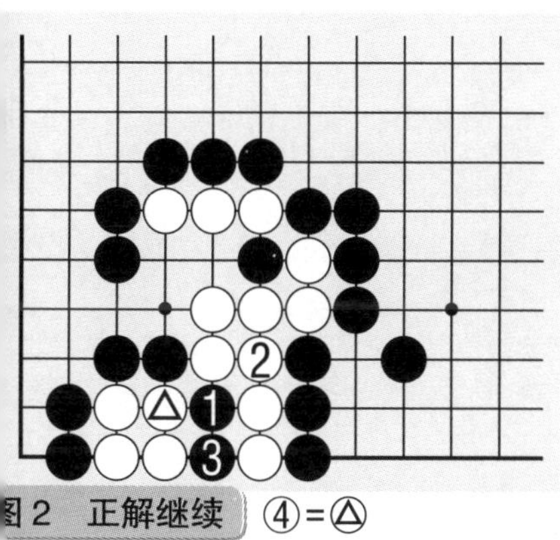
图 2　正解继续　④=△

图 2　正解继续

黑 1 扑，白 2 可以连接，黑 3 提四子后，白 4 可吃回二子，结果白棋可活。这是典型的“倒脱靴”棋例。

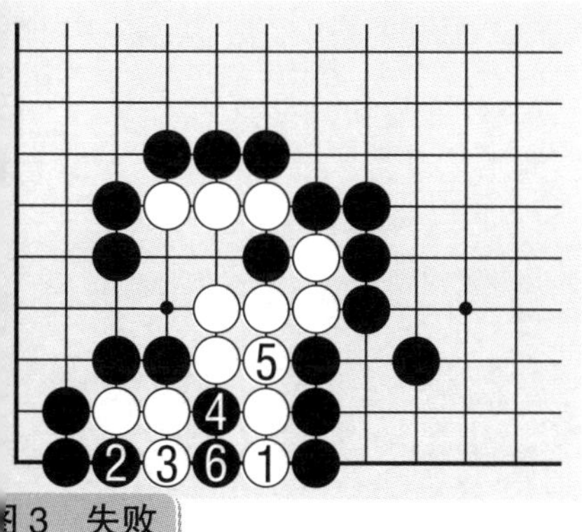
图 3　失败

图 3　失败

白 1 下立不可能活棋，黑 2 时，白 3 挡，以下进行至黑 6，白棋死。正解中的白 1 和图 2 中的白 2 是实战中经常使用的下法，大家一定要熟记。

问题 31

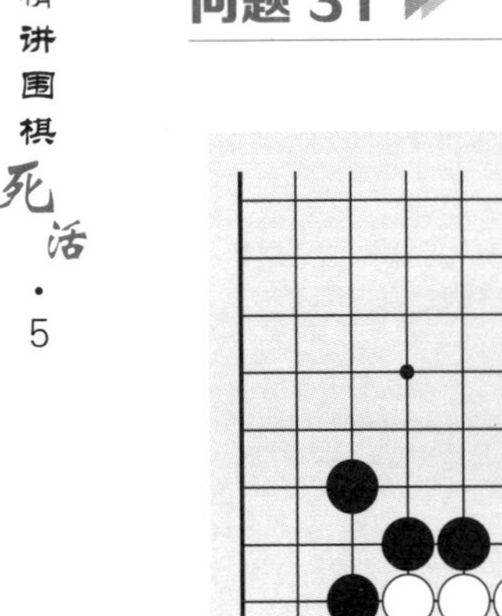

问题 31

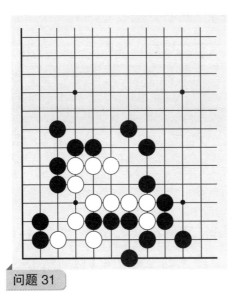

白先。本题是“问题30”的用。请问白棋应如何运用“倒脱靴做活？

问题 32

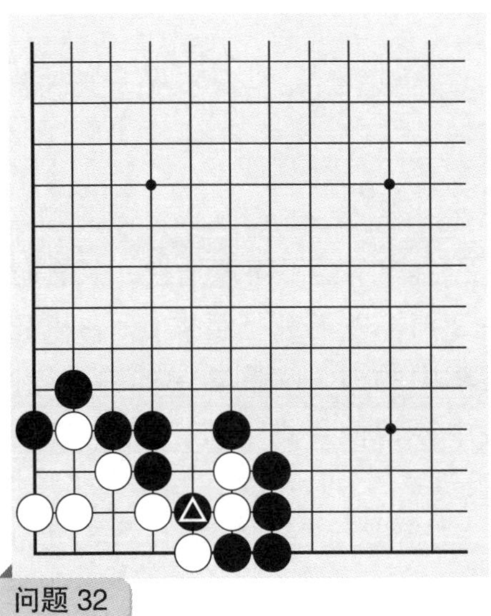

问题 32

白先。黑◬扑时，白棋应如下？如果下成打劫，就是白棋失败。

问题31 解说

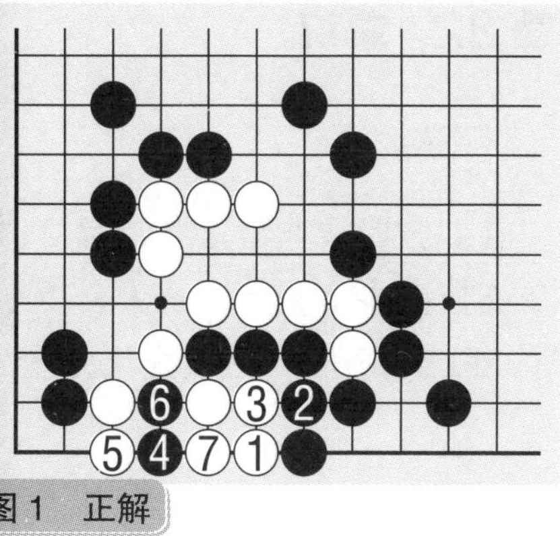
图1 正解

图1 正解

白1尖顶，其后白3连接是正确的下法（次序颠倒也同样可行）。黑4、6时，白7可以提子，后续变化见图2。

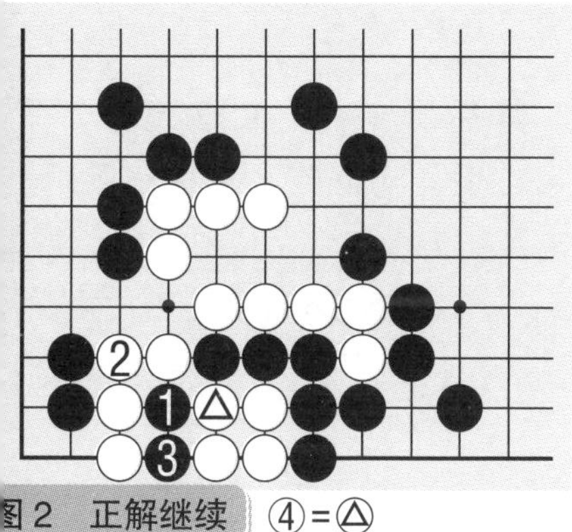
图2 正解继续 ④=△

图2 正解继续

其后黑1扑，白2连接非常重要，至白4，白棋可以非常漂亮地运用“倒脱靴”活棋。

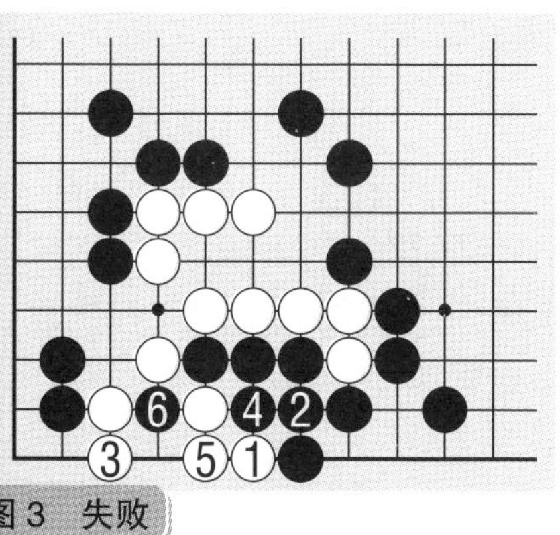
图3 失败

图3 失败

白1、黑2时，白3下立是大恶手，黑4、6应对后，白棋净死。

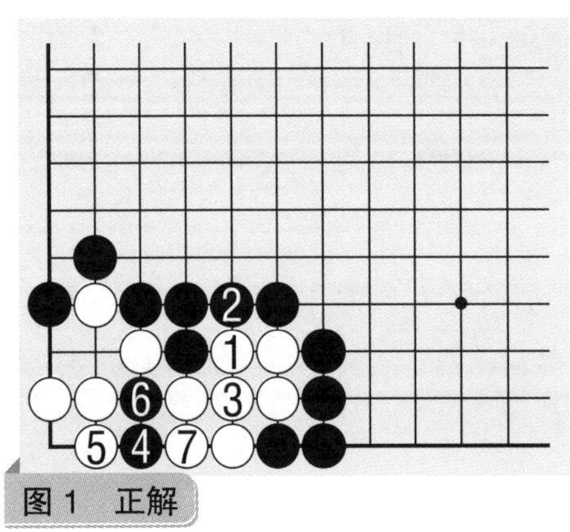
图 1　正解

问题 32　解说

图 1　正解

白 1 先提子非常重要，黑 2 时白 3 连接多少有点出乎意料，黑 4 6 时，白 5、7 应，后续变化见图 2

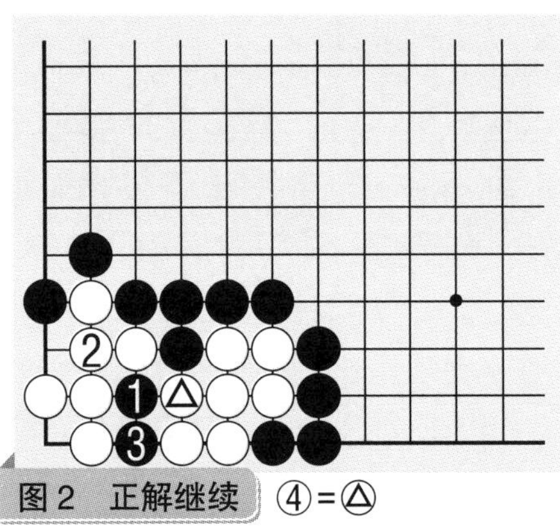
图 2　正解继续　④=△

图 2　正解继续

其后黑 1 扑，白 2 连接，黑提后，白 4 可回吃，白棋可以活。

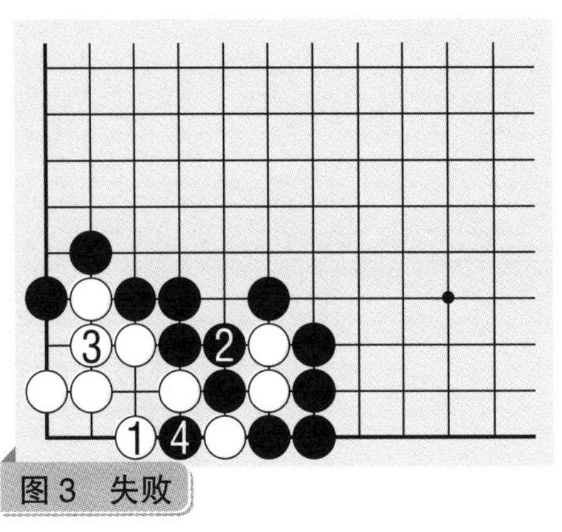
图 3　失败

图 3　失败

白 1 虎，其后白 3 连接，无是想与黑棋打劫。如果不知道正中“倒脱靴”的下法，本图中的劫也是不得已而为之。

问题 33

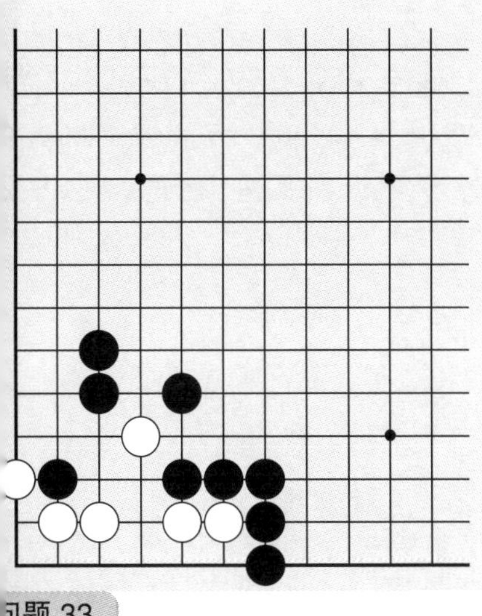
问题 33

白先。本题中的白棋第一手棋并不难发现，但第三手棋包含有“倒脱靴”的手筋。请问白棋应如何下？

问题 34

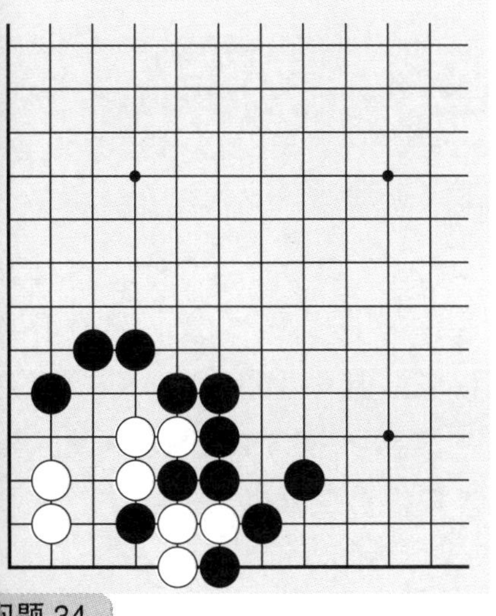
问题 34

白先。黑棋现打吃白棋三子，白棋应如何下？实战中或许有些人会认为白角已被全部吃住，从而放弃抵抗。

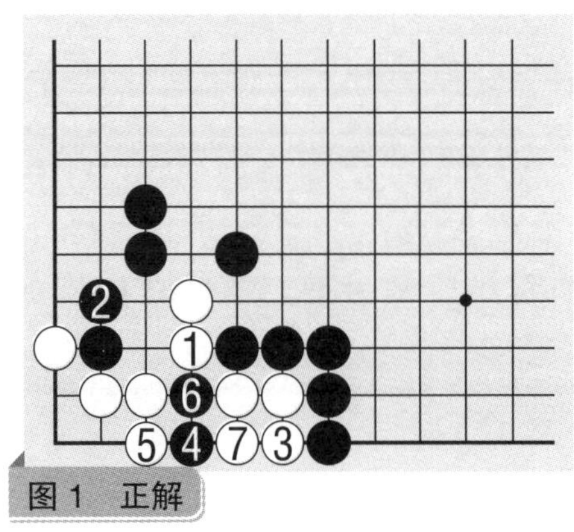
图1　正解

问题33　解说

图1　正解

白棋不能下在2位打吃而于位长是正确的下法，黑2时，3挡是好棋，黑4、6时，白5、应对后，“倒脱靴”的手筋即表出来。

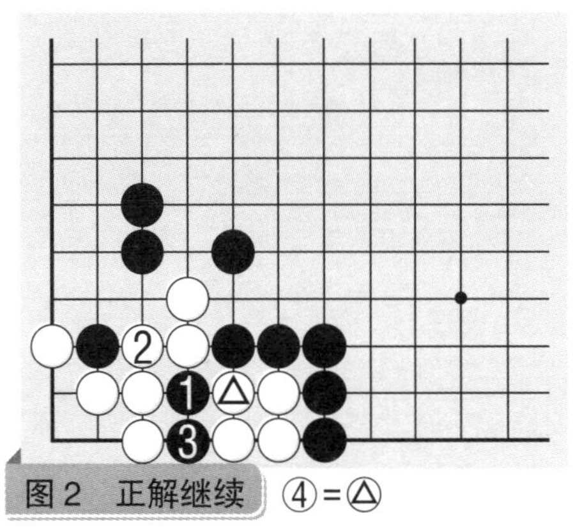
图2　正解继续　④=△

图2　正解继续

其后黑1、3时，白2接、4吃，白棋可活。

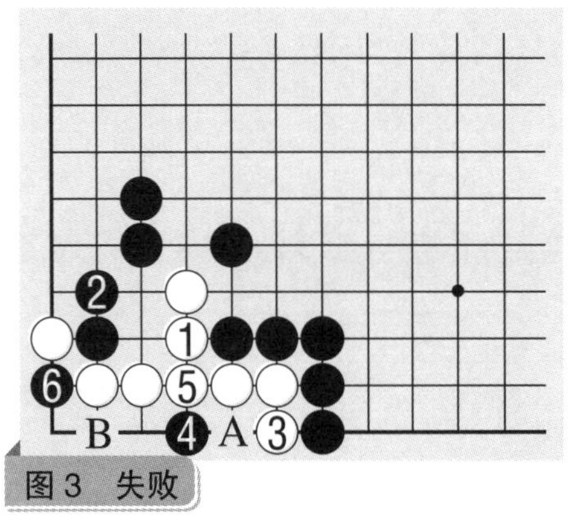

图3　失败

图3　失败

白1、黑2、白3时，黑4点白5连接是失败下法，黑6扑后白棋死。其中白3如果下在6位接，黑棋下在3位，经白A、黑后，白棋仍是死棋。

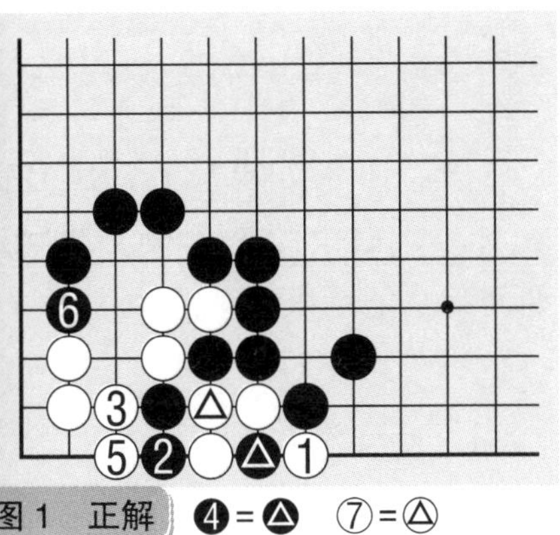
图 1 正解 ❹=▲ ⑦=△

问题 34 解说

图 1 正解

白 1 提子是非常奇特的下法，黑 2 打吃时，白 3 反打吃，其后白 5 挡，黑 6 破眼时，白 7 可以吃黑接不归。

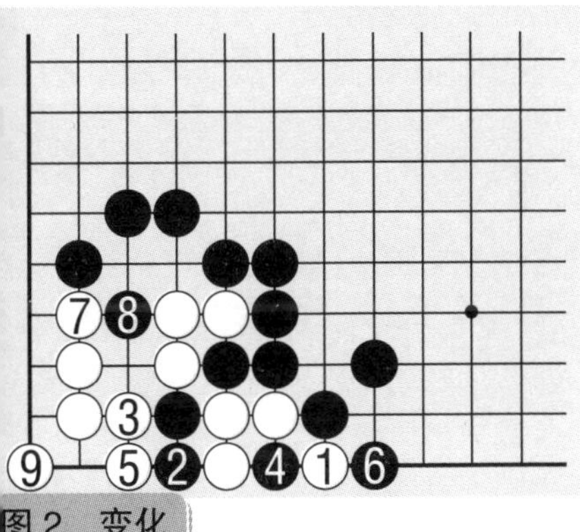
图 2 变化

图 2 变化

白 1 以下进行至白 5，黑棋为了防止接不归而黑 6 提子，则白 7、9 可以活棋。实战中以本图为双方的最佳下法。

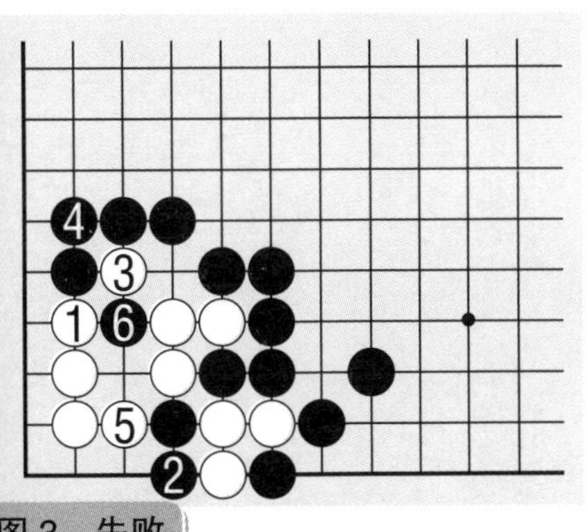
图 3 失败

图 3 失败

白 1 谋求做活时，黑 2 提子便可切断白棋的生路。其后白 3、5 时，黑 6 扑是基本破眼手法。

问题 35

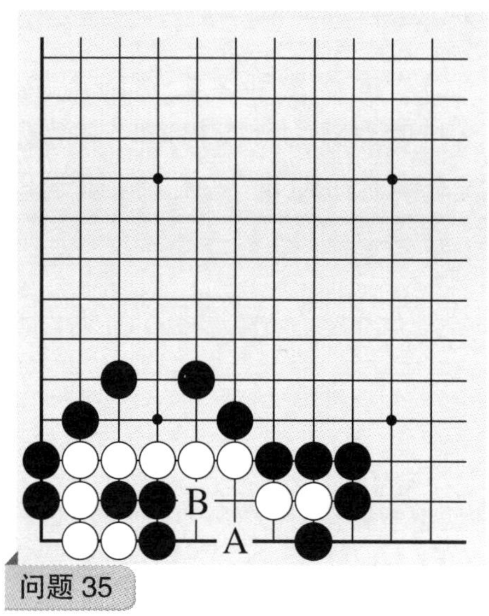

问题 35

白先。白 A 如果虎补，黑 B 简单应对后，白棋即是死棋。请问白棋如何下才能活棋?

问题 36

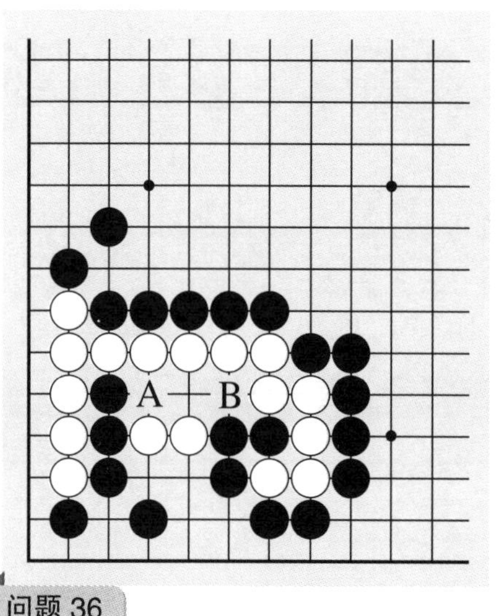

问题 36

白先。本题中的白棋要想活，A 位和 B 位必须都有白子。请问白棋应如何下?

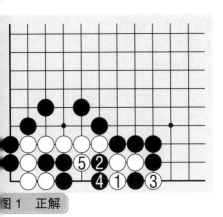

问题 35 解说

图 1 正解

图 1 正解

白 1 看似自杀性地挡是活棋的妙手，黑 2 时，白 3 提子，黑 4、白 5 进行后，后续变化见图 2。

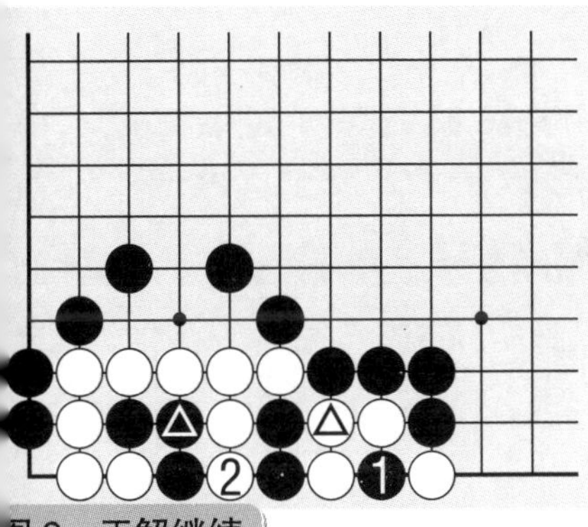

图 2 正解继续

图 2 正解继续

其后黑 1 时，白 2 可以提子，白棋以后可在▲和△中居其一而活棋。

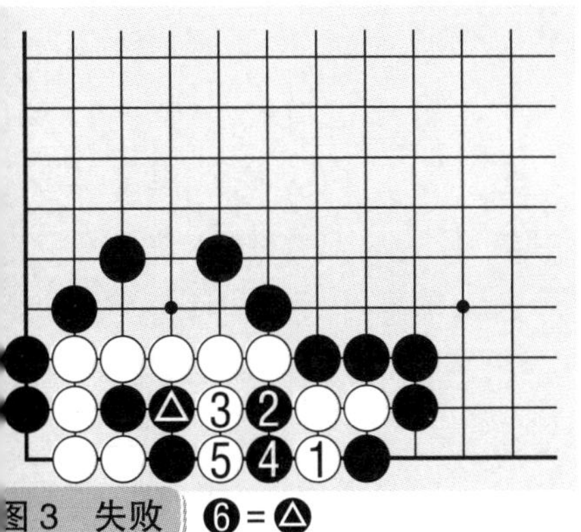

图 3 失败 ❻=▲

图 3 失败

白 1、黑 2 时，白 3 打吃，白棋不活。以后黑 4 提子，白 5 时，白棋对右边的黑棋毫无影响，故黑 6 可点眼。这是本图与图 2 的差别所在。

问题 36　解说

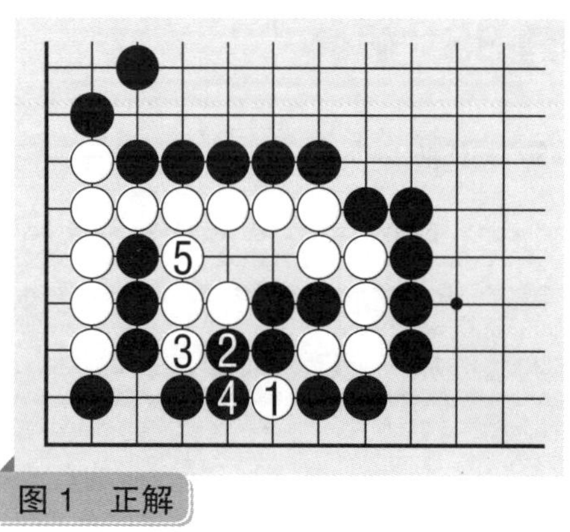

图 1　正解

图 1　正解

白 1 断是极其锐利的手段，
2 时，白 3 挤，黑 4 连接，白 5
吃是先手，结果白棋可以巧妙做活

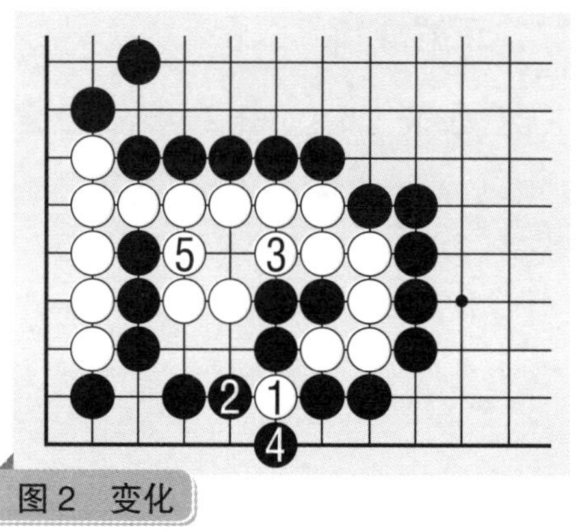

图 2　变化

图 2　变化

白 1 时，黑 2 如果打吃，白
反打是先手，黑 4 只得提子，白
可做出第二只眼。

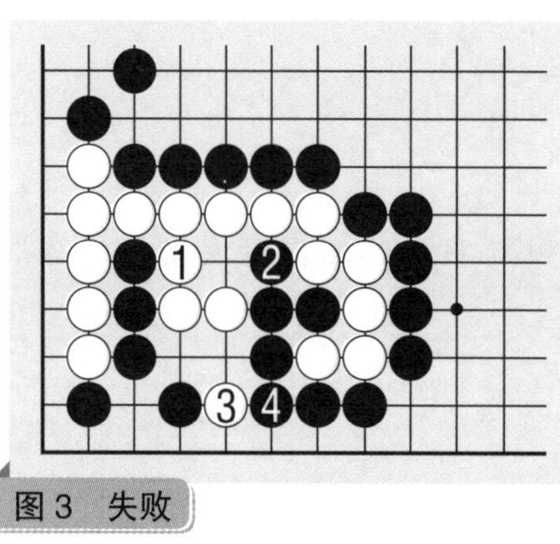

图 3　失败

图 3　失败

白 1 直接，等待白棋的只有
败。黑 2 时，白 3 搭，黑 4 接，
果白棋不活。其中白 1 如果下在
位，黑棋下在 1 位，白棋仍是死棋

问题 37

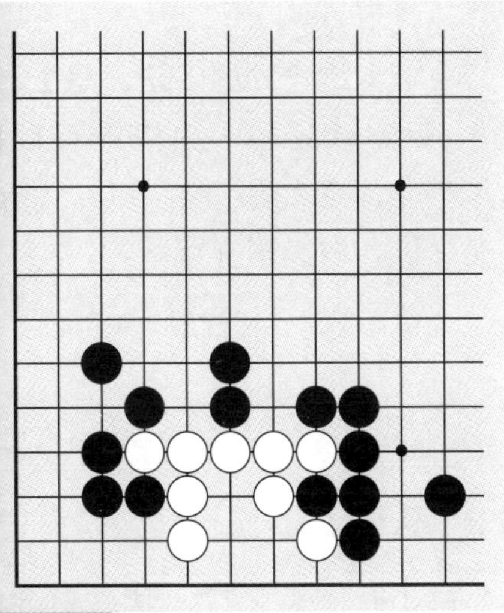

问题 37

白先。白棋在实战中，很有可能下成劫活，但实际上白棋完全可以净活。请问白棋应如何下？

问题 38

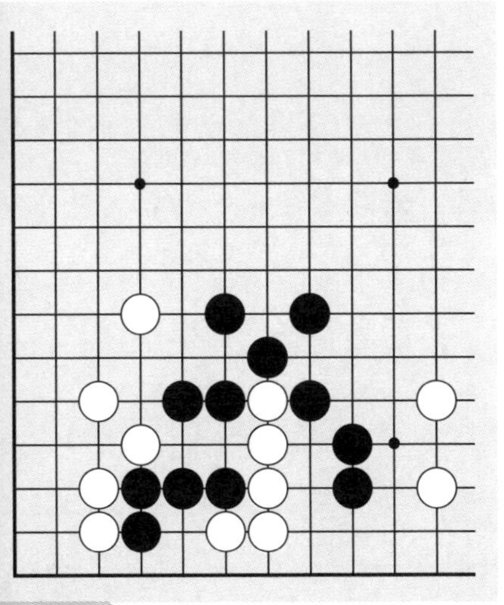

问题 38

白先。处于黑棋包围网中的白五子看起来已无活路，但实际上可以活出。请问白棋应如何下？

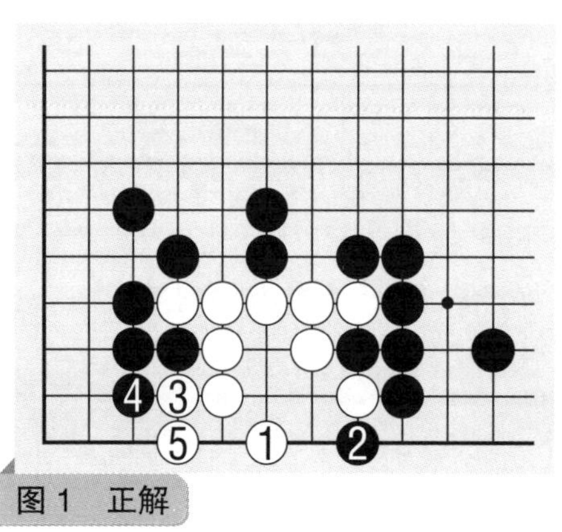
图1　正解

问题37　解说

图1　正解

白1尖是巧妙的下法，黑2时
白3、5简单应后，白棋即可以
棋。其中黑2如果下在3位，白
下在2位，白棋同样可活。

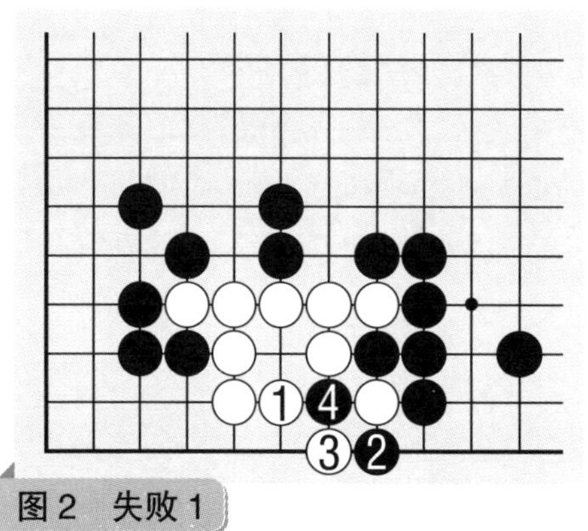
图2　失败1

图2　失败1

白1时，黑2打，其后白3
劫，白棋计算不周，本来可以净
的棋下成劫活，令人可惜。

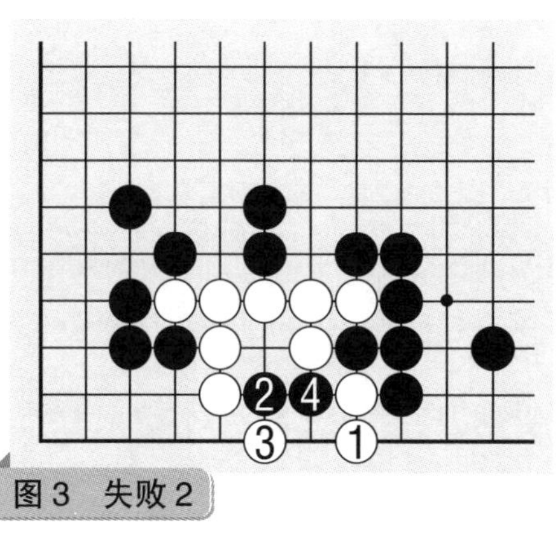
图3　失败2

图3　失败2

白1下立谋求做活时，黑2
眼，然后黑4长，白棋不活。

问题 38　解说

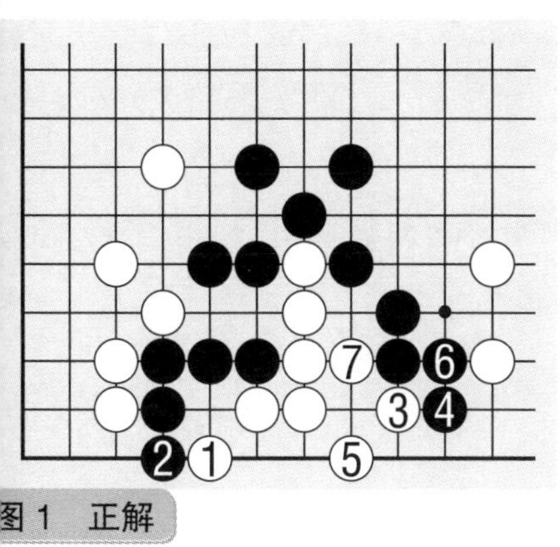
图 1　正解

图 1　正解

白 1 与黑 2 交换后，白 3、5 是巧妙的手段，至白 7，白棋可以巧妙做活。

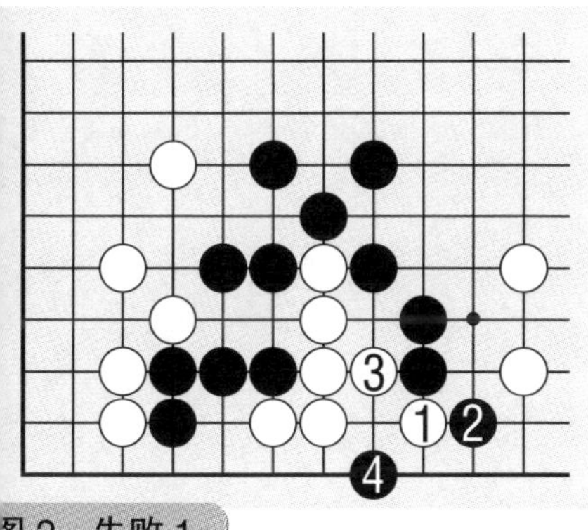
图 2　失败 1

图 2　失败 1

白 1、黑 2 进行后，白 3 是失败的下法，黑 4 点眼后，白棋不活。

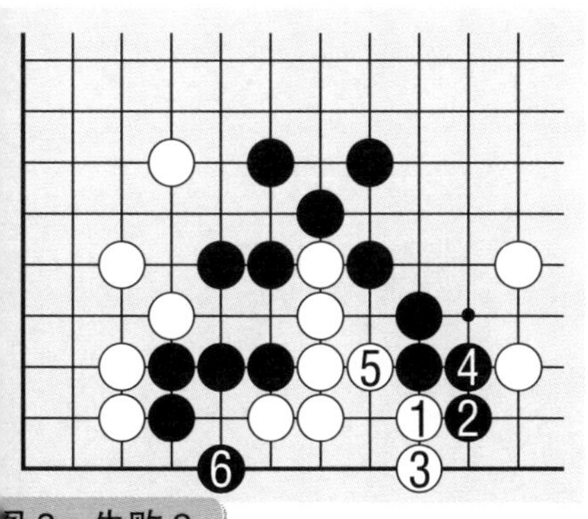
图 3　失败 2

图 3　失败 2

白 1、黑 2 进行后，白 3 下立同样是失败之举。其后白 5 徒劳无益，黑 6 尖后，白棋不活。正解中的白 5 是非常手段。

问题 39

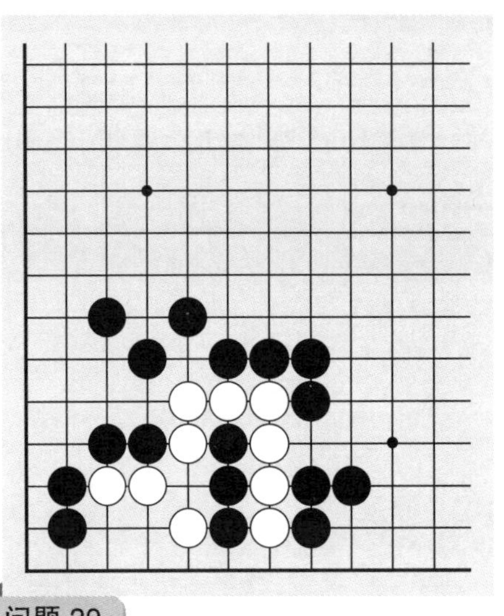
问题 39

白先。白棋必须阻止黑棋的渡过，否则白棋肯定不活。请问白棋应如何下？

问题 40

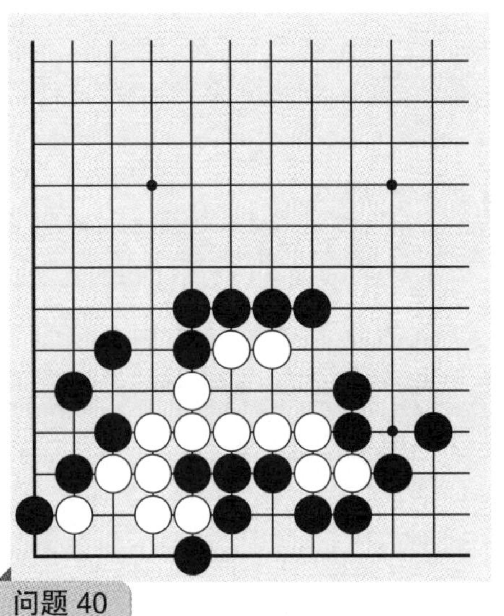
问题 40

白先。白棋在上边已有一眼，如果要活棋，还必须在下边再做一眼。请问白棋应如何下？

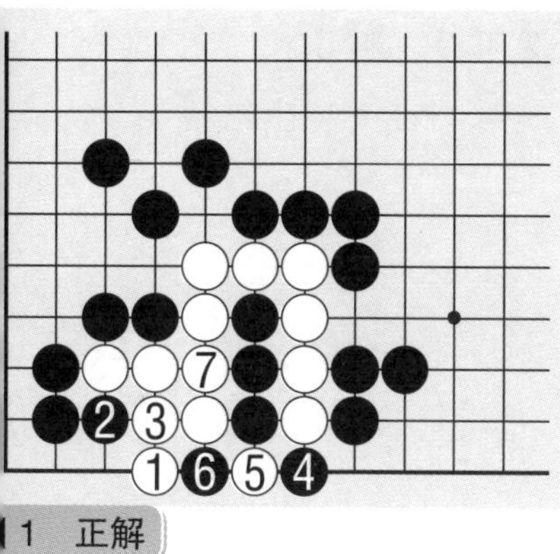

1 正解

问题 39 解说

图 1 正解

白 1 尖是阻止黑棋三子渡过和谋求做活的好棋，黑 2、4 时，白 5、7 可以扑吃接不归。

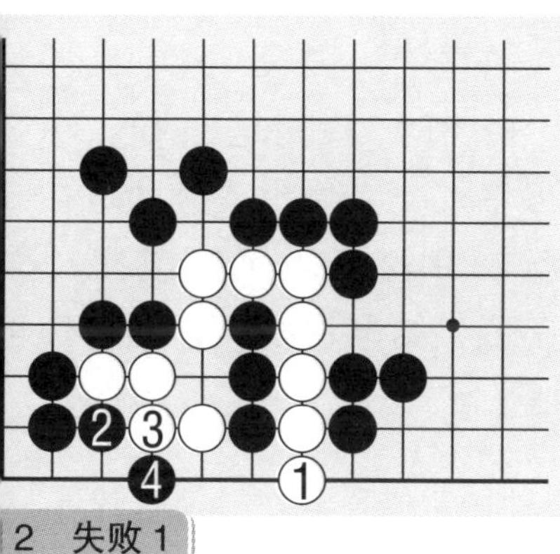

2 失败 1

图 2 失败 1

白 1 生硬地切断黑三子，但被黑 2、4 破眼后，白棋没有活棋空间。

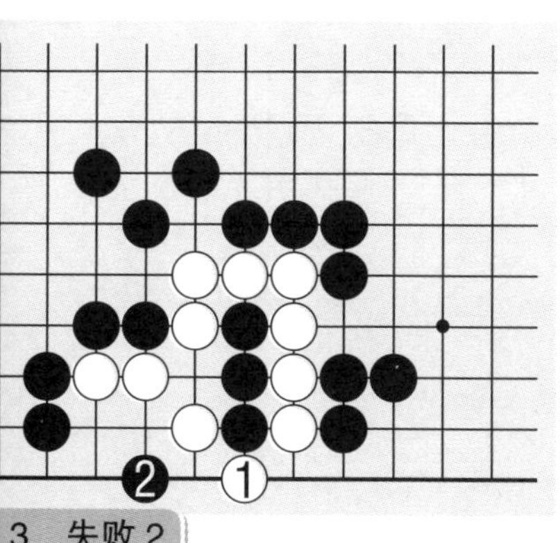

3 失败 2

图 3 失败 2

白 1 直接打吃黑三子与图 2 没有什么区别，黑 2 攻击后，白棋不活。

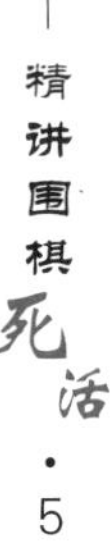

问题 40　解说

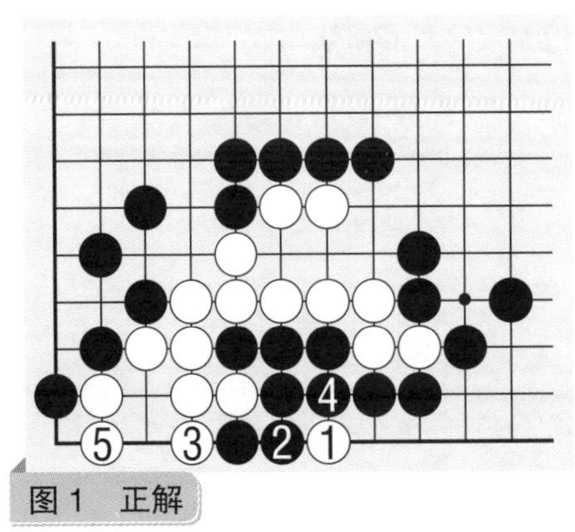
图 1　正解

图 1　正解

白 1 点是巧妙的下法，黑 2
白 3 挡是先手，至白 5，白棋已活

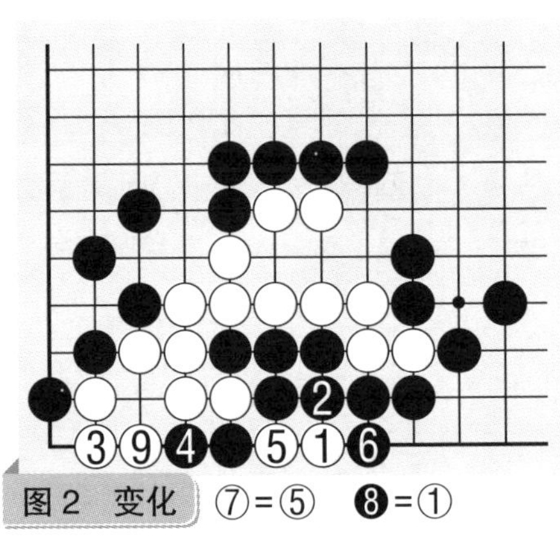
图 2　变化　⑦=⑤　❽=①

图 2　变化

白 1 时，黑 2 若连接，白 3
可以下立，其后黑 4 破眼，白 5
下至白 9 的手段可以成立，黑
接不归，结果白棋可以在下边再
一眼。

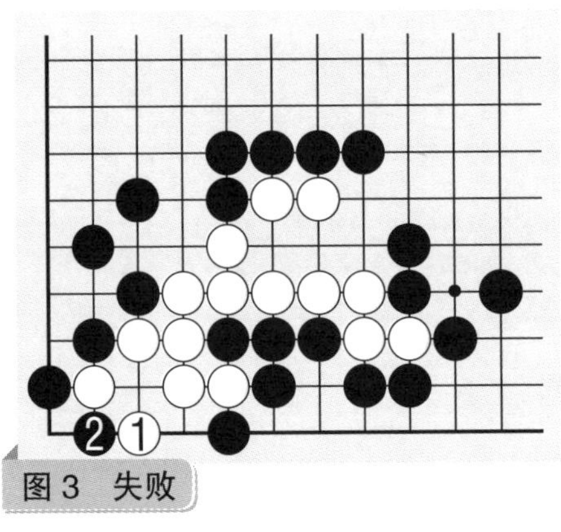
图 3　失败

图 3　失败

白 1 是极平常的下法，黑 2
抛劫。正解中的白 1 可避免打劫。

问题 41

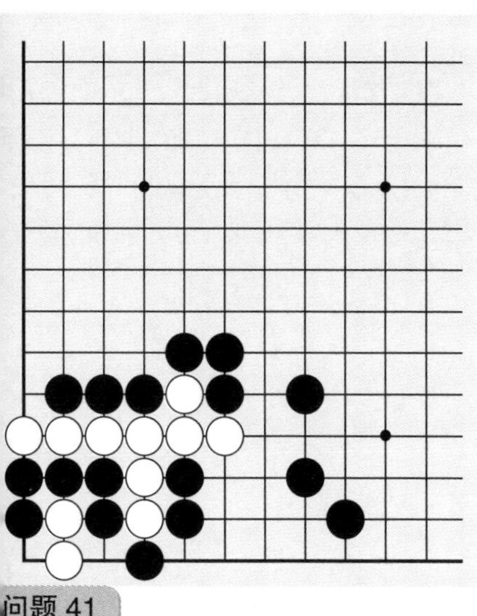
问题 41

白先。白棋如果要活棋，唯一的办法是不让角上的黑子与右边的黑棋联络。请问白棋应如何下？

问题 42

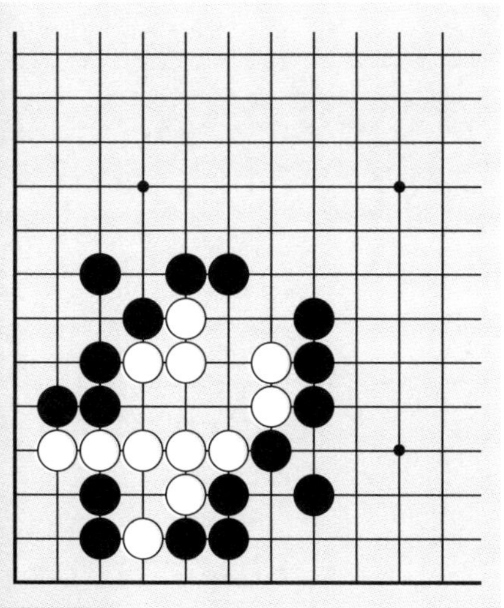
问题 42

白先。白棋在中央已有一眼，急需在角上做出第二只眼。请问白棋应如何下？

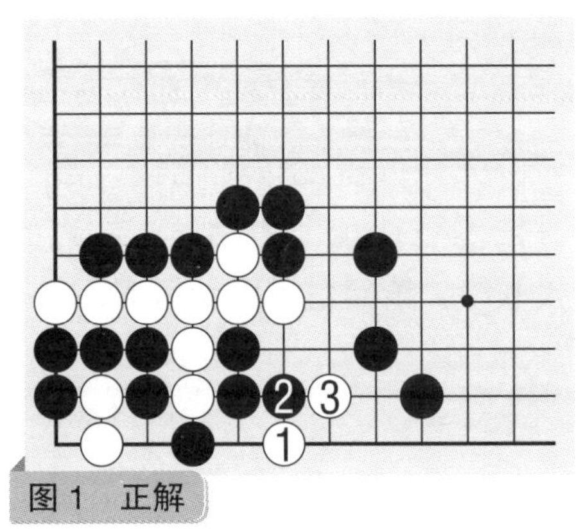

图 1　正解

问题 41　解说

图 1　正解

白 1 在一路点是奇特的手筋
黑 2 时，白 3 可以成功切断，结
白棋可以吃住黑子而活棋。

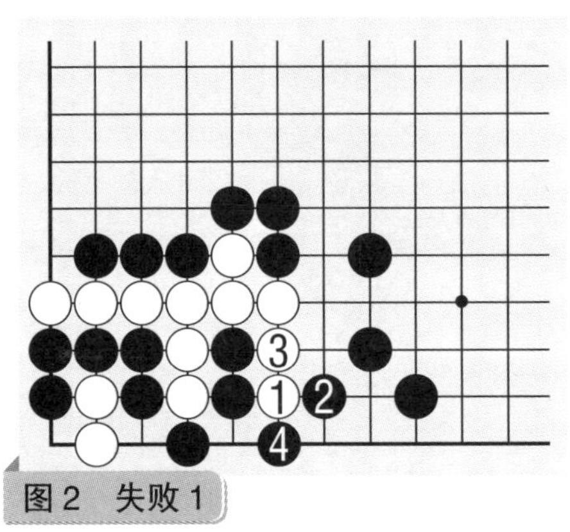

图 2　失败 1

图 2　失败 1

白 1 靠，很容易被考虑到，
黑 2 夹是好手，白 3 连接时，黑
可以渡过，结果白棋不活。

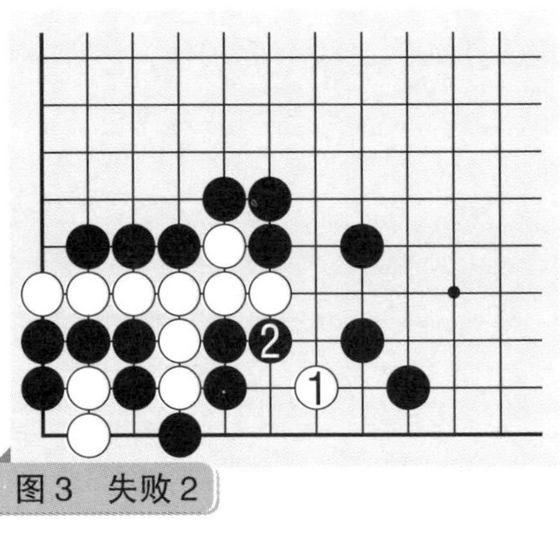

图 3　失败 2

图 3　失败 2

白 1 飞断，在普通的情况下
以成立，但由于本题中的白棋气
紧，被黑 2 反击后，白棋将束
无策。

问题 42　解说

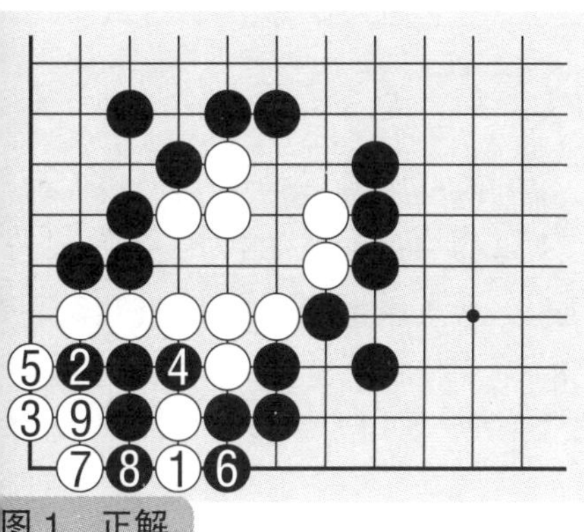
图 1　正解

图 1　正解

白 1 下立是极好的下法，黑 2 挡试图破眼，其后白 3 又是好棋，以下进行至白 9，白棋可以活。

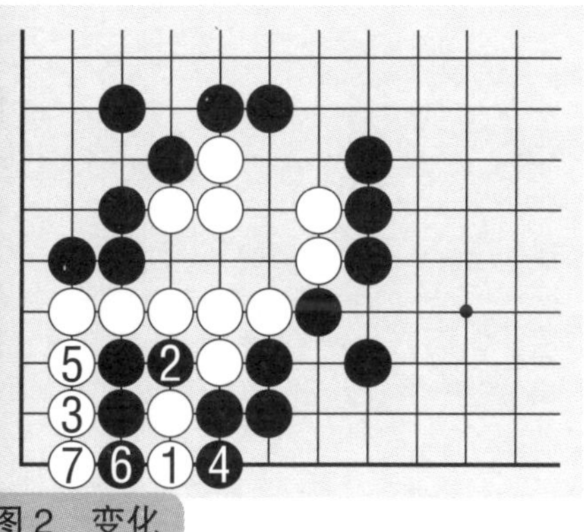
图 2　变化

图 2　变化

白 1 时，黑 2 直接断吃二子，但白 3 以下至白 7，白棋可以活。

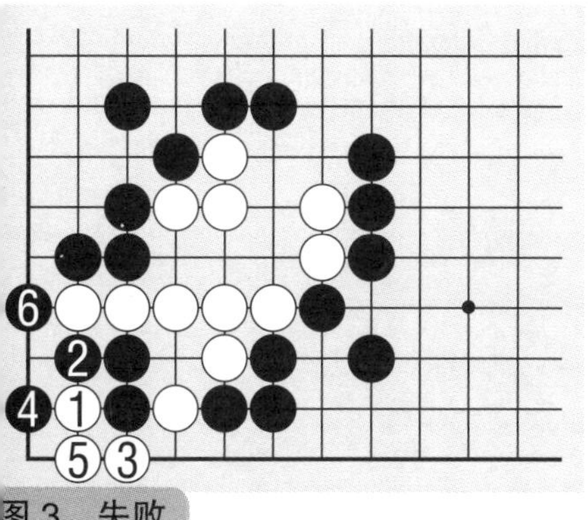
图 3　失败

图 3　失败

白 1 夹虽看似可行，但黑 2 冲后，进行至黑 6，白棋不活。

问题 43

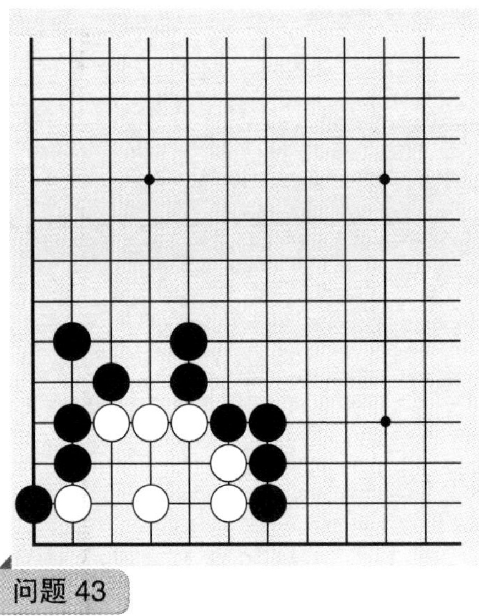
问题 43

白先。初看本题，很可能会断为白棋是打劫活，但事实上棋应该无条件活棋。请问白棋应何下?

问题 44

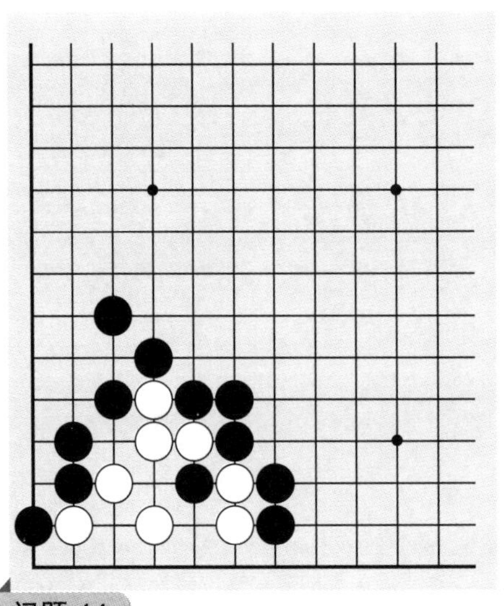
问题 44

白先。本题与“问题 43”相要简单一些，可作为“问题 43”应用。请问白棋如何下才能活棋?

问题 43 解说

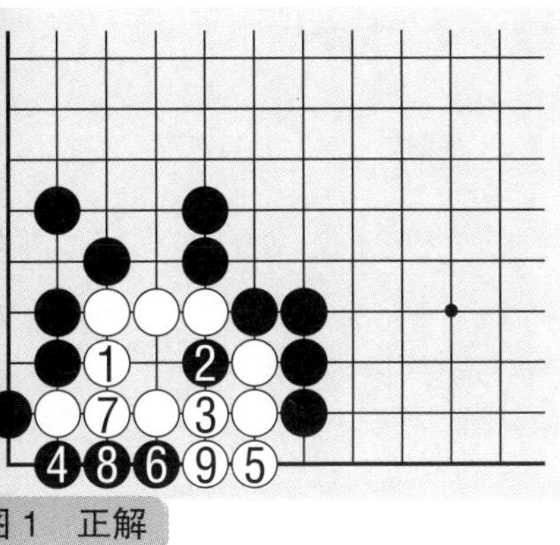
图1 正解

图 1 正解

白 1 挡是正确的，黑 2 点时，白 3 补棋，黑 4 时，白 5 下立是好棋，黑 6 时，白 7、9 可以吃黑接不归。

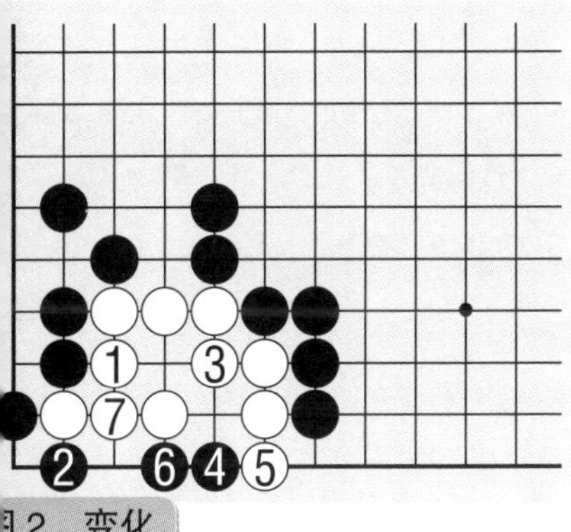
图2 变化

图 2 变化

白 1 时，黑 2 如果打吃，白 3 做眼是好棋，黑 4 时，白 5、7 可以做活。其中黑 4 如果下在 7 位提子，白棋可在 5 位补活。

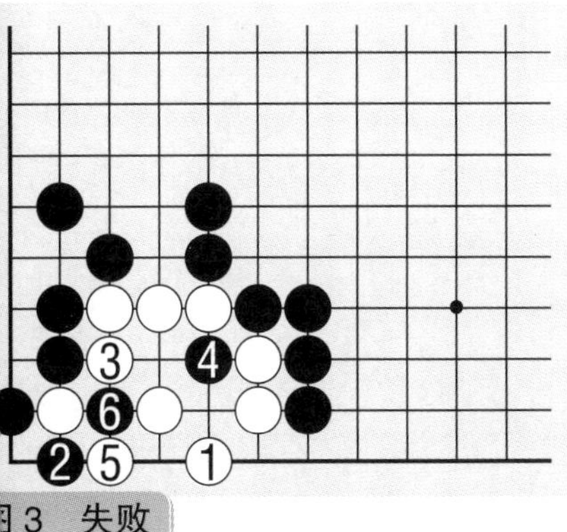
图3 失败

图 3 失败

白 1 虽是一种常用方法，但黑 2 在一路打冷静，白棋无法避免下成打劫（白 3 下在 5 位，会多少好些）。黑 2 如果下在 3 位或 4 位，白棋下在 6 位，白棋可以活。这应该引起我们的注意。

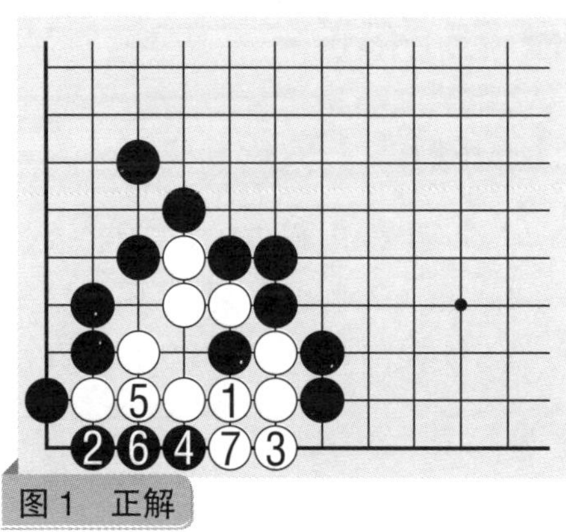
图 1　正解

问题 44　解说

图 1　正解

白 1 连接是冷静的下法，黑
时，白 3 以下至白 7，白棋可以
用角的特殊性吃黑接不归。

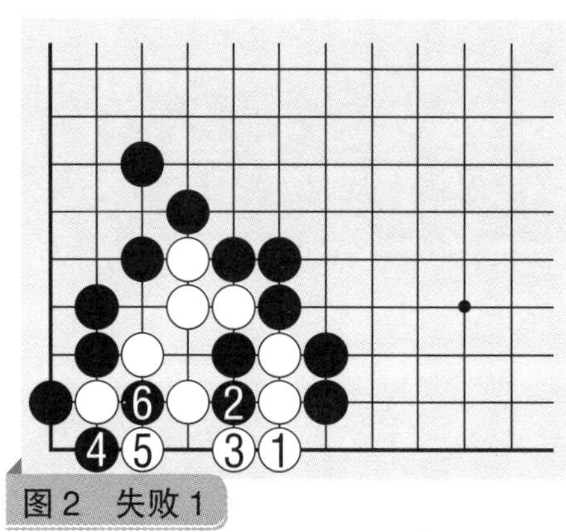
图 2　失败 1

图 2　失败 1

白 1 下立次序错误，黑 2 是
厉的攻击手段，白 3、黑 4 进行
白 5 被迫做劫。

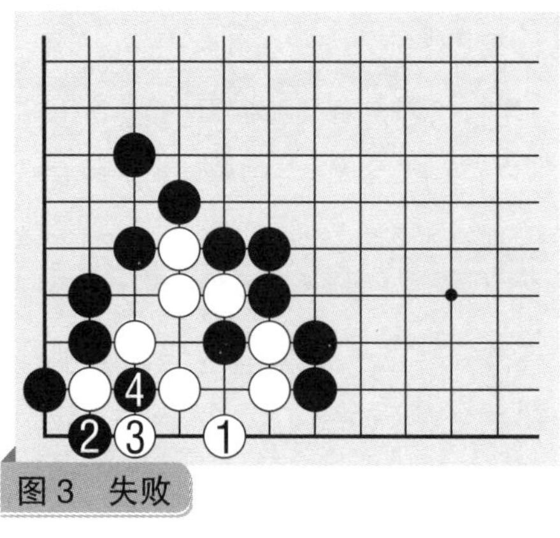
图 3　失败

图 3　失败

白 1 是无法避免打劫的下
实战中如果下成这样的结果，可
因此而输棋。

问题 45

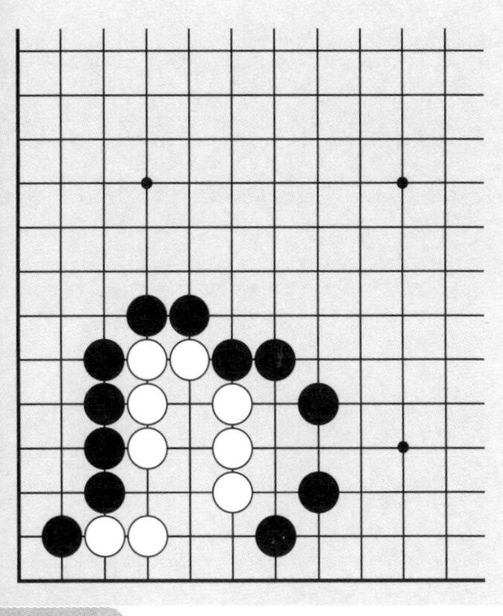
问题 45

白先。本题中的第一手棋是非常明了的，问题在于以后的第三手棋将决定白棋的成败。那么请问白棋应如何下?

问题 46

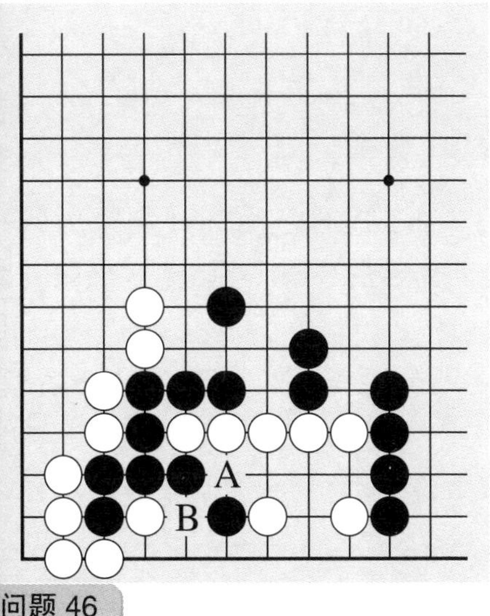

问题 46

白先。处于黑棋包围之中的白棋应如何下才能活棋? 应看到白 A 时，黑 B 应即可。

问题 45　解说

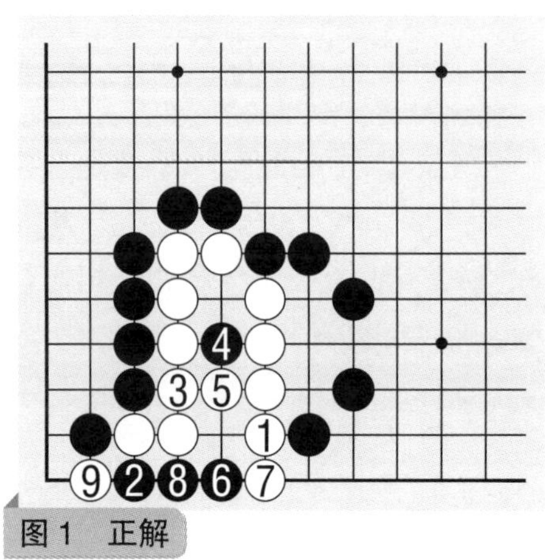
图 1　正解

图 1　正解

白 1 挡是必然的下法，黑 2 时，白 3 连接是好棋，其后黑 4、6 破眼时，白 5 以下至白 9，白棋可以扑吃接不归。

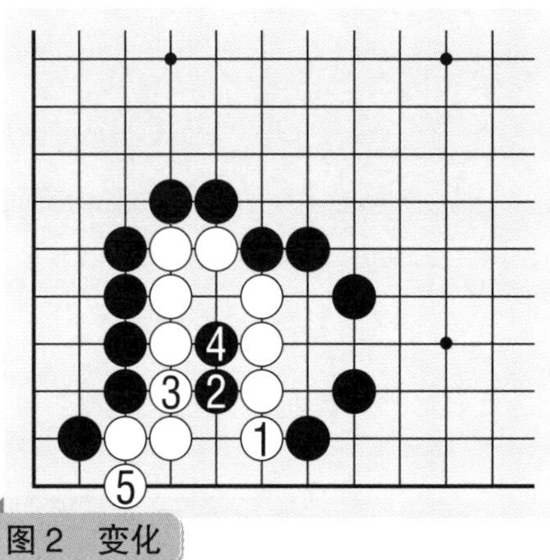
图 2　变化

图 2　变化

白 1 时，黑 2、4 如果破眼，下至白 5，白棋反而活得更大。

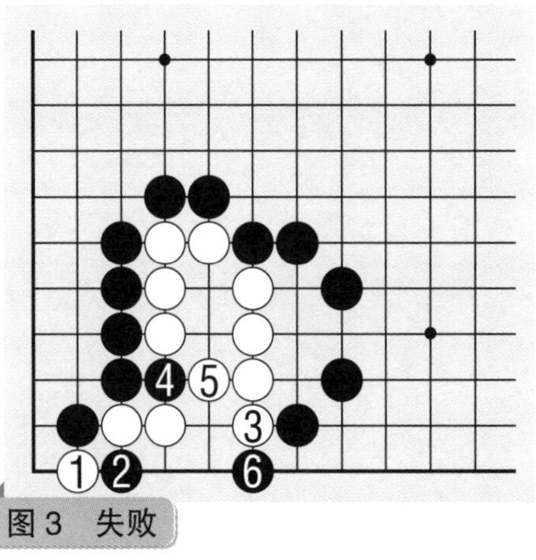
图 3　失败

图 3　失败

白 1 扳时，黑 2 扑是严厉的手段，其后白 3 时，黑 4、6 破眼，结果白棋不活。

问题 46　解说

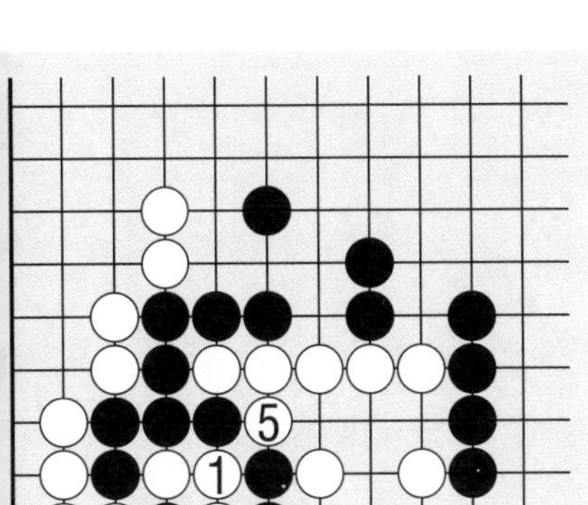
图 1　正解

图 1　正解

白 1 看似自杀性地挤是正确下法，黑 2 时，白 3 提子是好棋，其后黑 4 时，白 5 反打，后续变化见图 2。

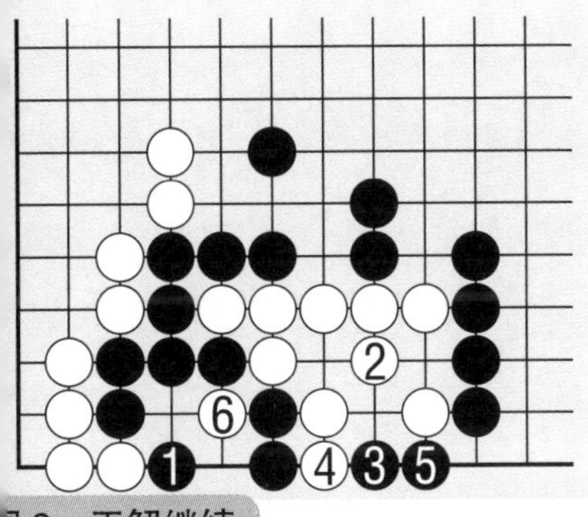
图 2　正解继续

图 2　正解继续

其后黑 1 提子时，白 2 做眼，黑 3 点，白 4 切断，其后白棋只要在 5 位或 6 位中居其一即可活棋。这是对接不归的巧妙利用。

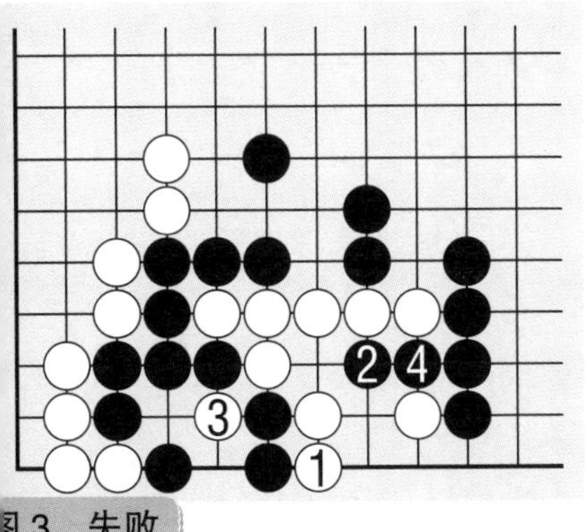
图 3　失败

图 3　失败

图 2 中的白 2 如果下成本图中的白 1 挡则操之过急，被黑 2 点后，白棋不活。

问题 47

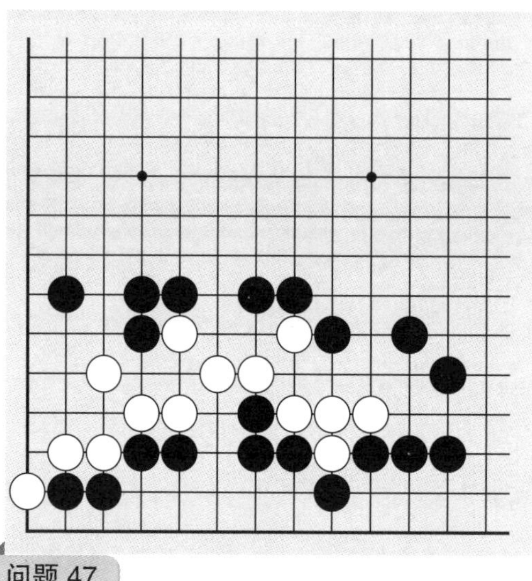
问题 47

白先。本题中的白棋虽没有一个眼形，但白棋可以过攻击下边黑棋的弱点而为己开辟一条活路。

问题 48

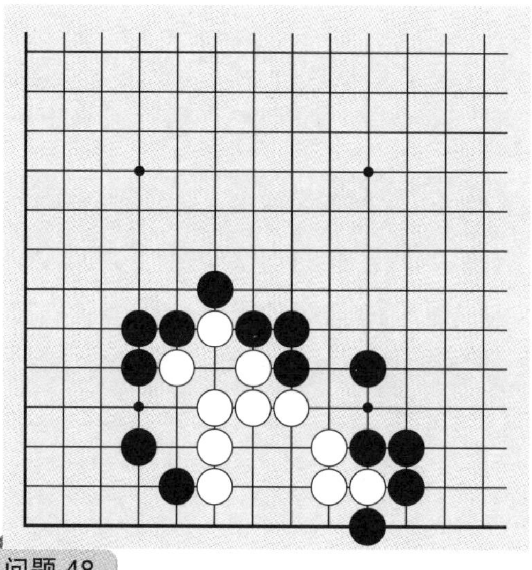
问题 48

白先。本题中的白棋本不可能活棋，原因是活棋的间不够，但白棋可以通过攻黑棋来想办法。请问白棋应何下?

问题 47　解说

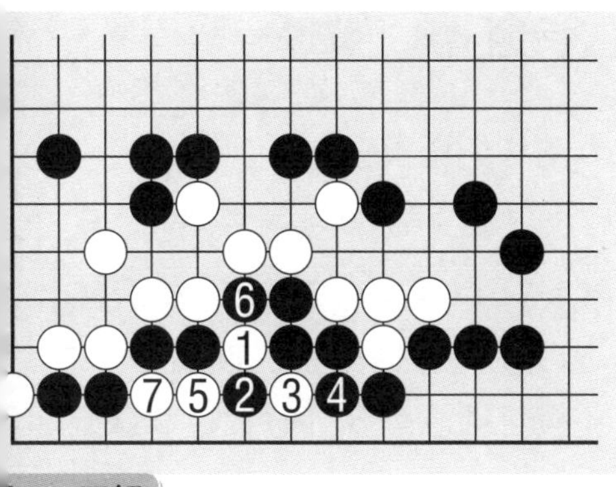

1　正解

图 1　正解

白 1 挖，黑 2 时，白 3 断，其后白 5、7 巧妙，结果白棋可以吃掉角上黑二子而活。

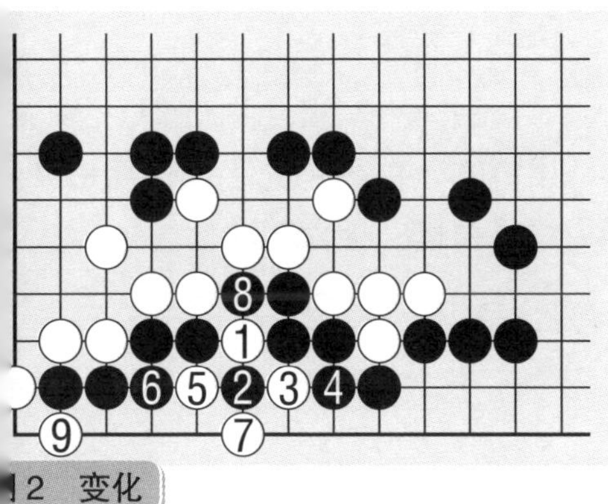

2　变化

图 2　变化

白 1 挖，以下进行至白 5 时，黑 6 如果接二子，以下白 7、黑 8 必然，白可与黑打劫。

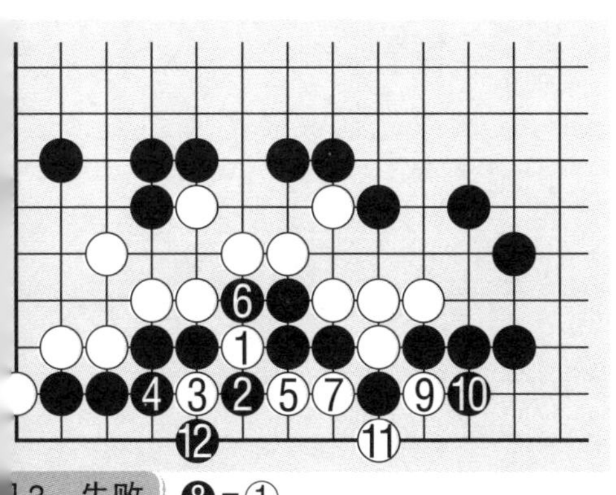

3　失败　❽=①

图 3　失败

白 1、黑 2 时，白 3 先断在左边则次序错误，黑 4 时，白 5 打，但以下至黑 10，角上黑棋已摆出两眼，而整块白棋仍不活。

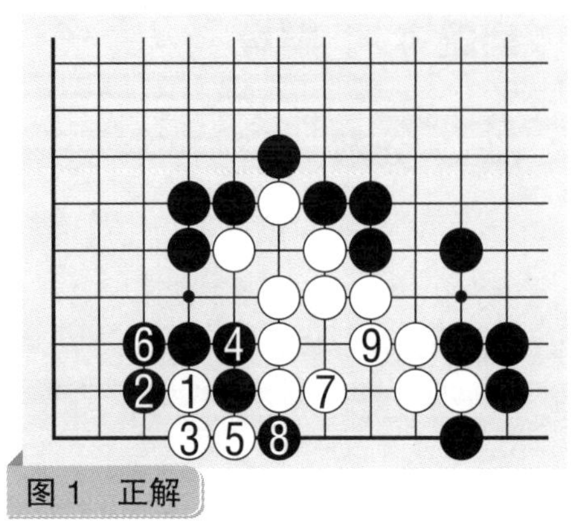

图 1 正解

问题 48 解说

图 1 正解

白 1 嵌是做活的第一步，黑
时，白 3 下立巧妙，其后黑 4
白 5 渡过是先手，然后白 7 拐，
棋可活。黑 8 扑时，白 9 做眼即

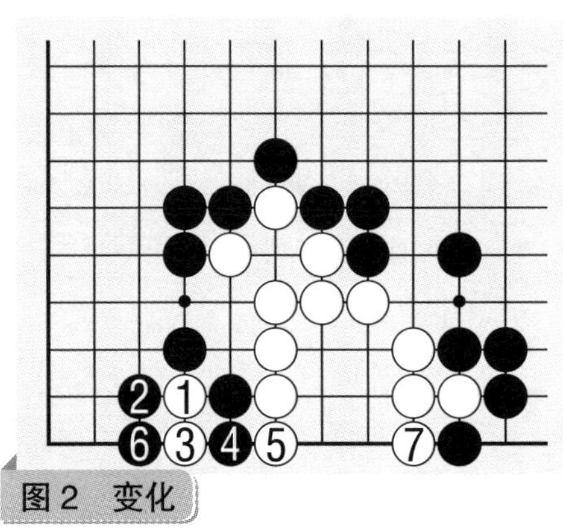

图 2 变化

图 2 变化

白 1、黑 2、白 3 时，黑 4
果打吃，白 5 是先手，然后白 7
结果白棋“板六”净活。

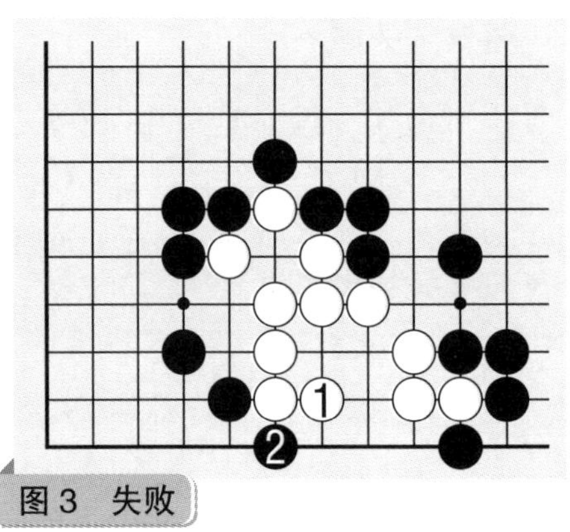

图 3 失败

图 3 失败

白 1 先拐次序错误，黑 2 扳
白棋不活。

问题 49

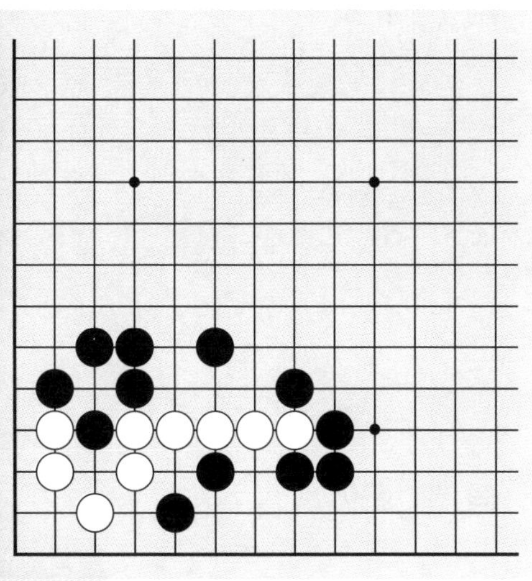
问题 49

白先。白棋看似生存空间不足，但只要下出巧妙的次序，完全可以活棋。请问白棋应如何下？

问题 50

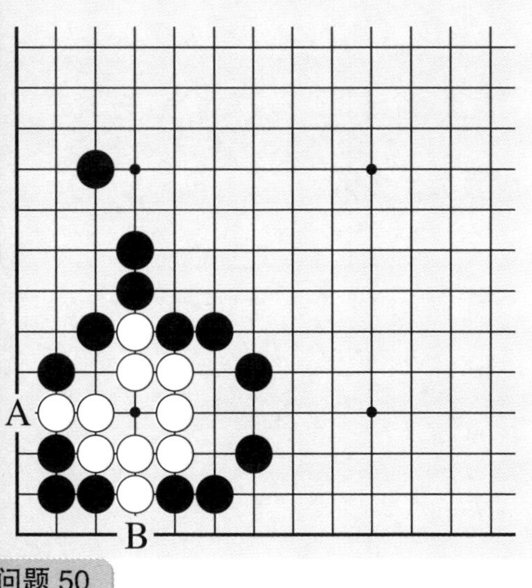

问题 50

白先。本题中的白棋本身只有一只眼，而 A 位和 B 位又不能同时兼得。请问白棋如何下才能活棋？

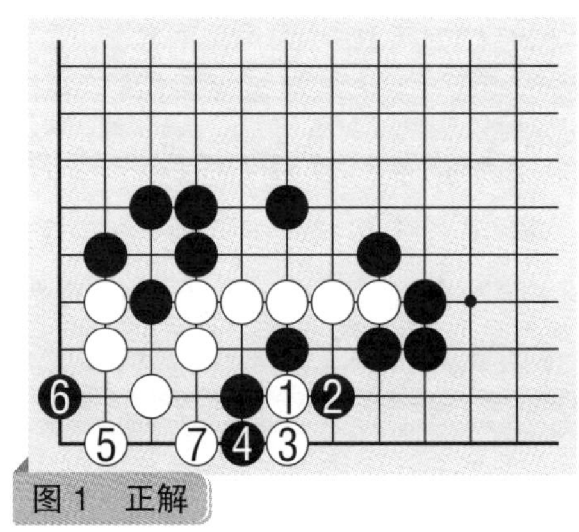

图 1 正解

问题 49 解说

图 1 正解

白 1 嵌是绝妙的下法，黑 2 时白 3 下立又是好棋，其后黑 4 时白 5、7 可以活棋。

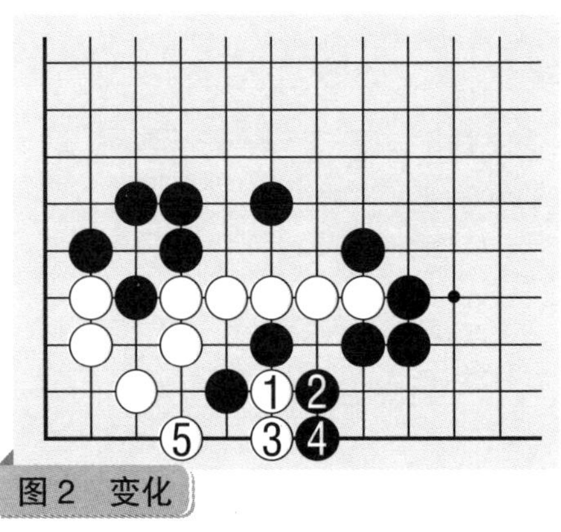

图 2 变化

图 2 变化

白 1、黑 2、白 3 时，黑 4 如从右边打吃，白 5 应是好棋，白同样可活。

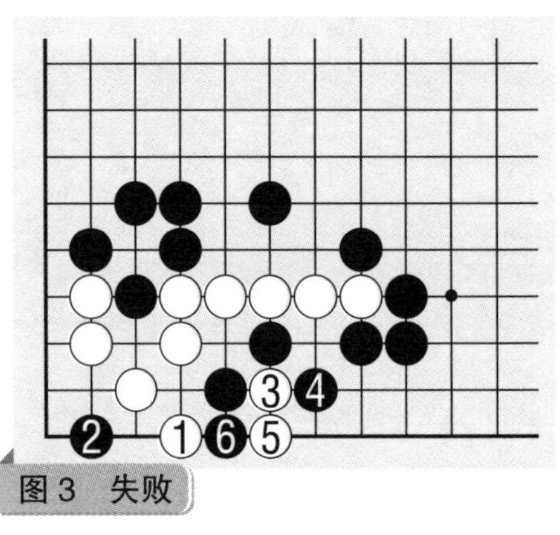

图 3 失败

图 3 失败

白 1 先尖次序错误，此时黑点可以成立，其后白 3、5 时，4、6 打即可，结果白棋不活。

问题 50　解说

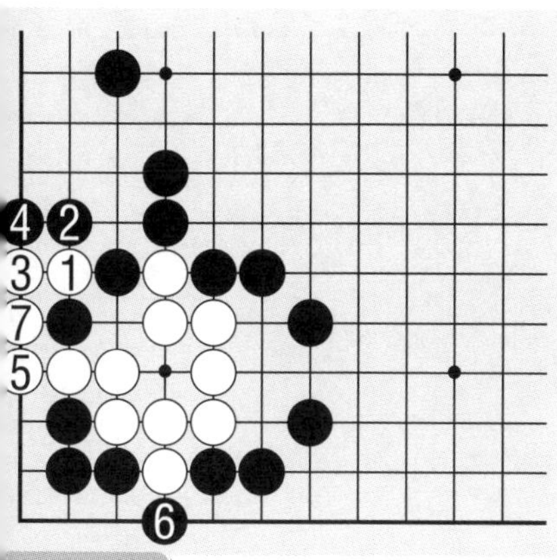
图 1　正解

图 1　正解

白 1 嵌是有效切断黑棋联络的下法，黑 2 时，白 3 下立，黑 4 挡，白 5 应，黑 6 被迫渡过，白 7 连接后，可做出第二只眼。

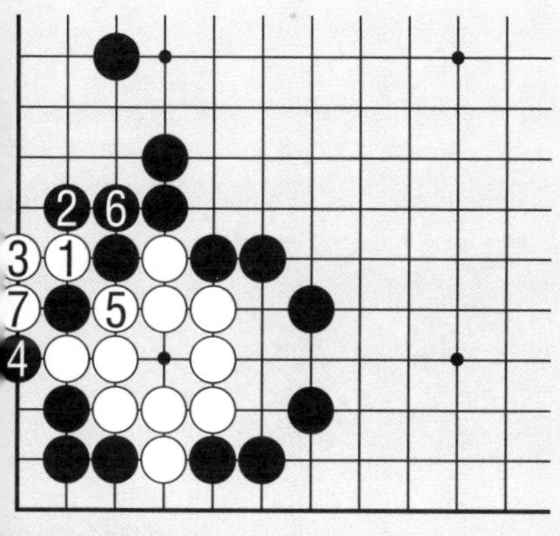
图 2　变化

图 2　变化

白 1、黑 2、白 3 时，黑 4 如果扳，白 5、7 应后，白棋即可活。

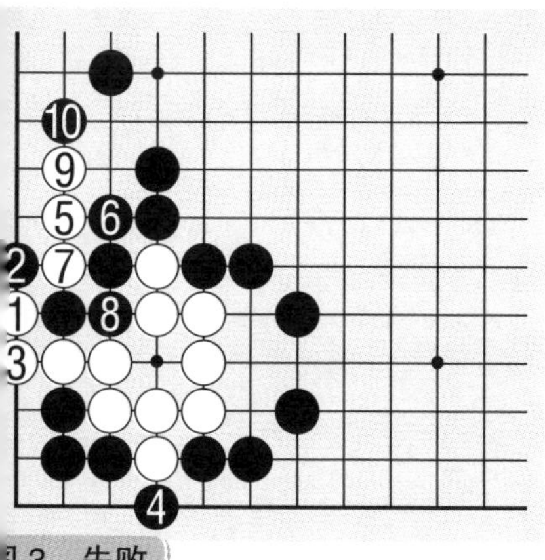
图 3　失败

图 3　失败

白 1、3 扳接的下法不成立，黑 4 渡过是当然的，白 5 以下，白棋虽极力攻击黑棋的弱点，但进行至黑 10，白棋只好投降。

问题 51

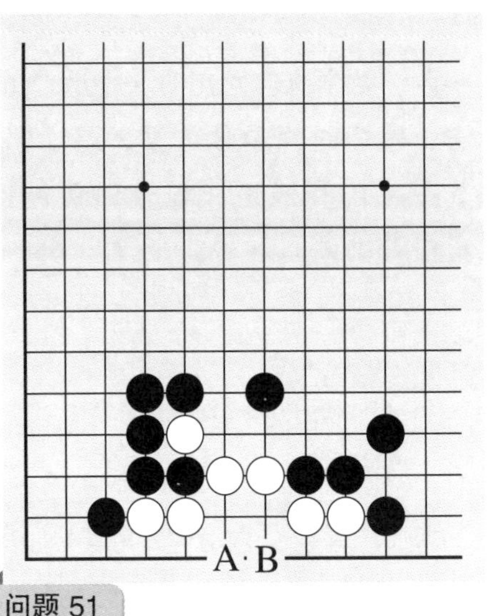

问题 51

白先。本题中的白棋如果先在 A 位或 B 位都不活。请问白棋如何下?

问题 52

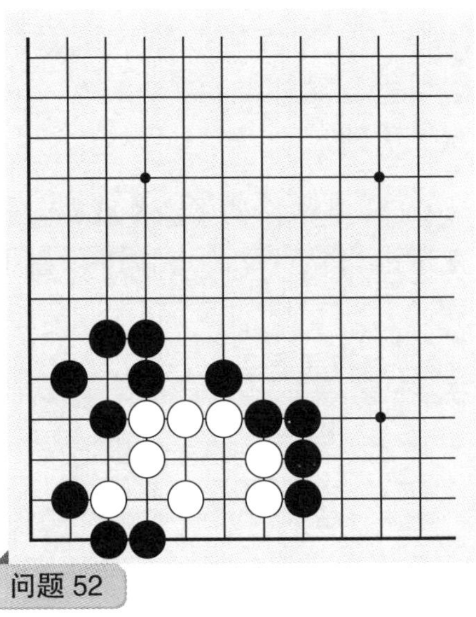

问题 52

白先。白棋在本题中是先自做眼，还是先在角上有所动作?棋如何才能活棋?

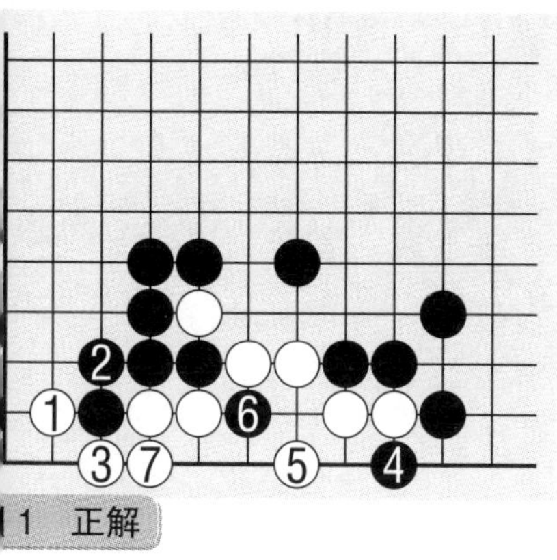
1 正解

问题 51 解说

图 1 正解

白 1 夹，利用角的特殊性，是非常重要的准备工作。黑 2 如果连接，白 3 渡过，黑 4 扳，白 5 虎正确，黑 6 时，白 7 连接是好棋，结果白棋可以活。

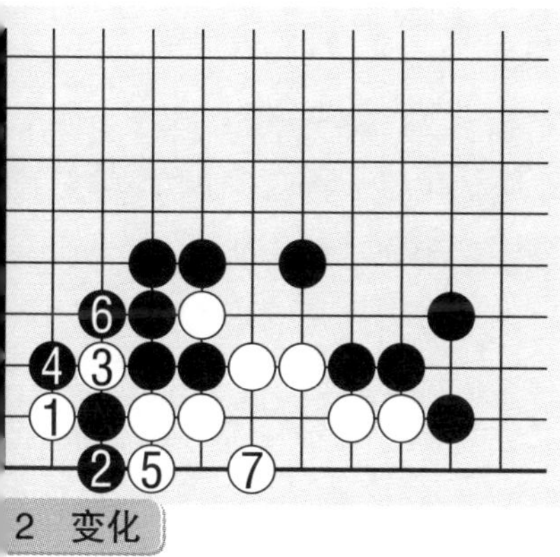
2 变化

图 2 变化

白 1 时，黑 2 如果切断，白 3 断后，白 5 打吃是先手，至白 7，结果白棋可以活。

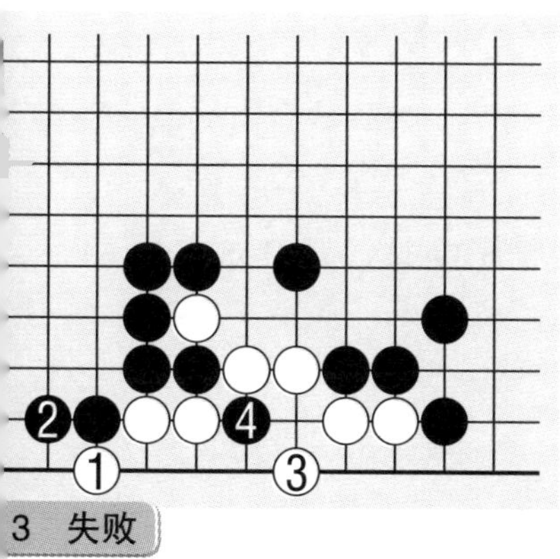
3 失败

图 3 失败

白 1 扳对活棋没有任何帮助，黑 2 退，其后白 3 时，黑 4 断极其严厉，结果白棋不活。

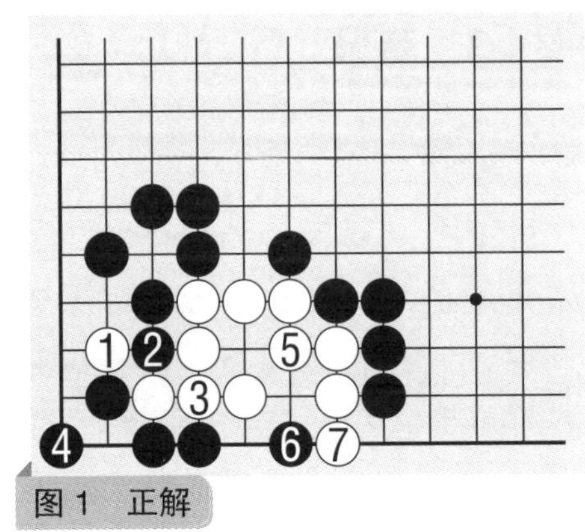

图1 正解

问题52 解说

图1 正解

白1扳，首先在角上动手是确的选择。黑2、4时，白5做眼好棋，而黑6的破眼不成立，结白棋净活。

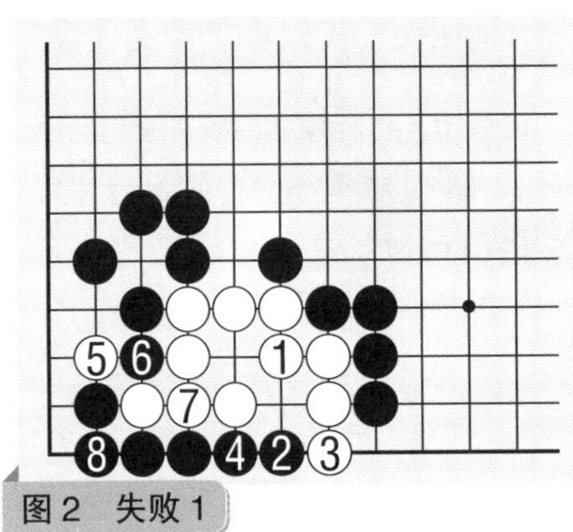

图2 失败1

图2 失败1

白1直接做眼是失败下法，2破眼，以后至白7时，黑8可连接，结果白棋不活。

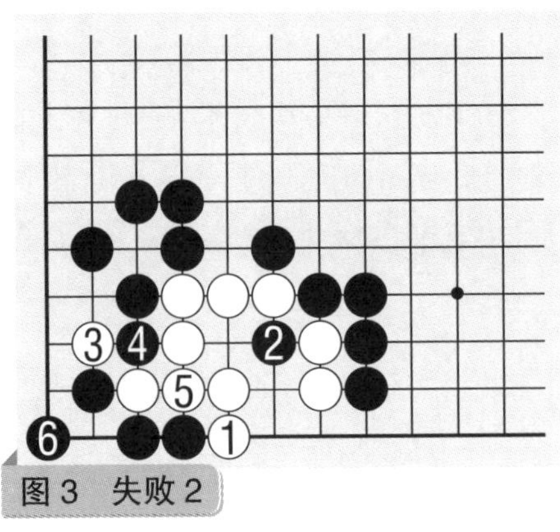

图3 失败2

图3 失败2

白1挡同样不成立，黑2点是严厉的手段，白3扳，黑4白5连接时，黑6虎是好棋，结白棋净死。

题 53

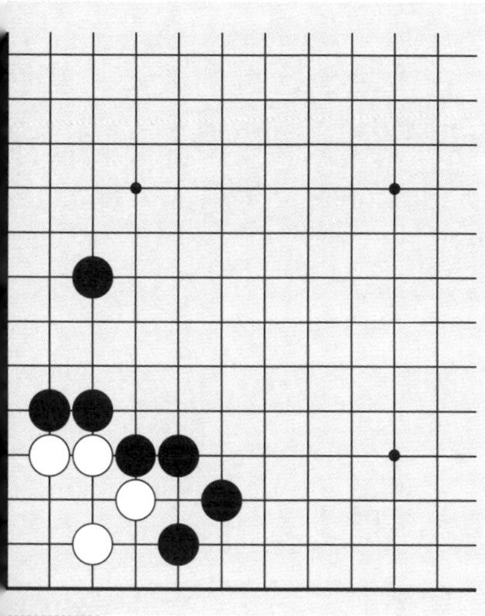
题 53

白先。本题虽是考察大家的基本死活知识，但问题却不简单。请问白棋应如何下？第一手棋是关键。

题 54

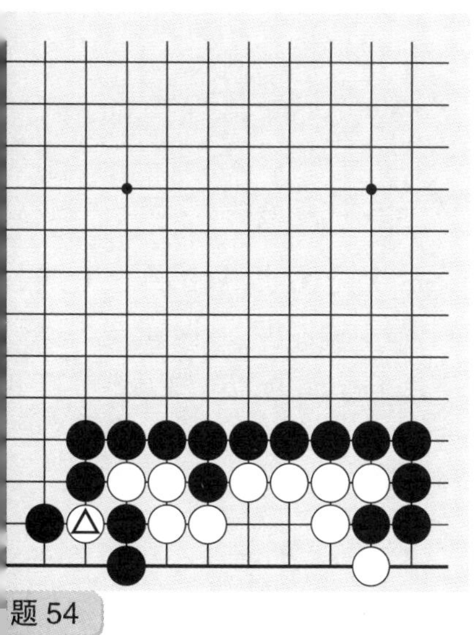
题 54

白先。白棋必须考虑到角的特殊性，方可能活棋。请问白棋应如何下？对白◬一子如何利用是成败的关键。

问题 53　解说

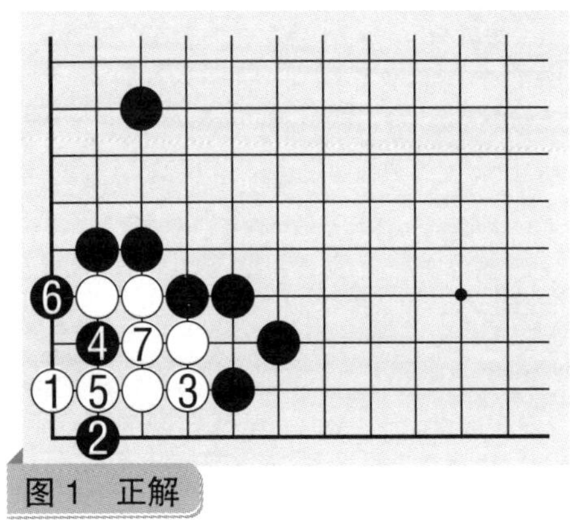
图 1　正解

图 1　正解

白 1 跳是活棋的要点，其后
2 点虽气势汹汹，但白 3 连接是
棋，白棋可活。其后黑 4 时，白
7 应即可。

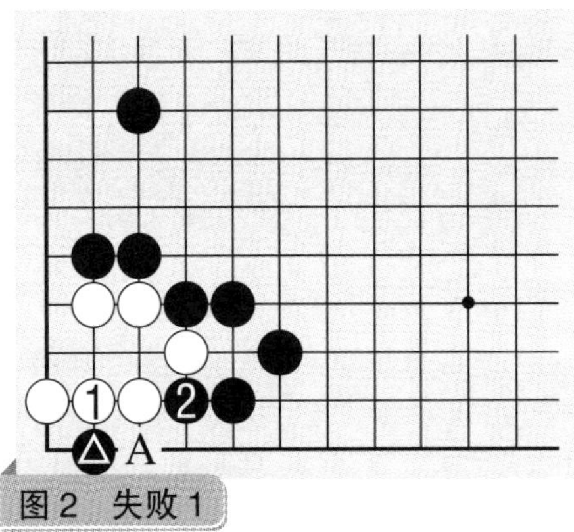

图 2　失败 1

图 2　失败 1

黑▲时，白 1 如果连接，黑
顶严厉，白棋难逃厄运。其中白
如下在 A 位，黑 2 后，白棋也不

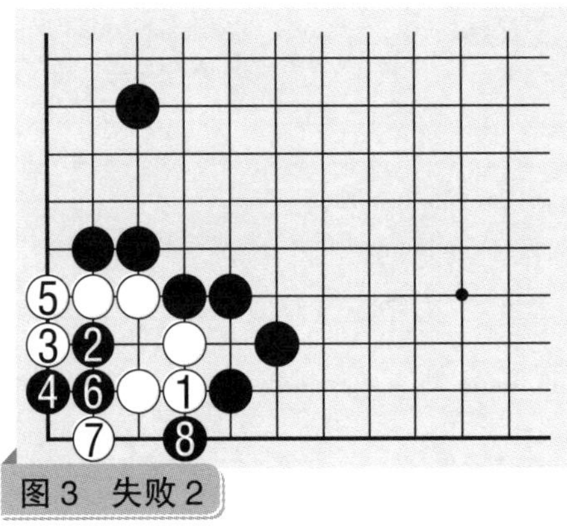
图 3　失败 2

图 3　失败 2

白 1 先团也是错误的下法，
2 夹强行破眼后，白棋无法抵
以下进行至黑 8，白棋净死。

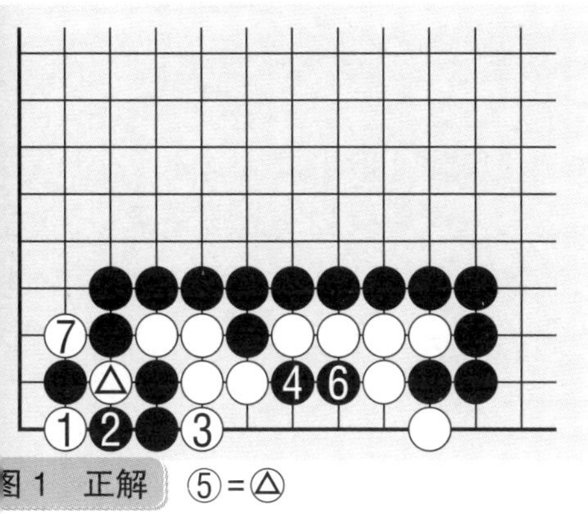

图 1 正解

问题 54 解说

图 1 正解

白 1 扳是妙手，黑 2 必须提子，此时白 3 打吃，黑 4 反击时，白 5、7 后，白棋可以在角上做活。这正是白 1 扳的作用。

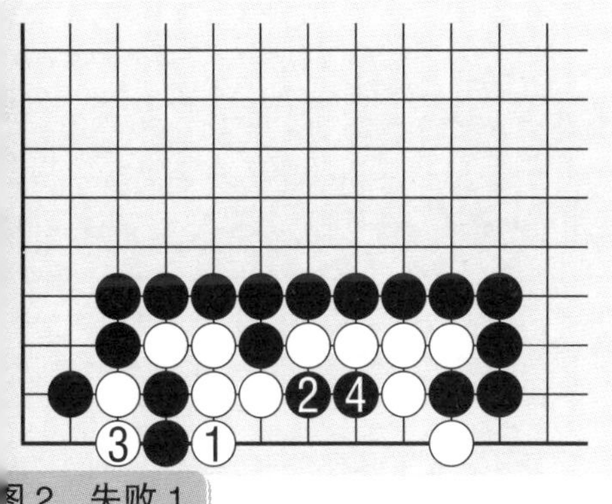
图 2 失败 1

图 2 失败 1

白 1 直接打吃，黑 2 反打，白 3 提子，但黑 4 打吃后，白棋不能活。这是正解与本图的差别所在。

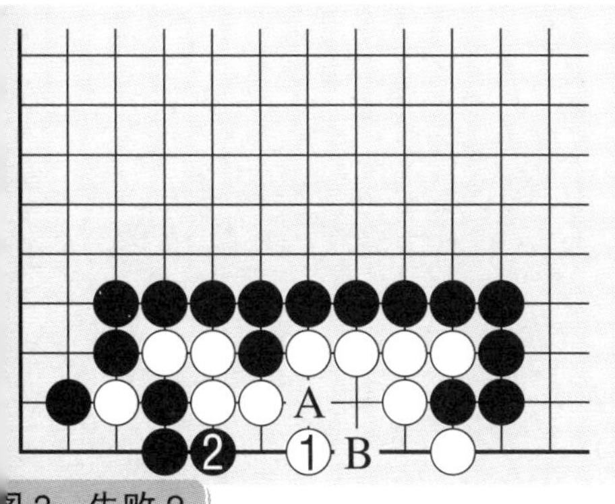

图 3 失败 2

图 3 失败 2

白 1 虎，被黑 2 破眼后，白棋不活。其中白 1 如果下在 A 位，黑 B 点后，白棋同样不活。

问题 55

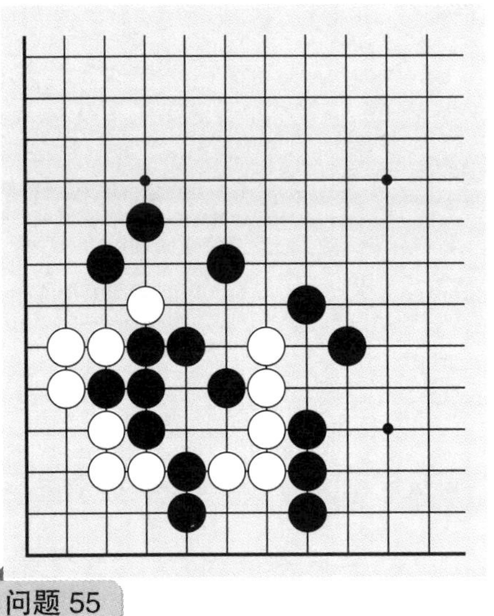
问题 55

白先。白棋五子处于黑棋的包
之中，但白棋却有靠攻击黑棋而生
的绝妙下法。请问白棋应如何下？

问题 56

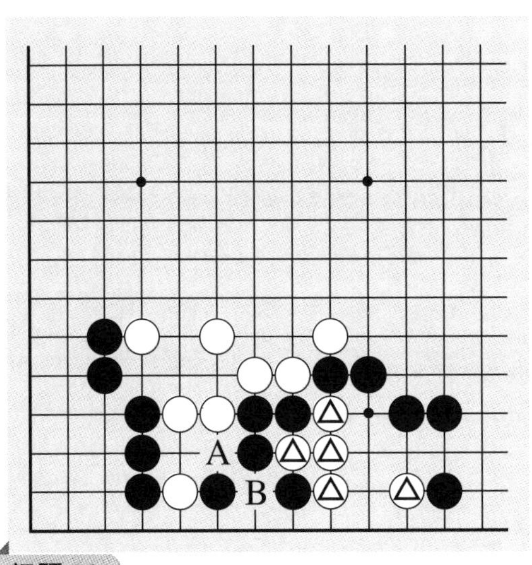

问题 56

白先。白△五子起死回
的手段是什么？若白 A 打，
B 接，白棋显然不行。

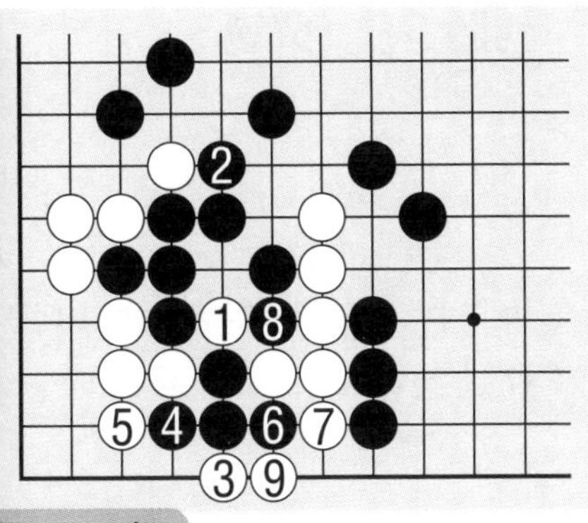

图 1 正解

问题 55 解说

图 1 正解

白 1 断是准备工作，黑 2 时，白 3 是绝妙的手筋，以下进行至白 9，白棋可以成功联络。

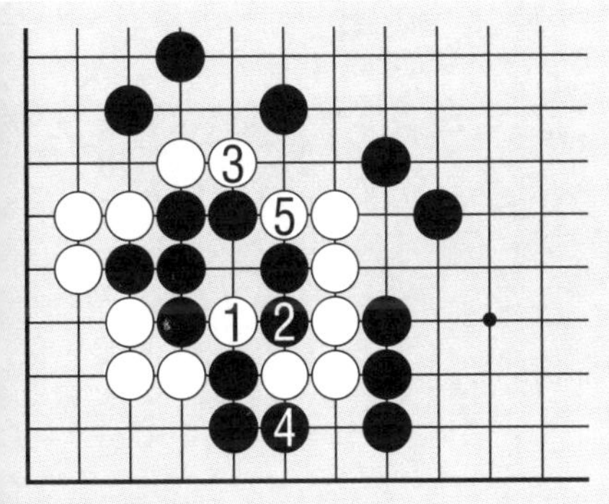

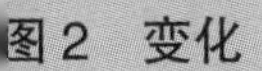

图 2 变化

图 2 变化

白 1 时，黑 2 如果打吃，白 3、5 可以倒扑黑棋七子。因此，正解的下法是双方的最佳进行。

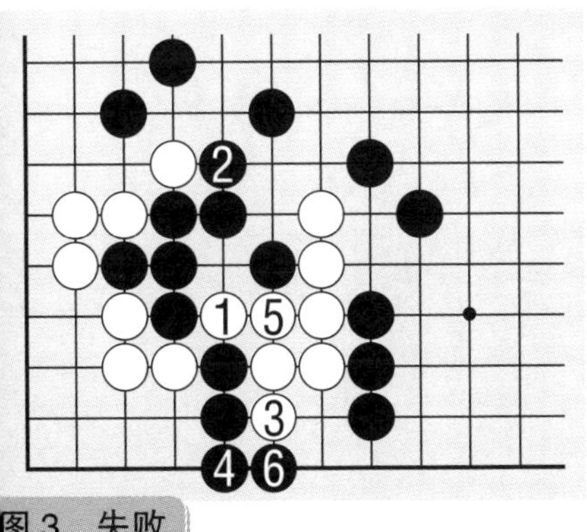

图 3 失败

图 3 失败

正解中的白 3 如果下成本图中的白 3 不行，黑 4 是稳健的应手，结果白棋不活。

问题 56 解说

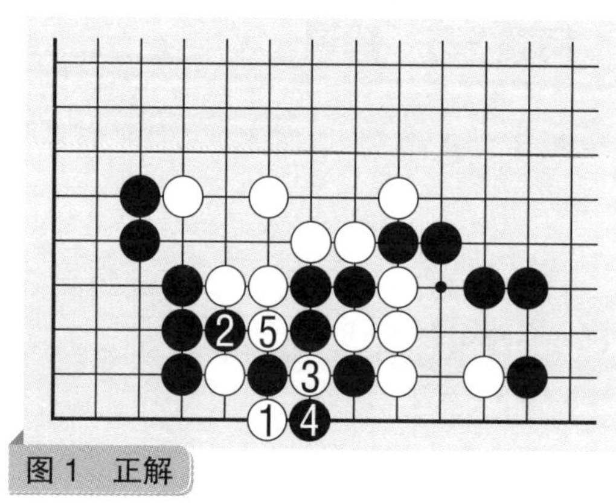

图1 正解

图1 正解

白1先扳是起死回生的
手，黑2是当然的，此时白
扑是绝妙的下法，黑4时，
5可以吃黑接不归。

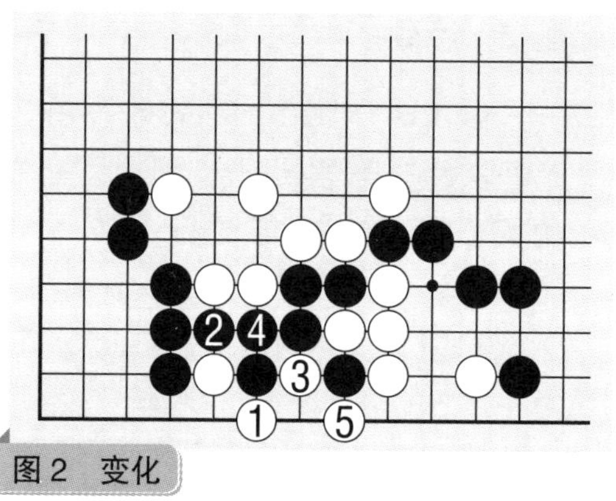

图2 变化

图2 变化

白3时，黑4如果连接
白5提子后，白棋已活。

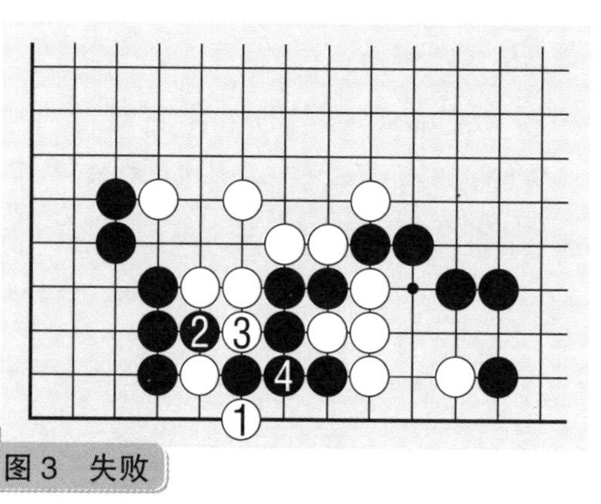

图3 失败

图3 失败

白1、黑2时，白3打吃
黑4连接后，白棋大损。这
白棋最坏的选择。

问题 57

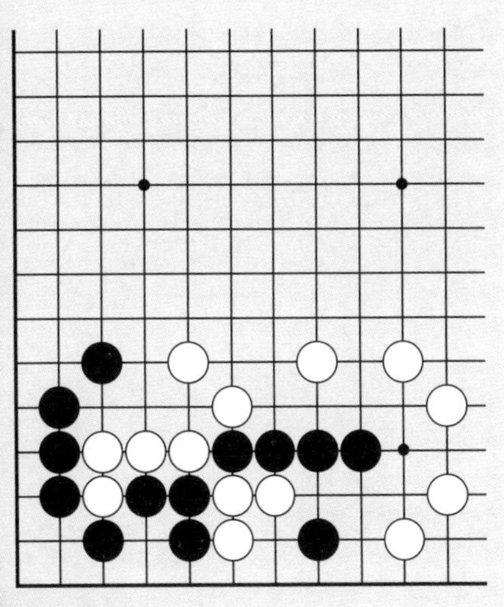
问题 57

白先。白棋如能成功救回处于黑棋包围中的三子，右边的黑棋将会自动死去。请问白棋应如何下?

问题 58

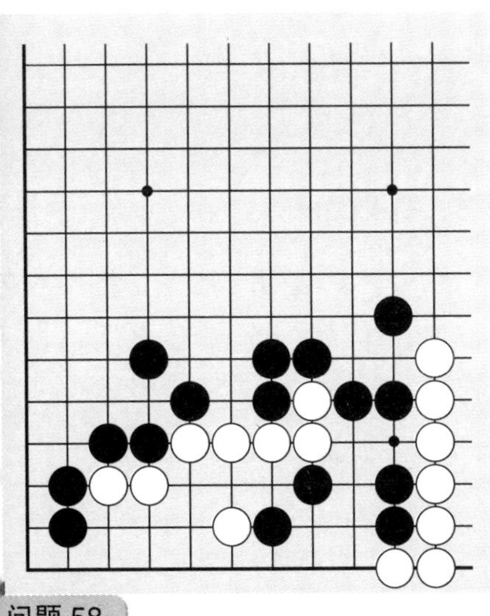
问题 58

白先。白棋应如何利用黑棋的弱点与右边的援军取得联络?

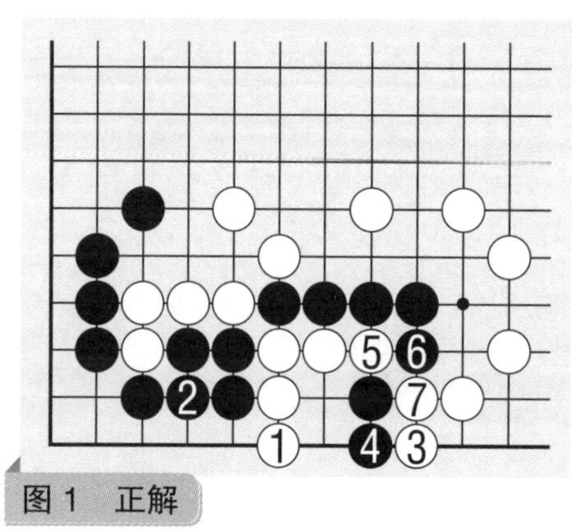

图1　正解

问题57　解说

图1　正解

白1下立是必然的准备工作，黑2连接是不得已，其后白3尖是巧妙的一手，白3与黑4交换后，白5、7可以切断黑棋，黑棋无法抵抗。

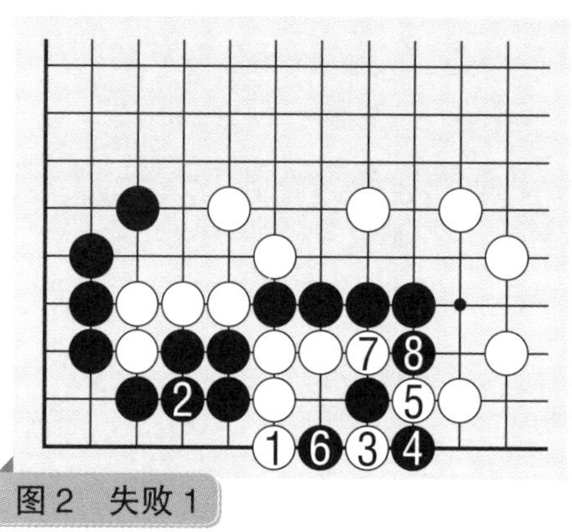

图2　失败1

图2　失败1

白1、黑2时，白3是错误的下法，黑4以下至黑8后，白棋无对策。

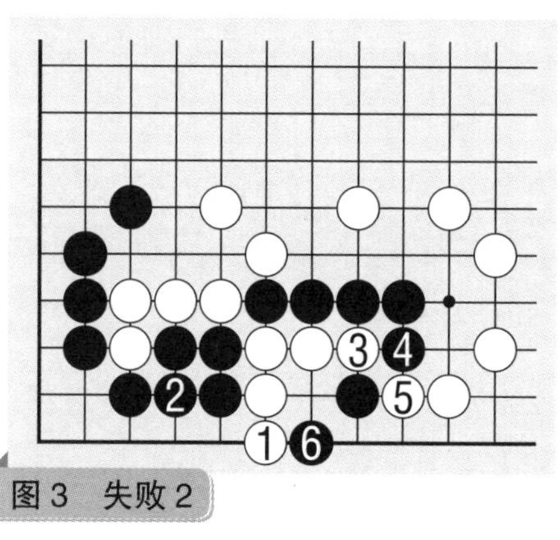

图3　失败2

图3　失败2

白1、黑2进行后，白3冲断是典型的俗手，至黑6尖后，白无棋可下。

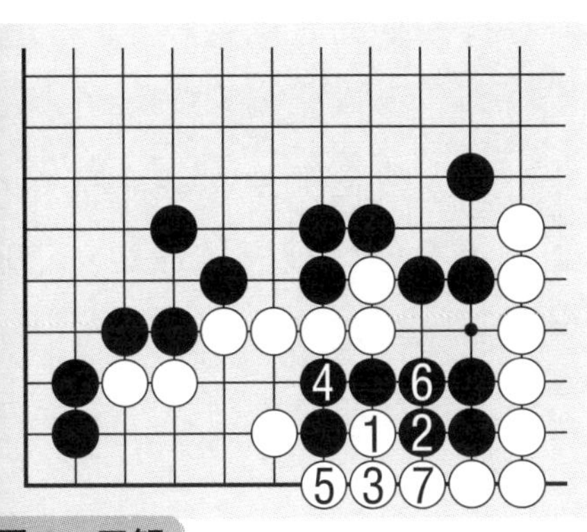
图 1 正解

问题 58 解说

图 1 正解

白 1 嵌是超越想象的妙手，黑 2 时，白 3 下立，黑 4 连接，白 5、7 后，白棋可以和右边援军取得联络。

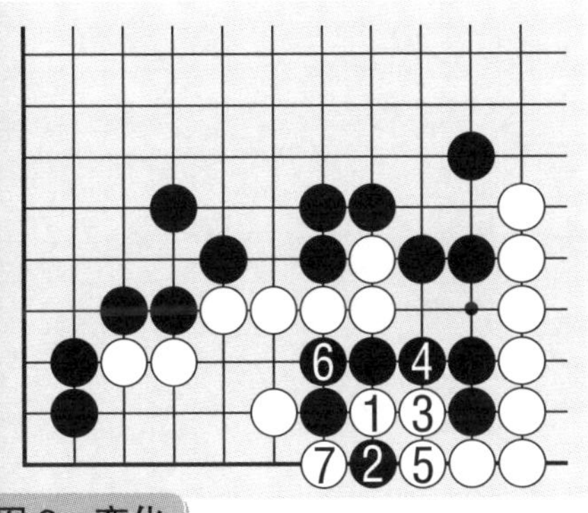
图 2 变化

图 2 变化

白 1 时，黑 2 打吃，白 3 以下至白 7 后，白棋同样可以成功联络。

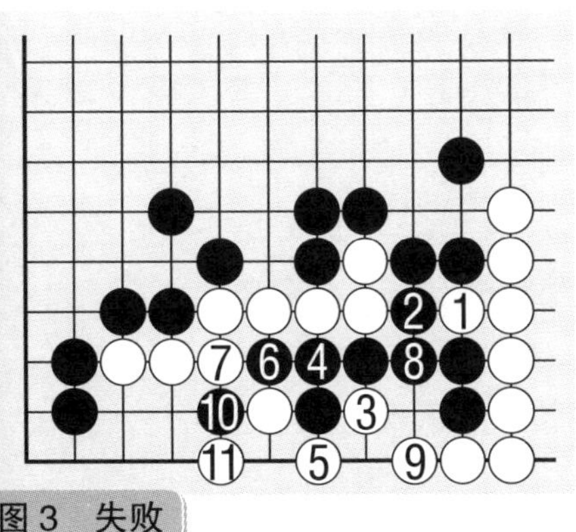
图 3 失败

图 3 失败

白 1 与黑 2 交换后再白 3 嵌，次序错误，以下进行至黑 10，白 11 不得不做劫。

问题 59

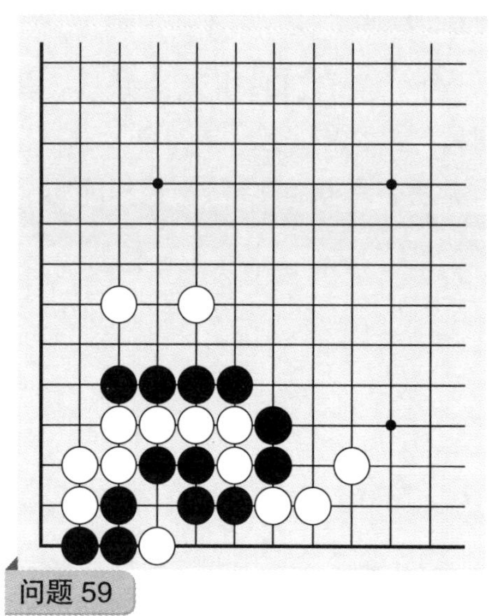
问题 59

黑先。黑棋如果不能吃住白棋八子，便将面临被吃的命运。请问黑棋应如何下？

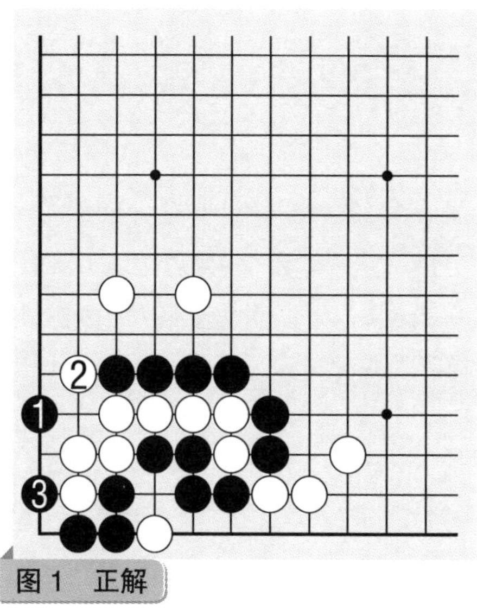
图 1　正解

问题 59　解说

图 1　正解

黑 1 是常用的手段，也是对杀的手筋，白 2 时，黑 3 扳，对杀中黑胜。

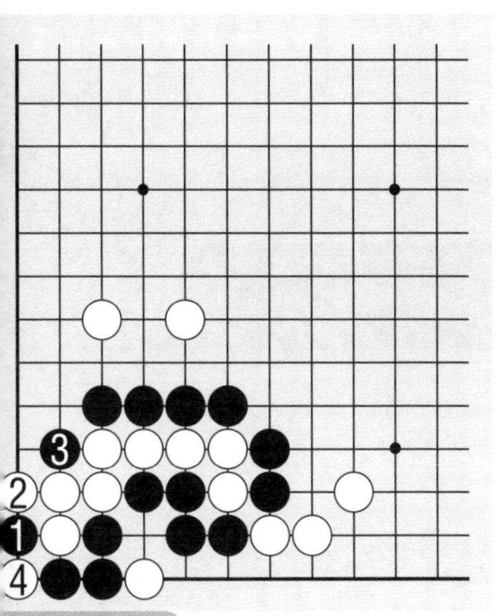
图 2 失败 1

图 2 失败 1

黑 1 扳轻率，白 2 应后，黑棋将要出问题。其后黑 3、白 4，双方必然下成打劫。

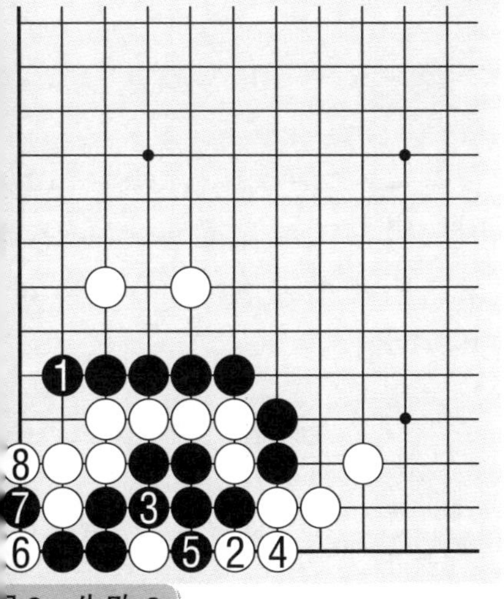
图 3 失败 2

图 3 失败 2

黑 1 下立同样是错误的下法，白 2、4 先手，其后白 6 扑是好棋，至白 8，结果与图 2 大同小异。

…下篇

杀棋

问题 60

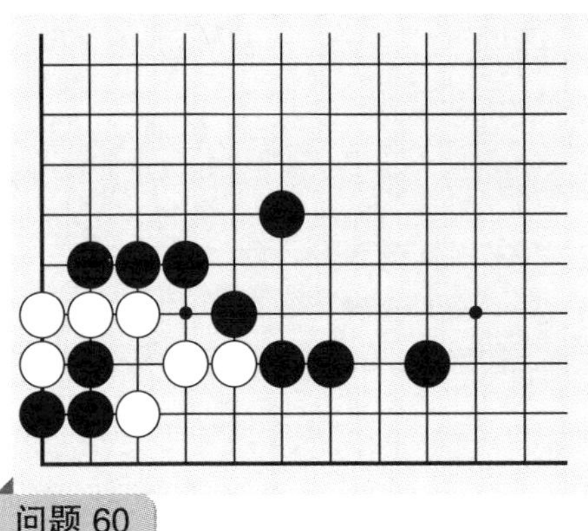
问题 60

黑先。黑棋如何利用被白棋[...]住的三子来吃住白棋是本题的关键[...]请问黑棋应如何下？

问题 61

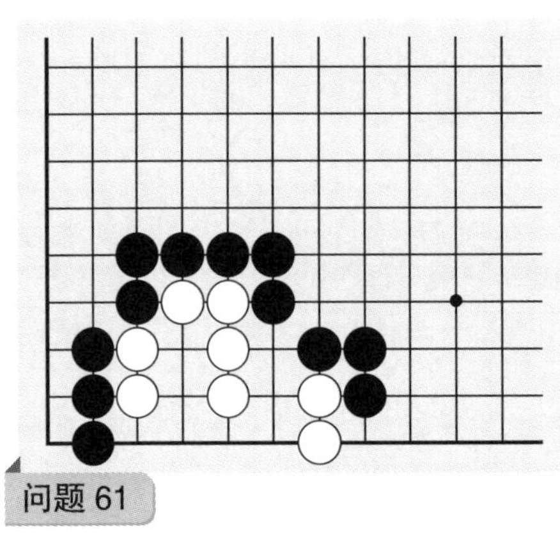
问题 61

黑先。在本题中黑棋只有充[...]利用白棋的气紧才能解决问题，[...]中第一手和第三手棋是关键。请[...]黑棋应如何下？

问题 60 解说

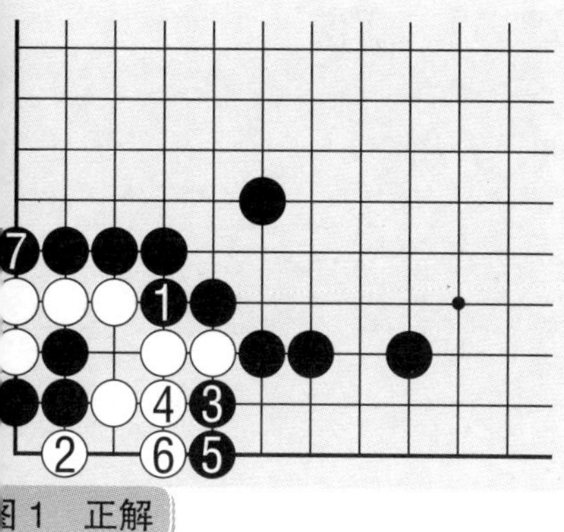
图 1 正解

图 1 正解

黑 1 断并准备打吃白棋是巧妙的下法，白 2 扳时，黑 3、5、7 可以利用白棋的断头紧气，吃住白棋。

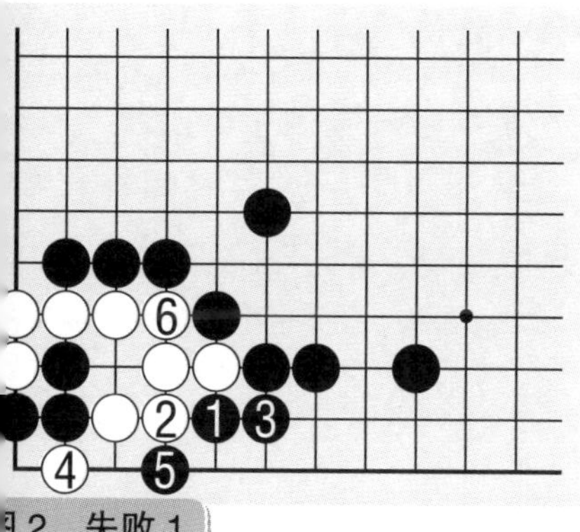
图 2 失败 1

图 2 失败 1

黑 1、3 扳接，白 2、4 应后，白 6 连接，结果下成双活。

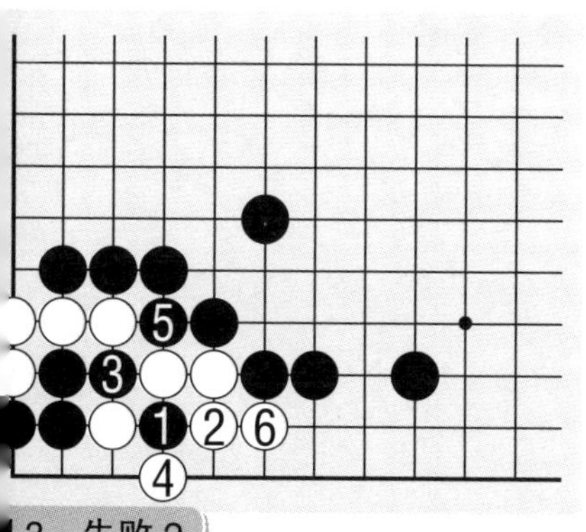
图 3 失败 2

图 3 失败 2

黑 1 在下边嵌虽然也是一种选择，但以下至白 6，白棋在另一边可以活出一块棋，故黑棋的这一下法不充分。

问题 61　解说

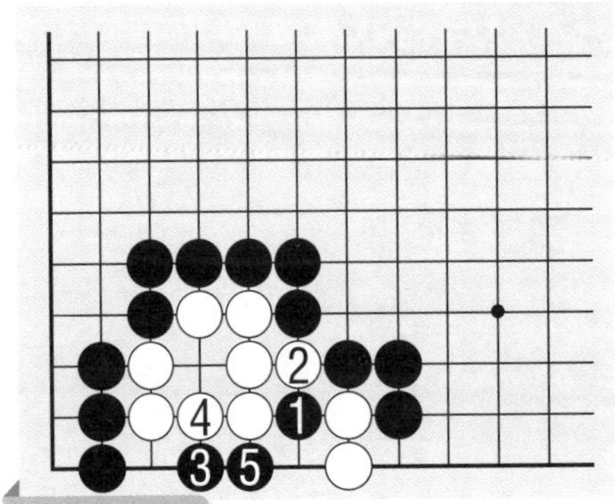

图 1　正解

图 1　正解

黑 1 先挖是出发点，白 2 时
黑 3 点是好棋，至黑 5，白棋仅
一眼。

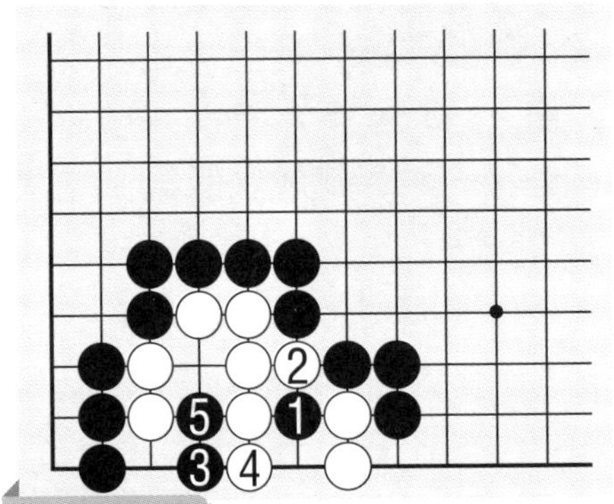

图 2　变化

图 2　变化

黑 1、3 时，白 4 如果寻求
化，黑 5 破眼后，白棋同样没有
二只眼。

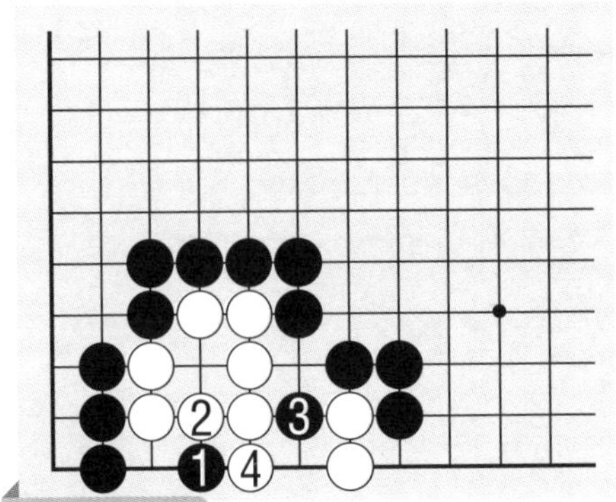

图 3　失败

图 3　失败

黑 1、3 的进行是次序错误，
白 4，白棋可活。

题 62

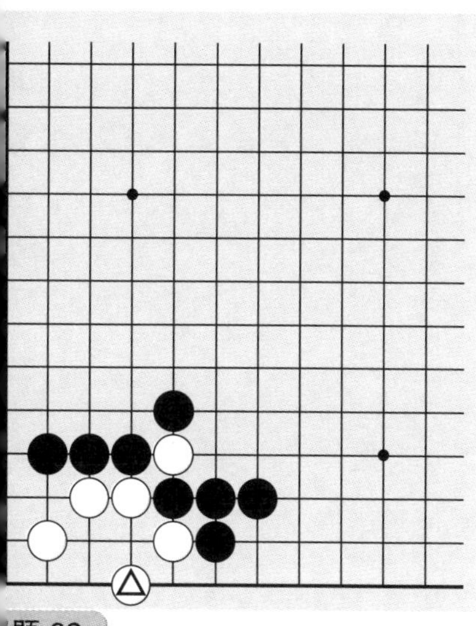
题 62

黑先。白△虎，但白棋仍不活。请问黑棋的下一手应下在什么地方？

题 63

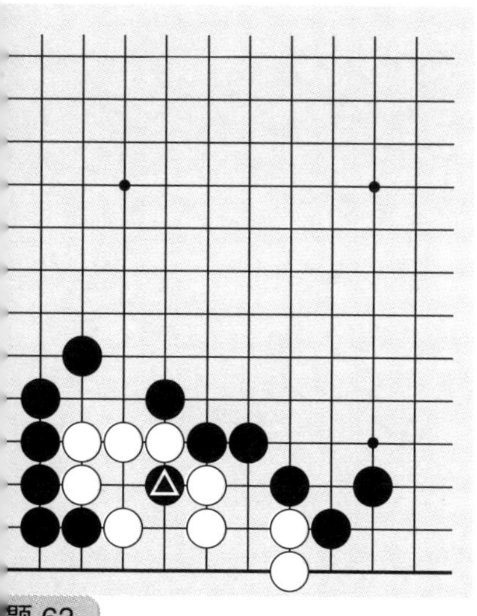
题 63

黑先。黑▲的断意味深长。请问黑棋如何下才能置白棋于死地？

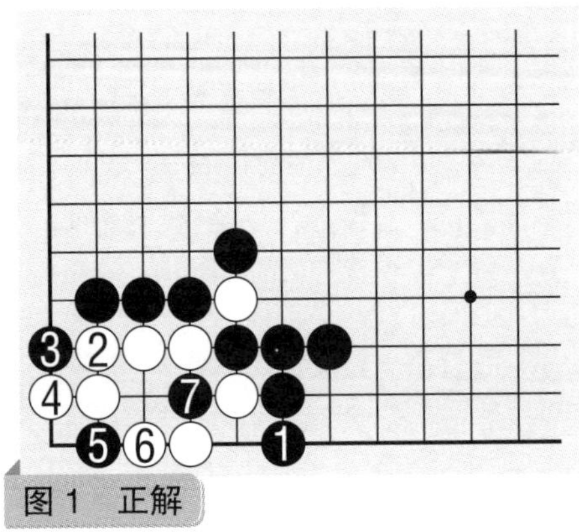
图 1　正解

问题 62　解说

图 1　正解

黑 1 下立是冷静的下法，白时，黑 3 扳，其后白 4 时，黑 5 是正确的攻击方法，白 6 时，黑扑，结果白棋净死。

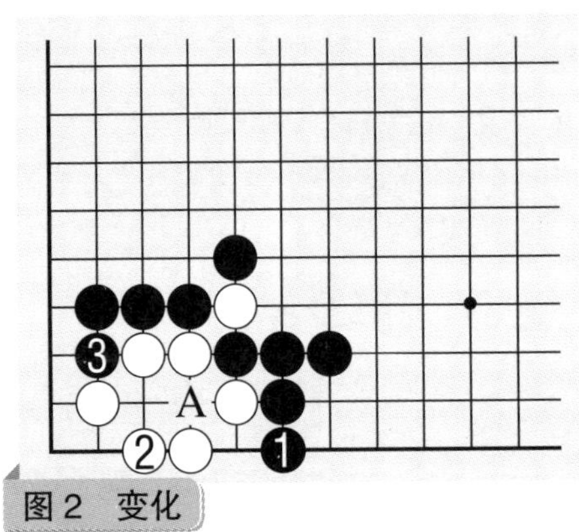

图 2　变化

图 2　变化

黑 1 时，白 2 如寻求变化，3 是急所，其后白棋虽可在角上成一眼，但由于黑有 A 位扑的手白棋同样是死棋。

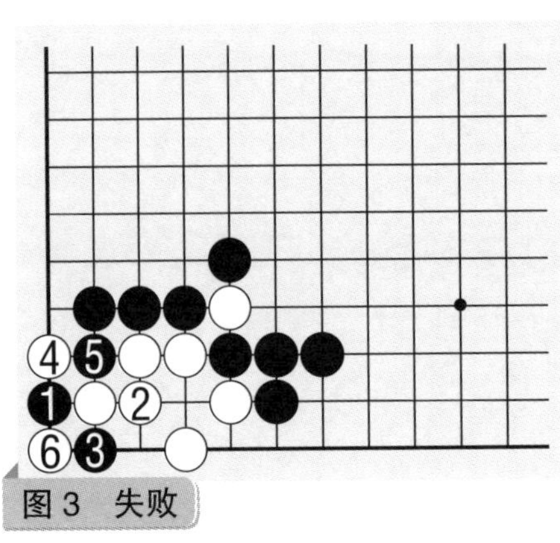
图 3　失败

图 3　失败

黑 1 操之过急，白 2 连接进抵抗，以下进行至白 6，双方不避免地下成打劫。

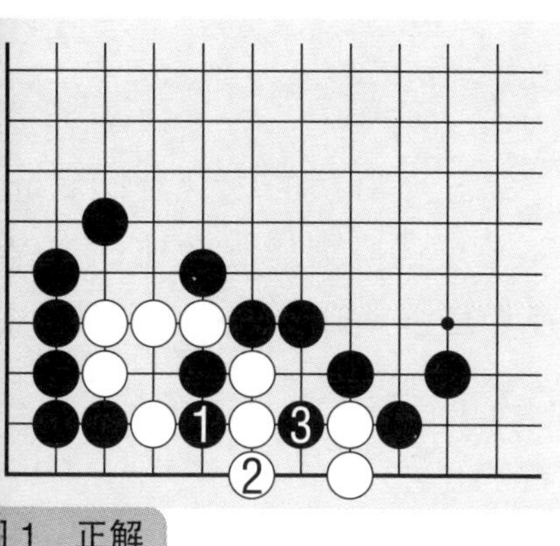
图1 正解

问题 63 解说

图 1 正解

黑 1 长是正确的攻击方法，白 2 时，黑 3 挖是决定性一击，白棋对此束手无策。

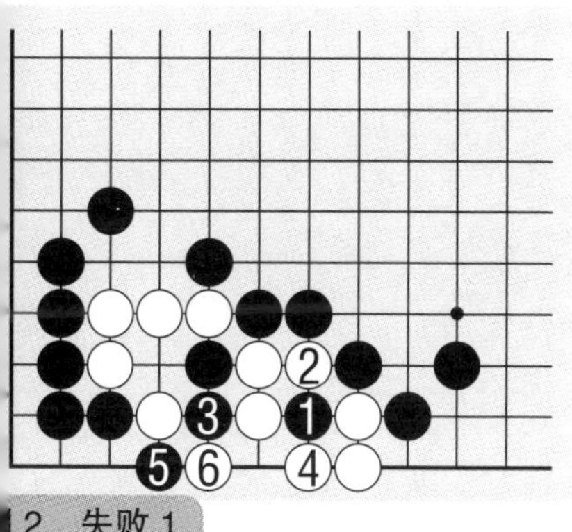
图2 失败 1

图 2 失败 1

黑 1 直接挖是重大次序错误，白 2、4 打吃，黑 5 渡过时，白 6 可以做劫，结果黑棋失败。

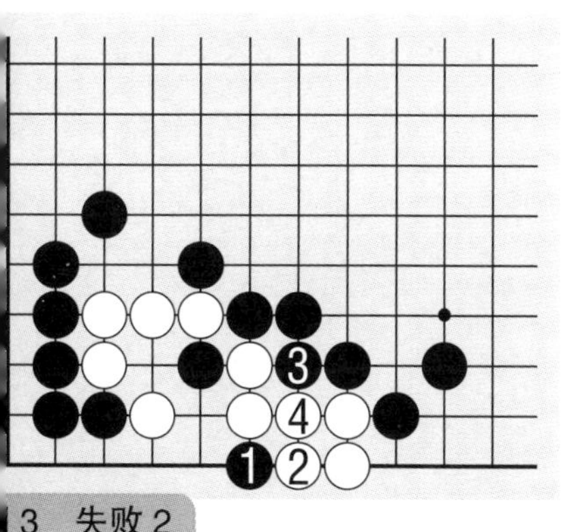
图3 失败 2

图 3 失败 2

黑 1 看似手筋，但白 2 打吃后，白棋可以轻松做活。

问题 64

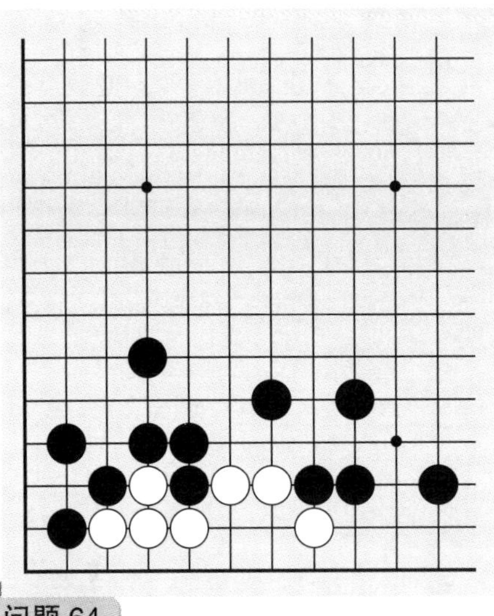
问题 64

黑先。白棋的生存空间看起
挺充分。请问黑棋在攻击时，是
择点还是选择扳呢？

问题 65

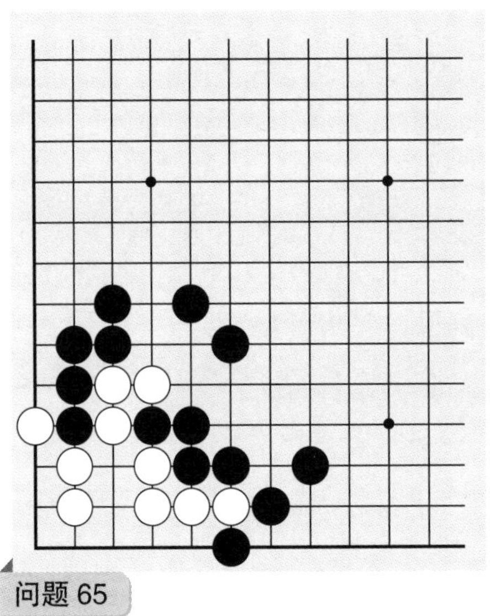
问题 65

黑先。白棋的棋形相当富有
性，黑棋如果稍有疏忽，就会失
请问黑棋应如何下？

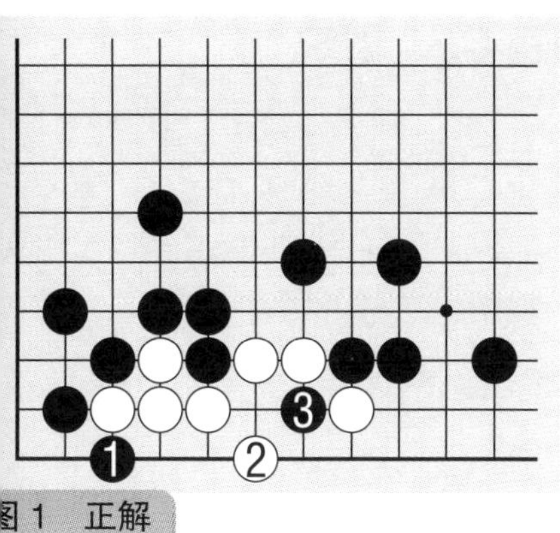
图 1 正解

问题 64 解说

图 1 正解

黑 1 先扳是正解，白 2 时，黑 3 可以断，白棋已不活。其后的变化请大家自行研究一下。

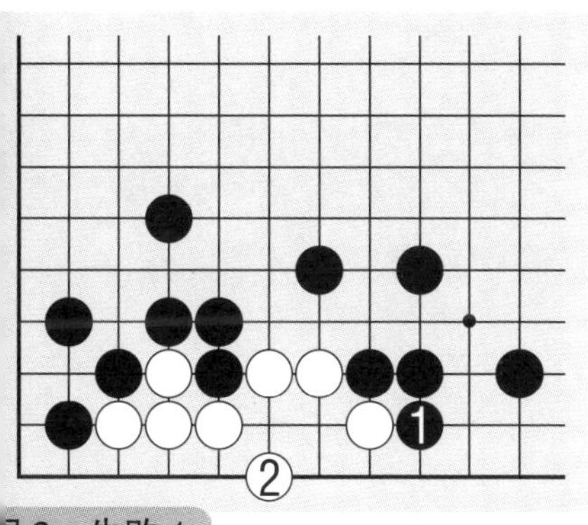
图 2 失败 1

图 2 失败 1

黑 1 挡是初学者很容易考虑到的下法，但白 2 虎后，白棋可以很舒服地活棋。

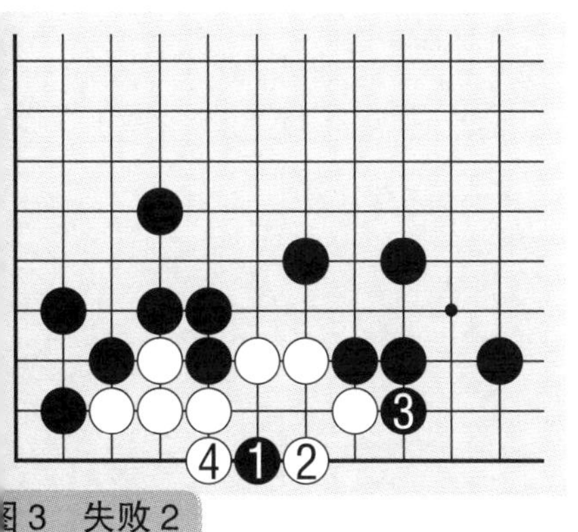
图 3 失败 2

图 3 失败 2

黑 1 点同样不能吃住白棋，白 2 应是好棋，黑 3 时，白 4 稳健，结果白棋可以净活。

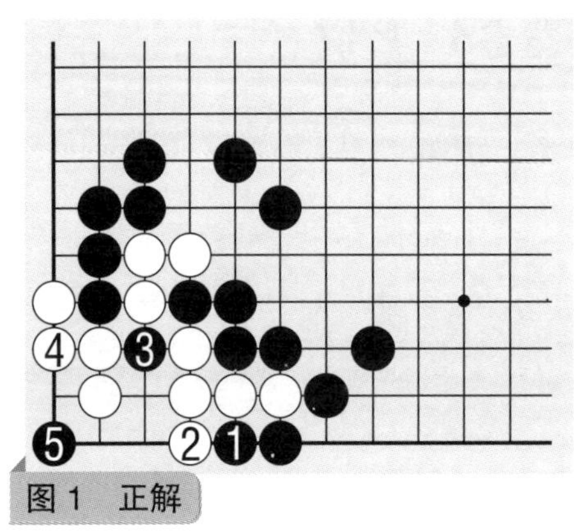
图1 正解

问题65 解说

图1 正解

黑1先压缩白棋的空间，其
黑3扑是正确的次序，白4时，
5点，结果白棋净死。

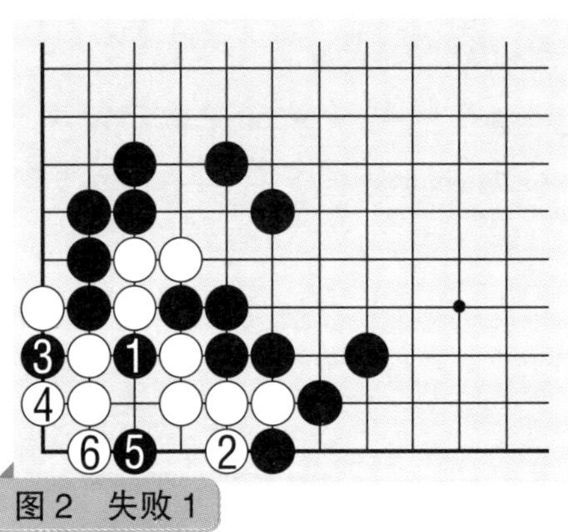
图2 失败1

图2 失败1

黑1先扑次序错误，白2抢
急所，其后黑3、5攻击后，白
6应可以活棋。

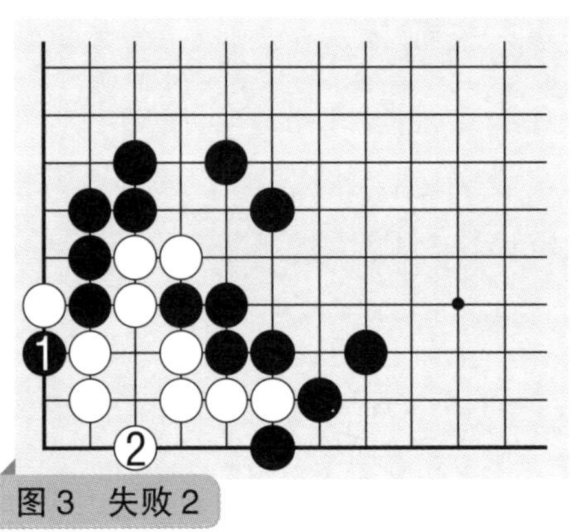
图3 失败2

图3 失败2

黑1同样不能成功，白2做
是好棋，白棋可活。

问题 66

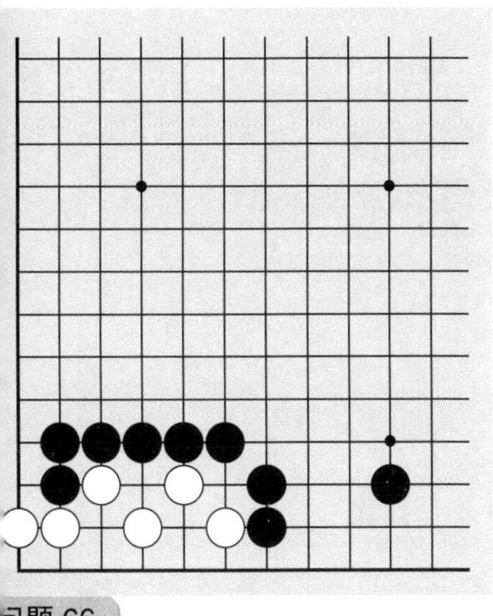
问题 66

黑先。很多人都会认为本题中的白棋已经净活，但实际上只要黑棋不轻易放弃进攻，肯定会有所收获。请问黑棋应如何下？

问题 67

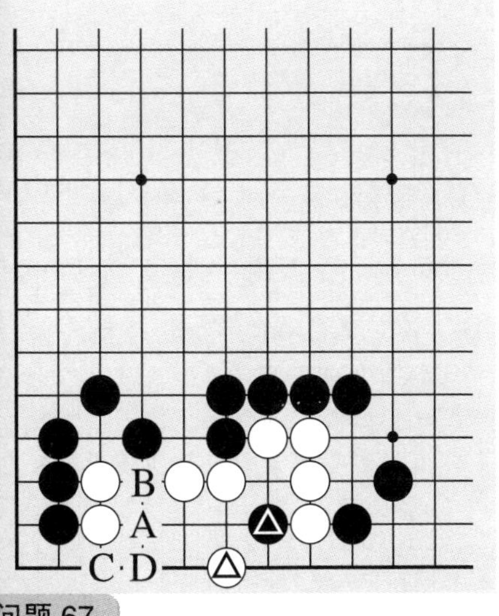

问题 67

黑先。黑▲时，白△跳，白棋的意图是其后黑 A 时，白 B 应，黑 C 时，白 D 应，可吃黑接不归。那么请问黑棋应如何下？

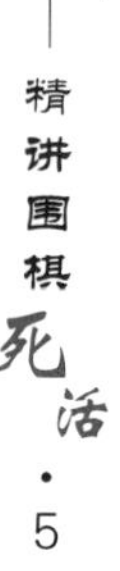

问题 66　解说

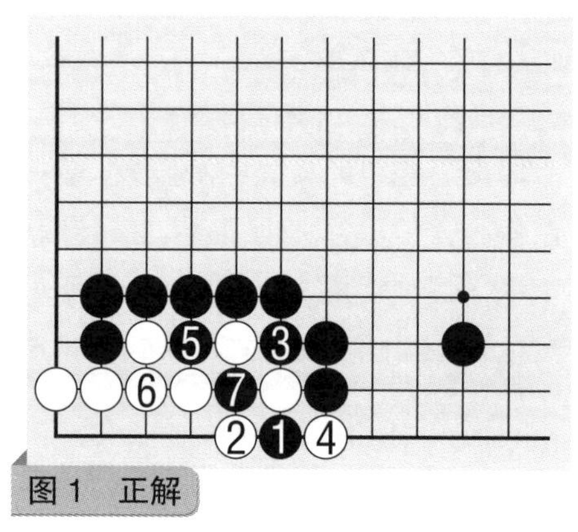

图 1　正解

图 1　正解

黑 1 扳是急所，白 2 时，黑打吃是好棋，以下进行至黑 7，方下成打劫。

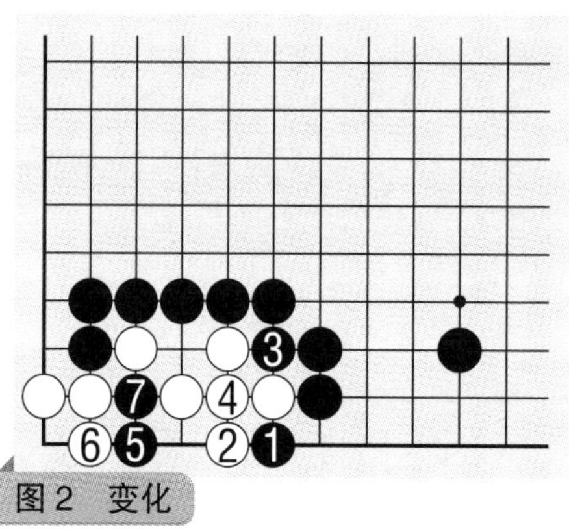

图 2　变化

图 2　变化

黑 1、白 2、黑 3 时，白 4 连是错误下法，其后黑 5 点非常严厉白 6 时，黑 7 断入，结果白棋净死

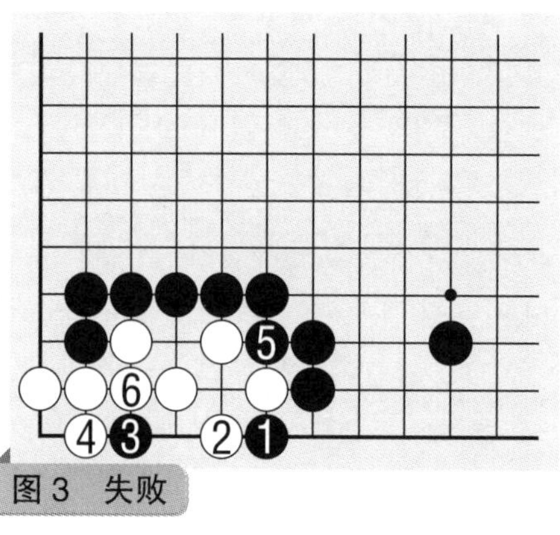

图 3　失败

图 3　失败

黑 1、白 2 时，黑 3 先点次错误，其后黑 5 打吃时，白 6 是棋，白棋可活。

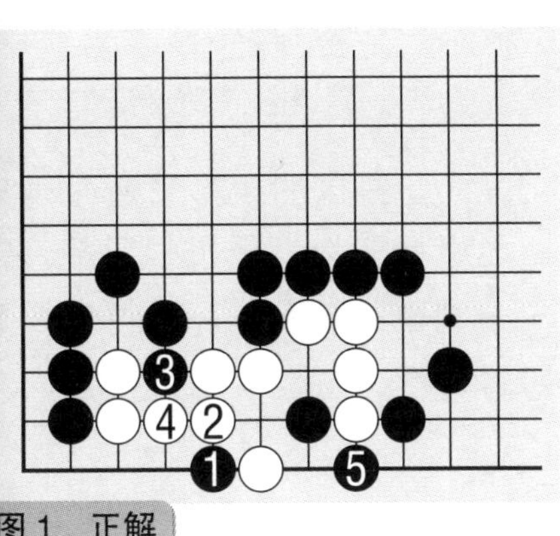
图 1 正解

问题 67 解说

图 1 正解

黑 1 是正确的，白 2 时，黑 3 冲，其后黑 5 渡过，白棋是死棋。

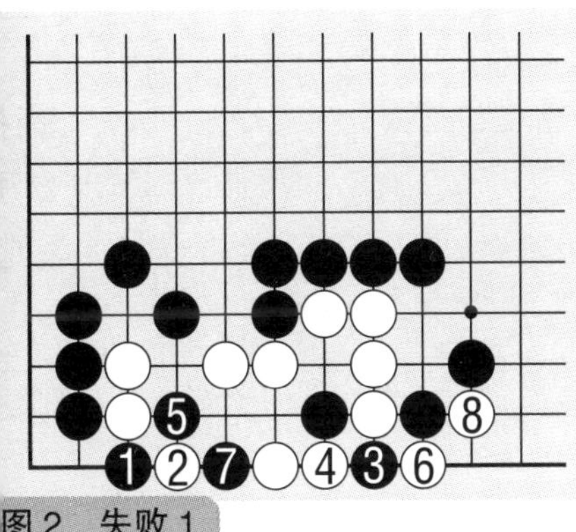
图 2 失败 1

图 2 失败 1

黑 1、白 2 后，黑 3 渡过看似可行，但由于黑棋外围较弱，以下进行至白 8，白棋可以逃出。

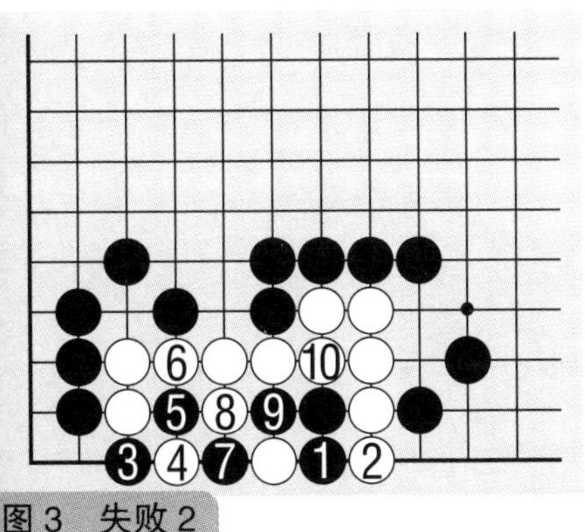
图 3 失败 2

图 3 失败 2

黑 1 与白 2 交换后，黑 3 扳，白 4 挡，黑 5 时，白 6 以下进行至白 10，结果白棋可以活。

问题 68

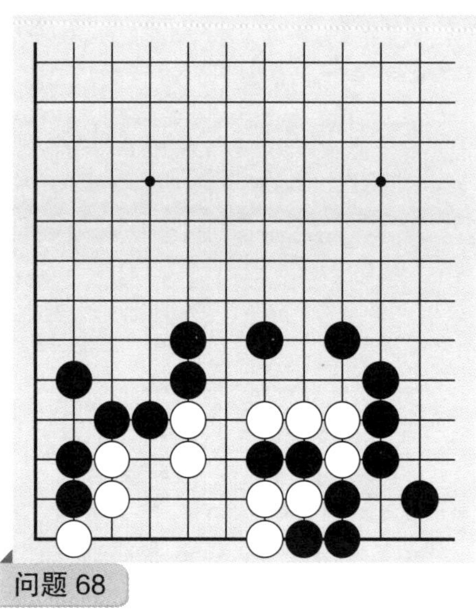

问题 68

黑先。白棋的棋形看起来很实整，如果是实战，黑棋很可能会错过一击制胜的机会。那么请问黑棋应如何下?

问题 69

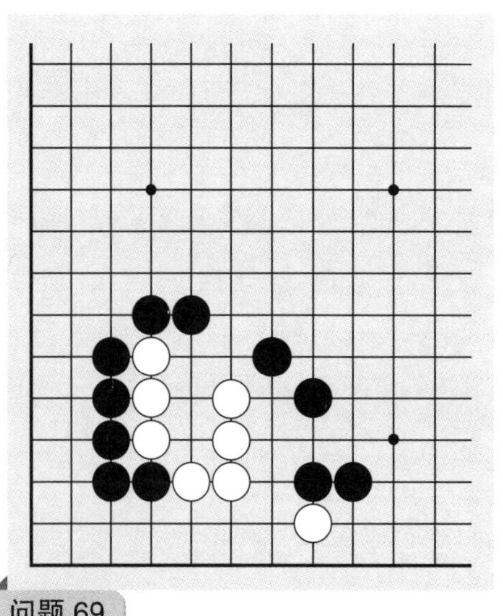

问题 69

黑先。白棋看起来可在上下各确保一眼，其实不然。请问黑棋应如何攻击白棋?

问题 68 解说

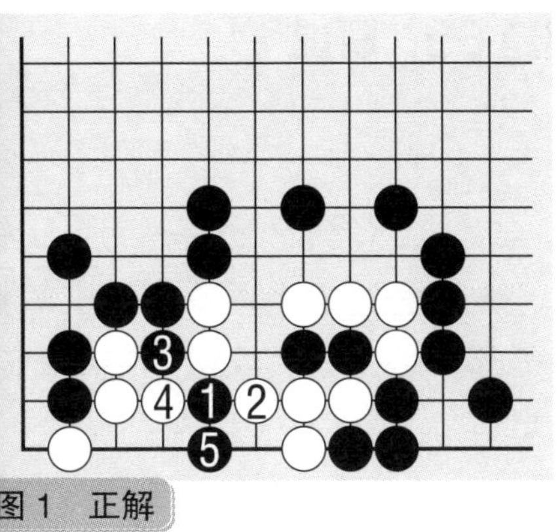
图 1 正解

图 1 正解

黑 1 是严厉的手筋，白 2 时，黑 3 冲，其后黑 5 下立可以成立，白棋由于两侧均不入气而成死棋。

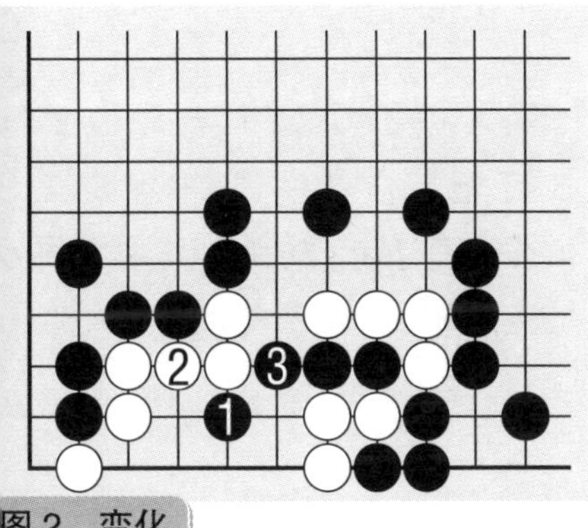
图 2 变化

图 2 变化

黑 1 时，白 2 如果连接，黑 3 冲可以成立，白棋没有抵抗的办法。

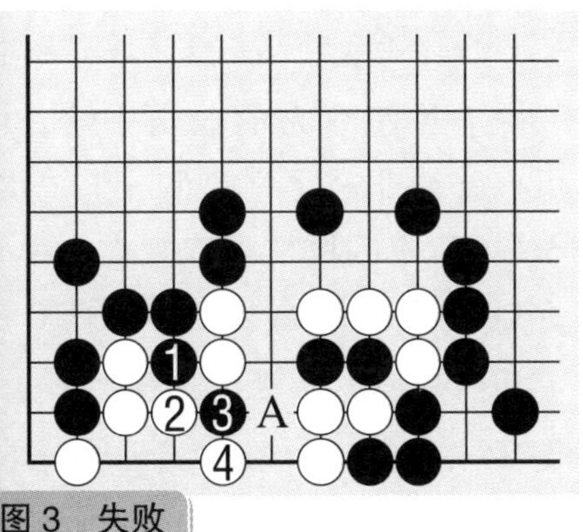
图 3 失败

图 3 失败

黑 1、3 冲断，没有任何意义，白 4 打吃后，黑棋没有棋可下。逼白棋在 A 位下子是正解中黑 1 的价值所在。

问题 69　解说

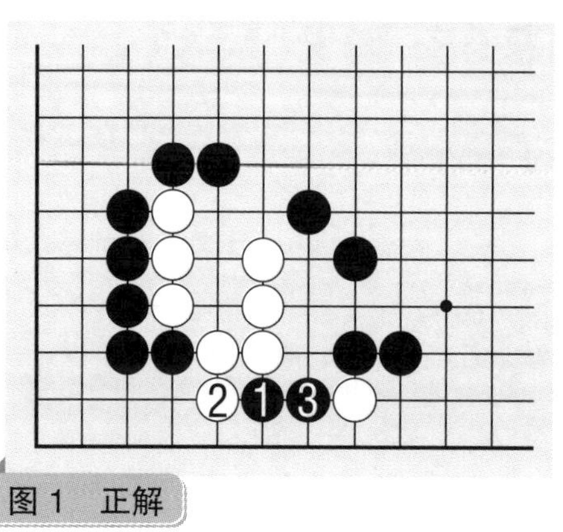
图 1　正解

图 1　正解

黑 1 是独特的攻击方法，白时，黑 3 拉回，白棋即不活。看来很简单的下法，实战中有时却难想到。

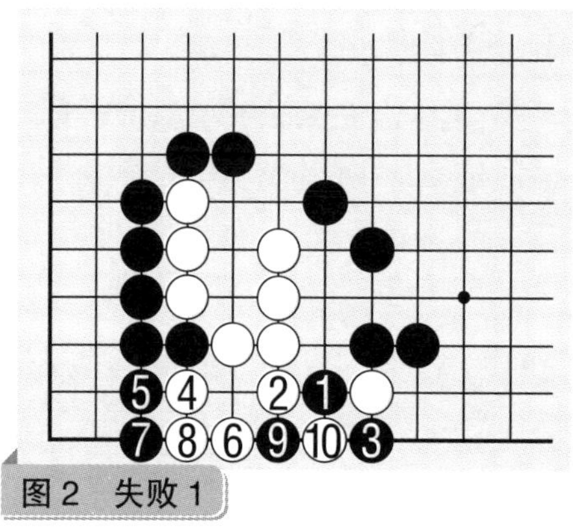
图 2　失败 1

图 2　失败 1

黑 1 扳不尽如人意，白 2 时黑 3 打吃，白 4 以下进行至黑 9黑棋仅仅下成打劫杀。这种结果法与正解相比。

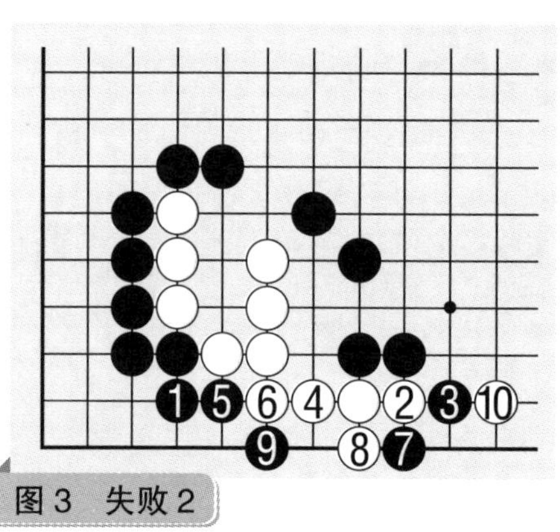
图 3　失败 2

图 3　失败 2

黑 1 虽是有力的攻击手法，只可在外边非常坚厚的情况下采用由于白 2、4 的抵抗可以成立，尽黑 5 以下至黑 9 破眼，但白 10后，白棋可以成功逃出。

问题 70

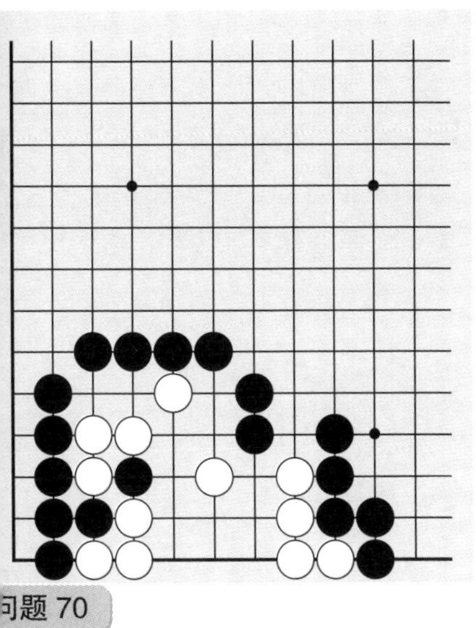
问题 70

黑先。白棋的棋形看起来很完整，但实际上存在重大缺陷。请问黑棋应如何攻击白棋?

问题 71

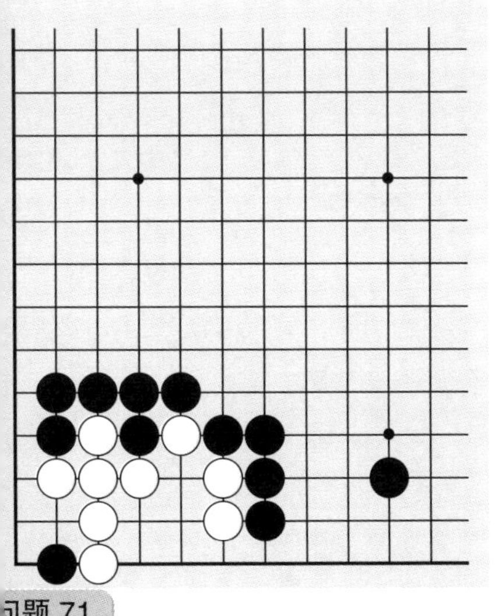
问题 71

黑先。黑棋在攻击白棋时，必须利用白棋气紧的弱点，而且要先做些准备工作。请问黑棋应如何下?

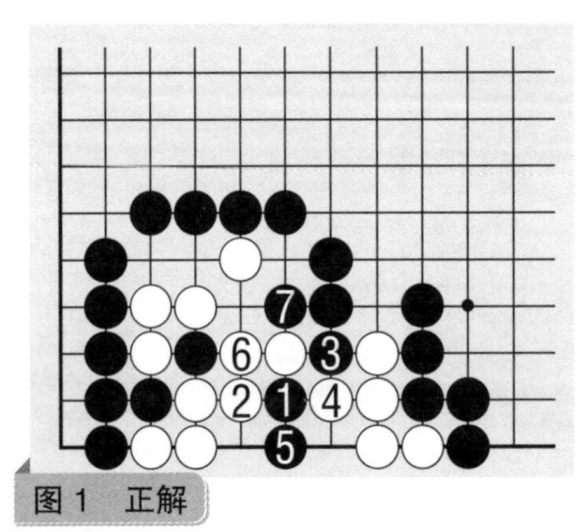

图 1 正解

问题 70 解说

图 1 正解

黑 1 是巧妙的下法，可以充利用白棋气紧的弱点。白 2 时，3、5 攻击，白棋两侧都不入气，黑 7，结果白棋不活。

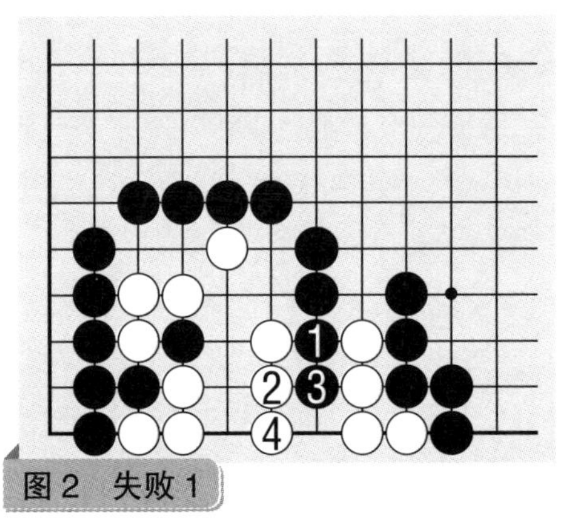

图 2 失败 1

图 2 失败 1

黑 1 先冲，白 2 退后，黑棋任何手段。其后黑 3 时，白 4 弃子，即可以活棋。

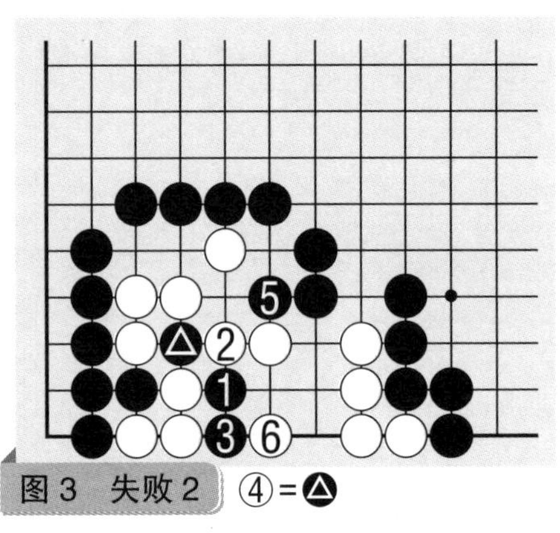

图 3 失败 2 ④=▲

图 3 失败 2

黑 1、3 滚打同样是失败下法其后黑 5 时，白 6 是好棋，结果棋吃不住白棋。

问题 71 解说

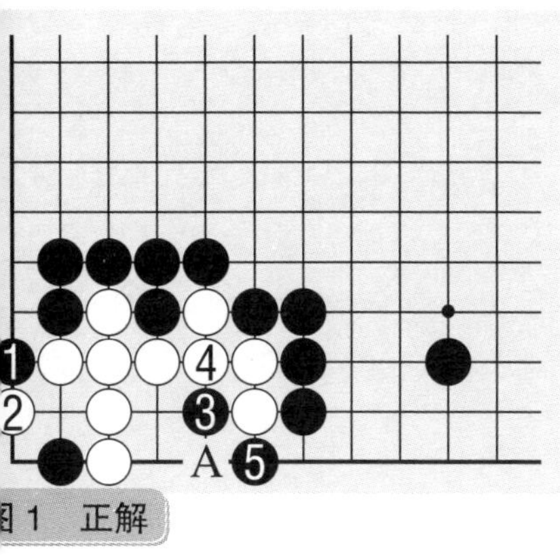

图 1 正解

图 1 正解

黑 1 首先与白 2 交换，是诱使白棋下成不入气的准备工作。其后黑 3、5 渡过妙不可言，白棋由于有不入气的弱点，不能在 A 位扑吃黑接不归。

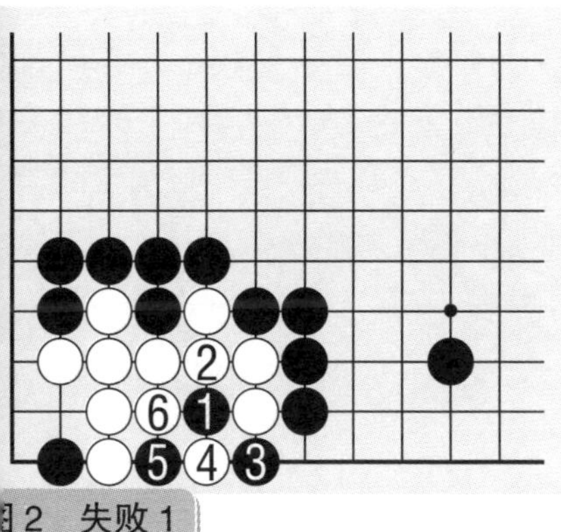
图 2 失败 1

图 2 失败 1

黑 1 单夹缺乏策略，白 2 以下至白 6，白棋可以扑吃黑接不归，黑棋失败。

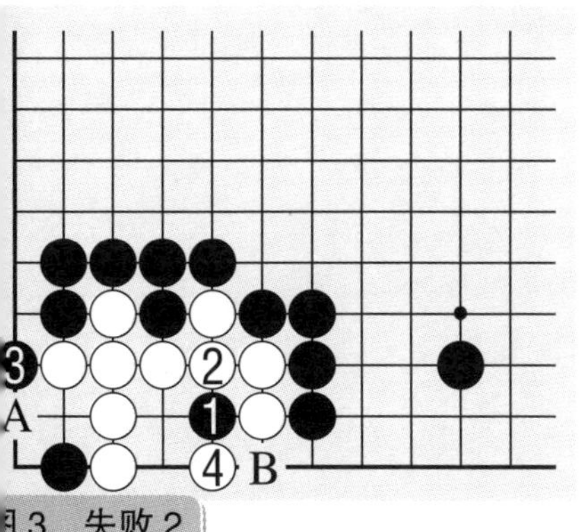

图 3 失败 2

图 3 失败 2

黑 1、白 2 进行后，黑 3 再扳，白如 A 位应，黑下 B 位，又还原成正解的进行。但白 4 打吃后，黑棋失算。

问题 72

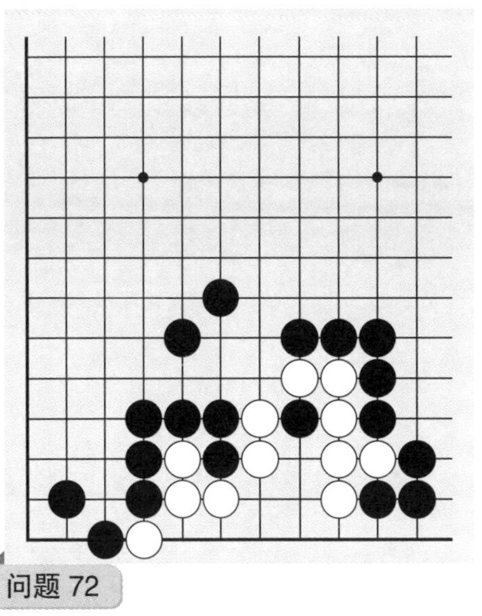
问题 72

黑先。本题的棋形比较有意思，如果在实战中，能一眼看出杀白棋的方法，则说明棋力已达职业水平。请问黑棋应如何下？

问题 73

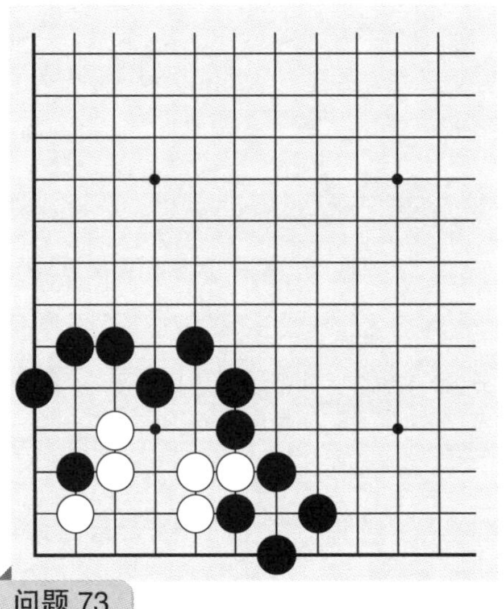
问题 73

黑先。本题从棋形上看感觉比较难解，但只要诱使白棋下"倒脱靴"，黑棋即可成功。请问黑棋应如何下？

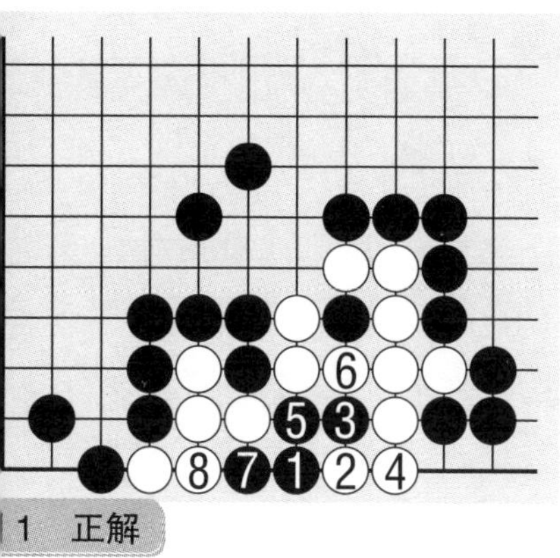
1 正解

问题 72 解说

图 1 正解

黑 1 点是极其锐利的攻击方法，白 2 也是最强应手，黑 3、5 应，白 6 打吃后，黑棋看起来已不行，但黑 7 却是妙手，后续变化见图 2。

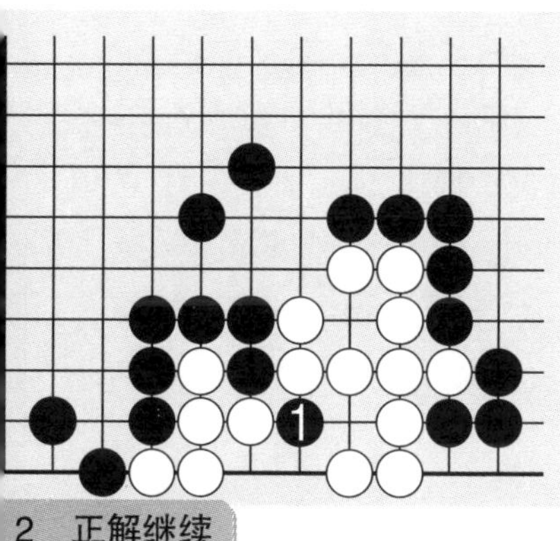
2 正解继续

图 2 正解继续

其后黑 1 打吃白棋可以成立，结果白棋净死。由此可知黑棋的下法多么巧妙。

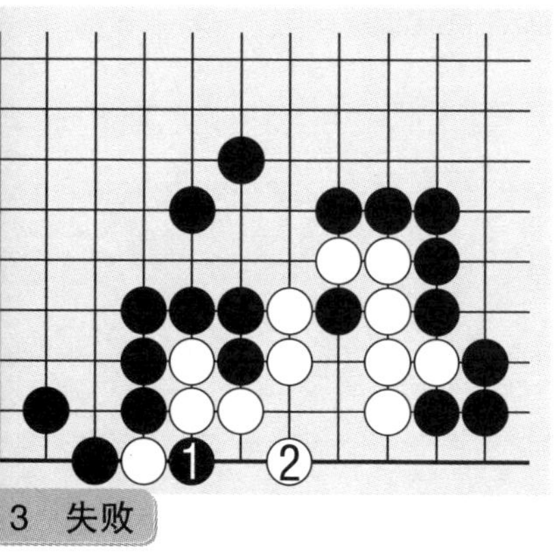
3 失败

图 3 失败

黑 1 直接提子不成立，白 2 应是急所，其后不论黑棋怎样下，都吃不住白棋。

问题 73　解说

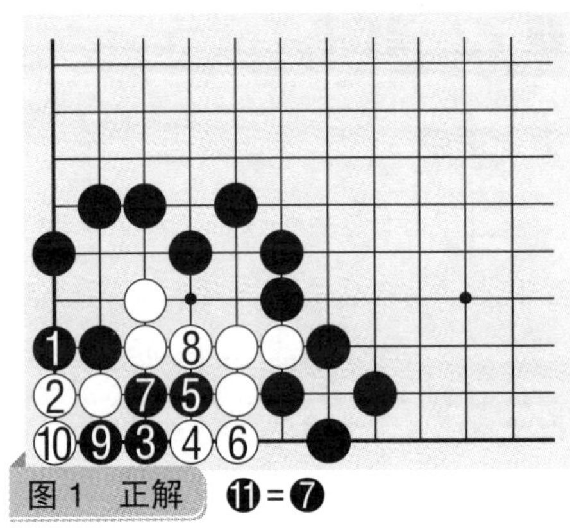
图1　正解　⓫=❼

图 1　正解

黑 1 先下立，虽意外但又是需的。白 2 挡是当然的，黑 3 点是与“问题 72”相似的手筋，以进行至黑 11，黑可以“倒脱靴”方法吃白。

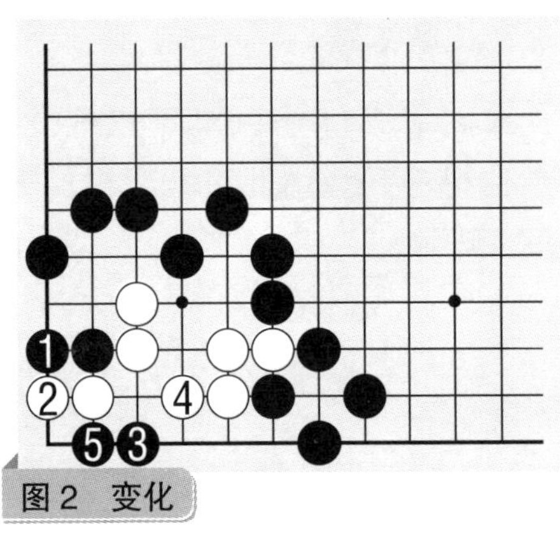
图2　变化

图 2　变化

黑 1、3 时，白 4 如果变化，5 破眼即可。

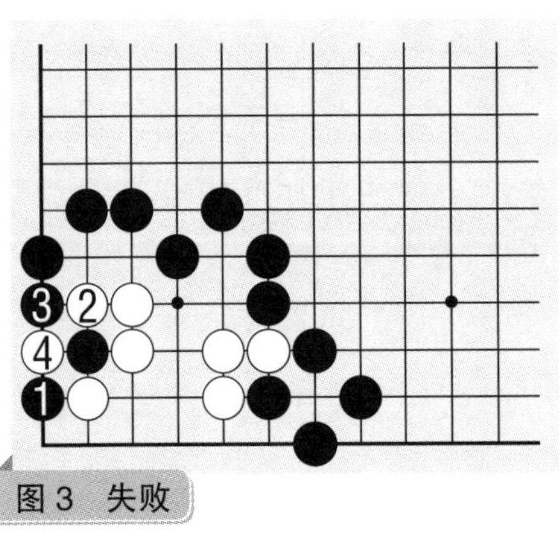
图3　失败

图 3　失败

黑 1 扳，白 2 时，黑 3 做劫普通的想法，这种下法是谁都能虑到的。由此大家也可重新品味下正解的妙处。

题 74

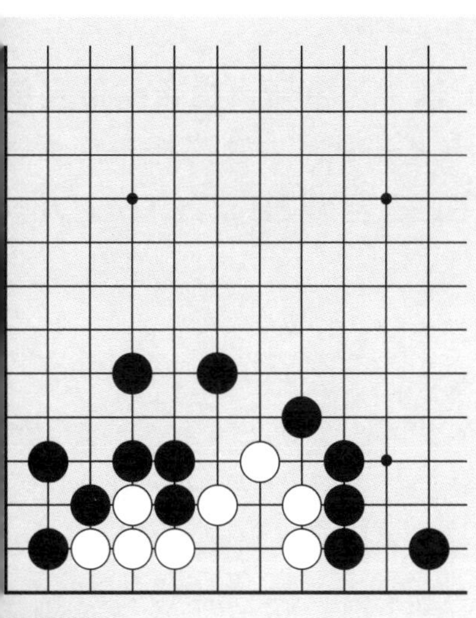
题 74

黑先。白棋看起来已净活，但只要黑棋能正确攻击白棋的弱点，一定会有收获。请问黑棋应如何下？

题 75

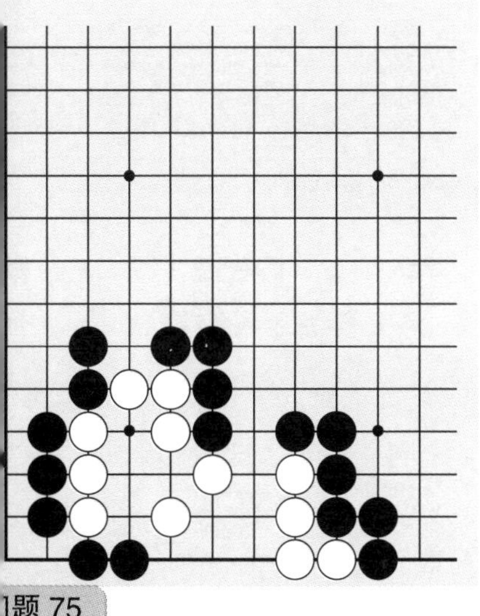
题 75

黑先。白棋的棋形看似非常完整，但实际上存在着很大的缺陷。请问黑棋应如何攻击白棋？

问题 74　解说

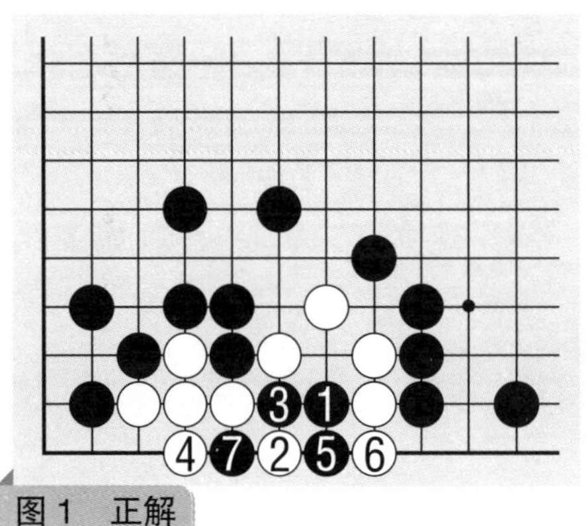

图 1　正解

图 1　正解

黑 1 是急所，白 2 是最强的
抗，黑 3 时，白 4 是唯一的办
以下进行至黑 7，双方下成打劫。

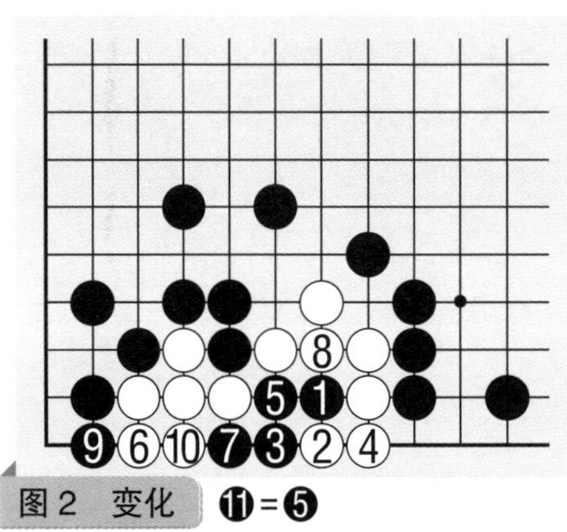

图 2　变化　⓫=❺

图 2　变化

黑 1 时，白 2 如果扳，则黑
以下至黑 7 制造出“倒脱靴”，以
进行至黑 11，白棋净死。

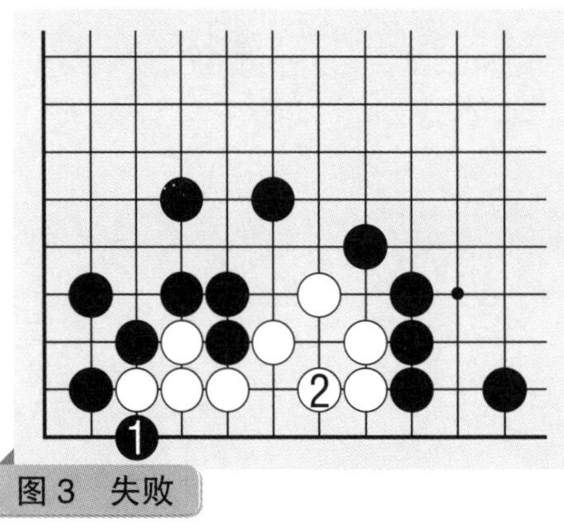

图 3　失败

图 3　失败

黑 1 扳，被白 2 应后，白棋
活。这一下法令人惋惜。

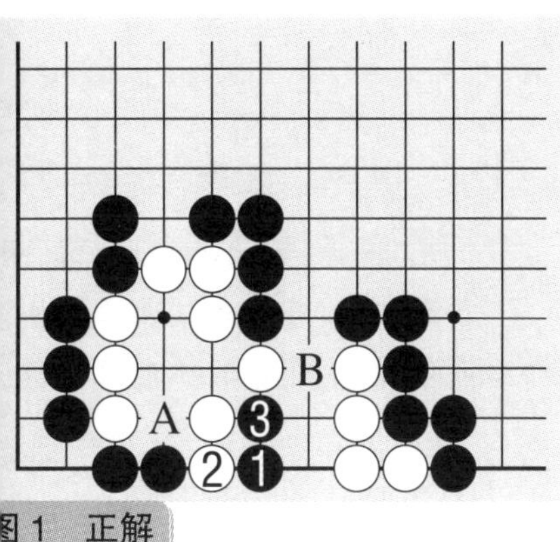

图1 正解

问题 75 解说

图 1 正解

黑 1 是严厉的下法，白 2 时，黑 3 顶是妙手，其后黑棋在 A 位或 B 位中必居其一，结果白棋净死。

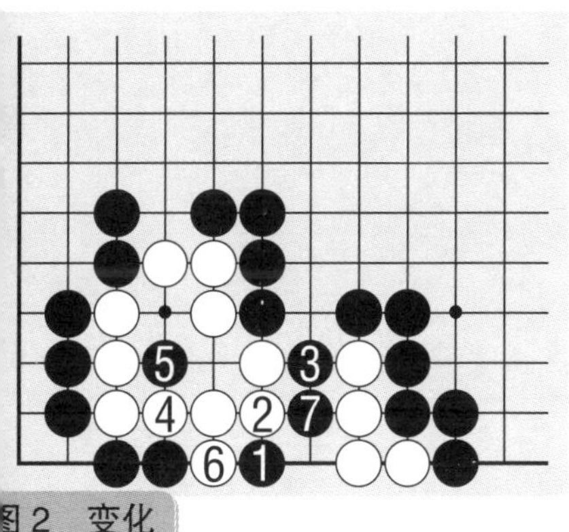
图2 变化

图 2 变化

黑 1 时，白 2 如果团住，黑 3、5、7 破眼后，白棋不活。

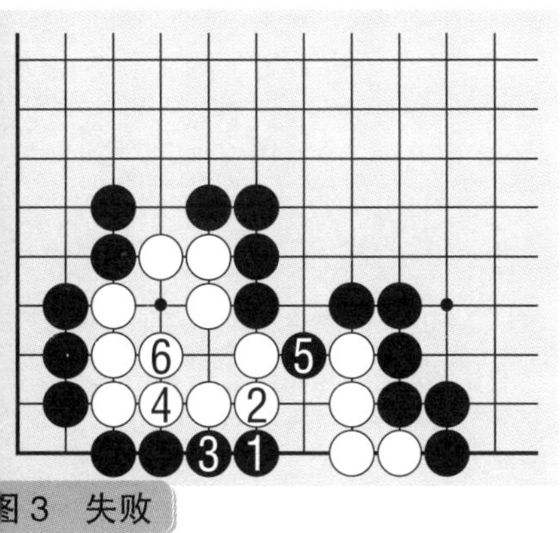
图3 失败

图 3 失败

黑 1、白 2 时，黑 3 是失败的下法，白 4 应后，白棋可确保活棋。以后黑 5 时，白 6 应即可。

问题 76

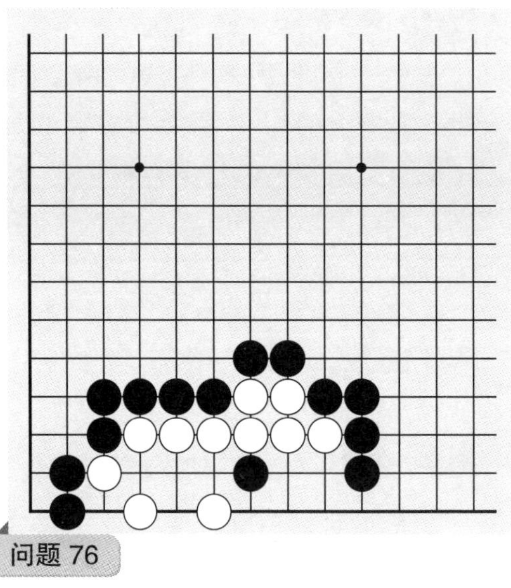

问题 76

黑先。本题中的白棋非常富有弹性，但只要黑能巧妙攻击，同样可以有收获。请问黑棋应如何下?

问题 77

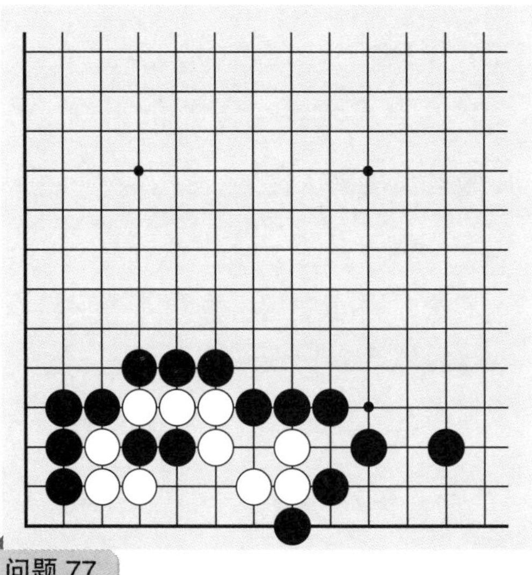

问题 77

黑先。黑棋利用被吃的二子攻击白棋是当然的择，但怎样利用却大有讲请问黑棋应如何攻击白棋?

问题 76 解说

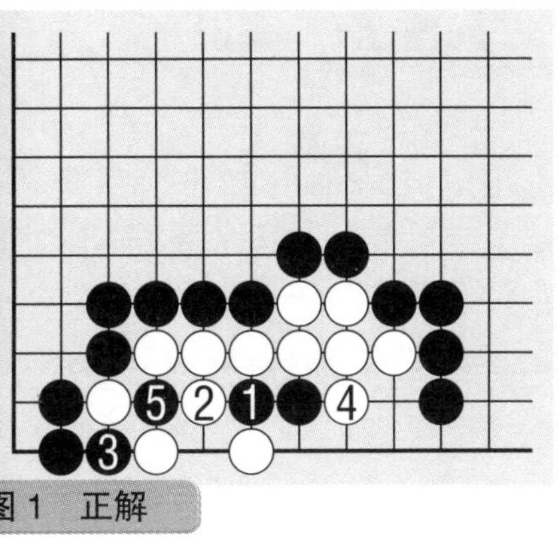
图 1 正解

图 1 正解

黑 1 先长巧妙，白 2 时，黑 3 打吃是准备好的次序，白 4 时，黑 5 提子，双方下成打劫。其中白 4 如果下在 5 位连接，黑棋下在 4 位后，白棋净死。

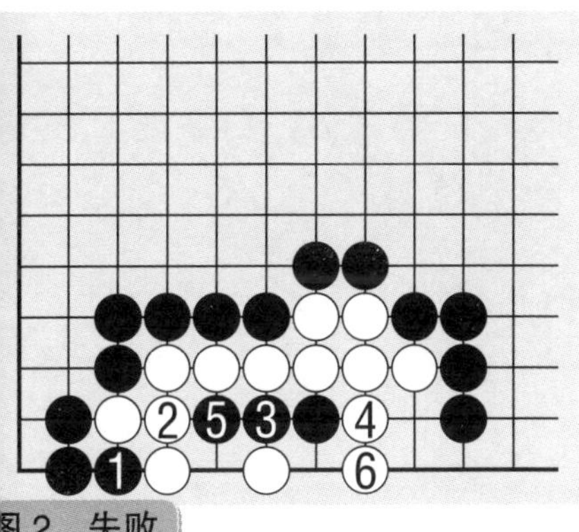
图 2 失败

图 2 失败

黑 1 先打吃次序错误，白 2 连接后，黑棋已吃不住白棋。黑 3、白 4 后，黑 5、白 6 已是必然的选择，双方下成双活。

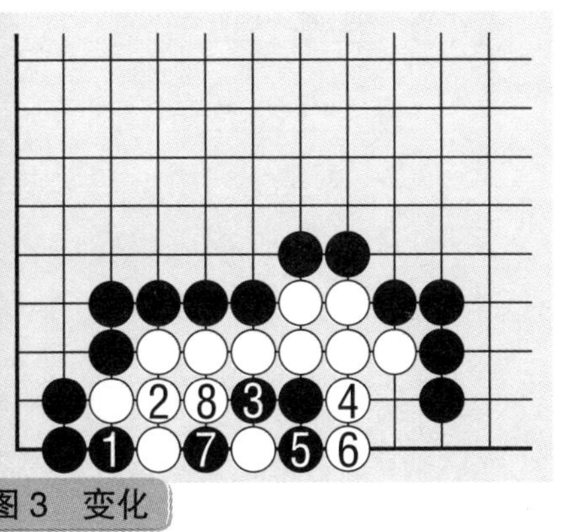
图 3 变化

图 3 变化

图 2 中的黑 5 如果下成本图中的黑 5 打吃，白 6、8 可以“胀死牛”的方法做活。

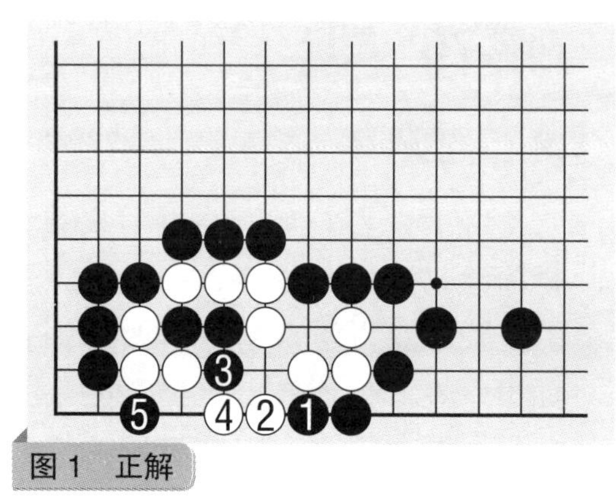

图1 正解

问题77 解说

图1 正解

黑1与白2交换后，黑
拐再多弃一子是绝妙的次序
至黑5，白棋净死。

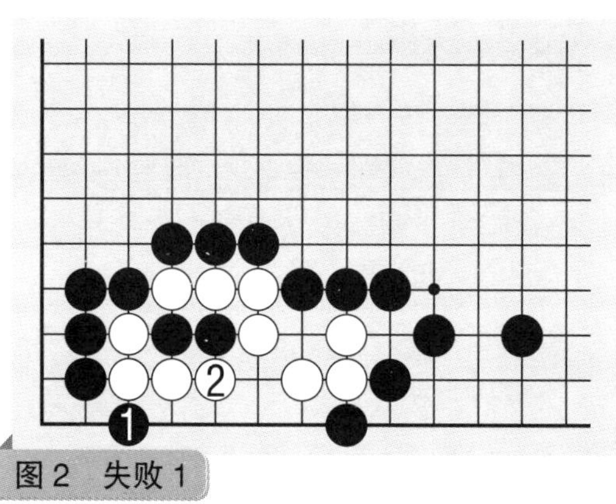

图2 失败1

图2 失败1

黑1扳，白2提子后，
棋净活。

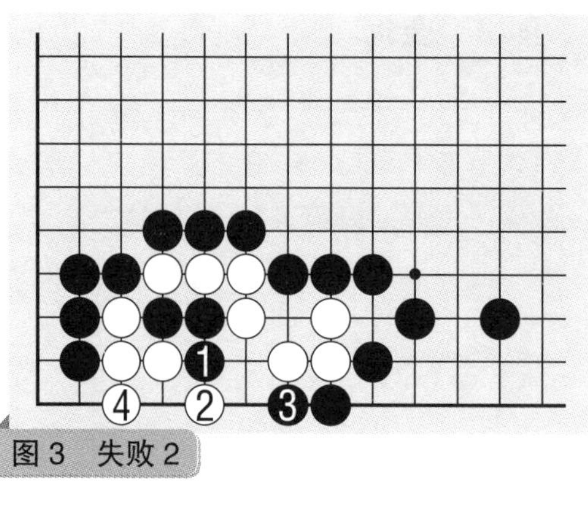

图3 失败2

图3 失败2

黑1先拐弃子，则不能
挥次序的巧妙作用。白2后
下黑3时，白4可以做眼，
棋失败。

问题 78

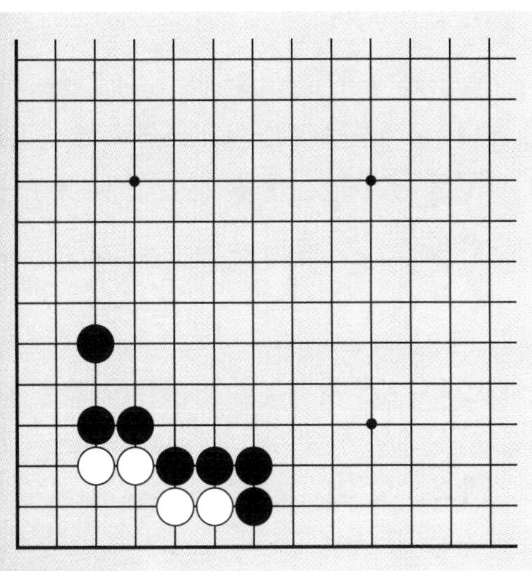

问题 78

黑先。本题虽是基本死活问题，但在实战中，很多人却常常为此犯错误。请问黑棋应如何下？

问题 79

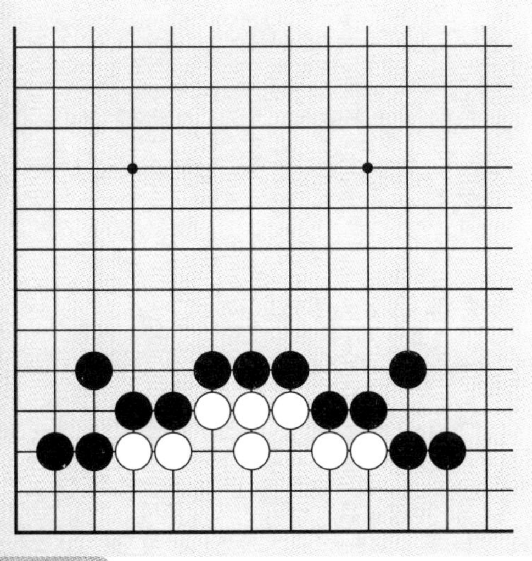

问题 79

黑先。两边棋形对称时，中央是急所，但白棋的抵抗不容忽视。请问黑棋应如何下？

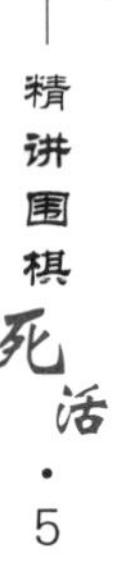

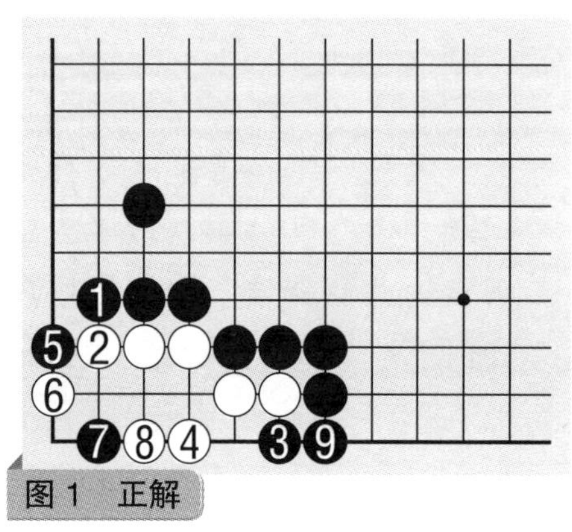
图 1 正解

问题 78 解说

图 1 正解

黑 1 下立是好棋，白 2 时，
3 以下至黑 7 是常用的攻击方法
其后白 8 时，黑 9 连接，结果白
净死。

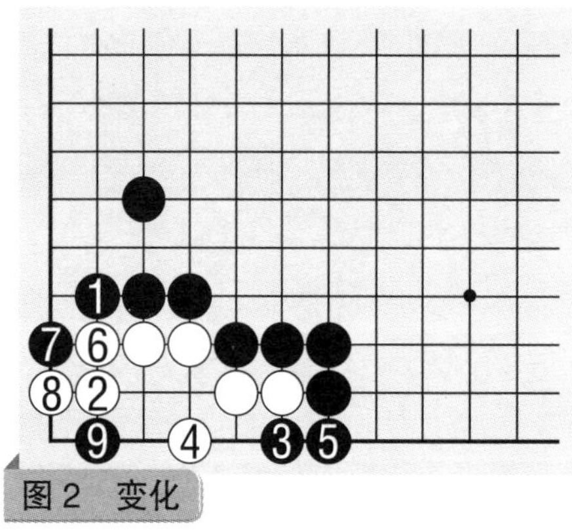
图 2 变化

图 2 变化

黑 1 时，白 2 如果倒尖，黑
5 扳接是要领，白 6 时，黑 7、9
击，结果与正解的棋形相似。

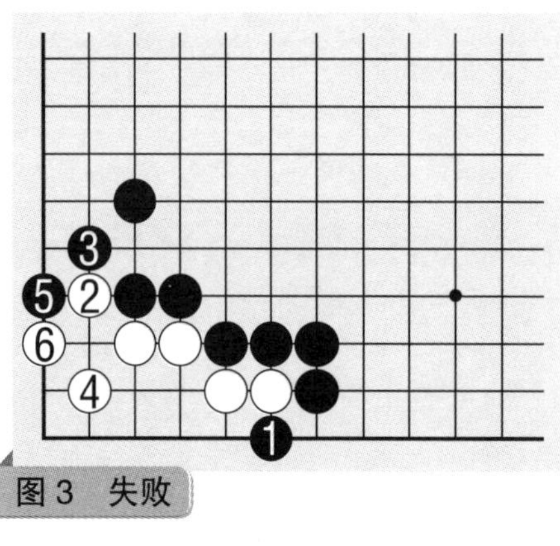
图 3 失败

图 3 失败

黑 1 先扳，被白 2、4 抵抗，
方难免下成打劫。

问题 79 解说

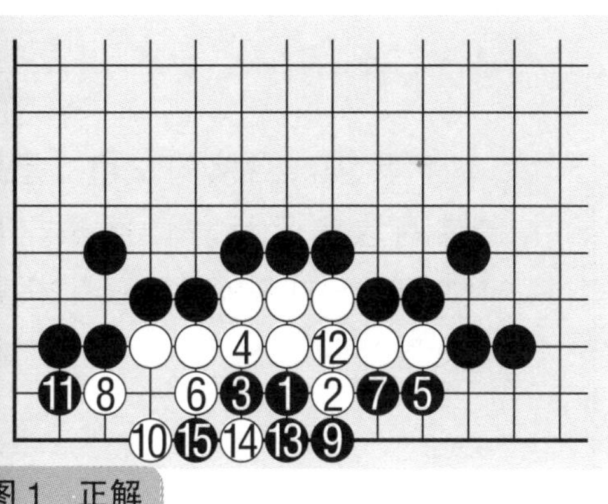
图 1 正解

图 1 正解

黑 1 抢占中央的急所时，白 2 是正确的下法，黑 3、白 4 后，黑 5 扳又是重要的下法，白 6 以下均是双方的最佳进行，至黑 15，双方下成打劫。

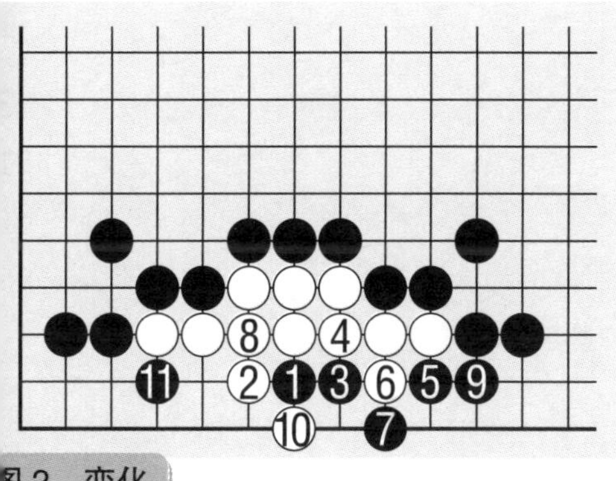
图 2 变化

图 2 变化

黑 1 时，白 2 如果下在左边，黑 3 长，白 4 连接，黑 5 扳，其后黑 7 打过，黑 9 连接，至黑 11，白棋净死。

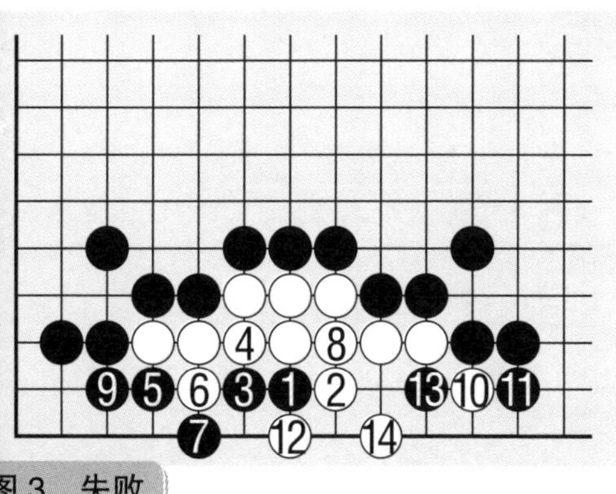
图 3 失败

图 3 失败

白 4 时，黑 5 如果扳，白 6、8 应后，白 10 扳，其后白 14 尖又是好棋，白棋净活。

问题 80

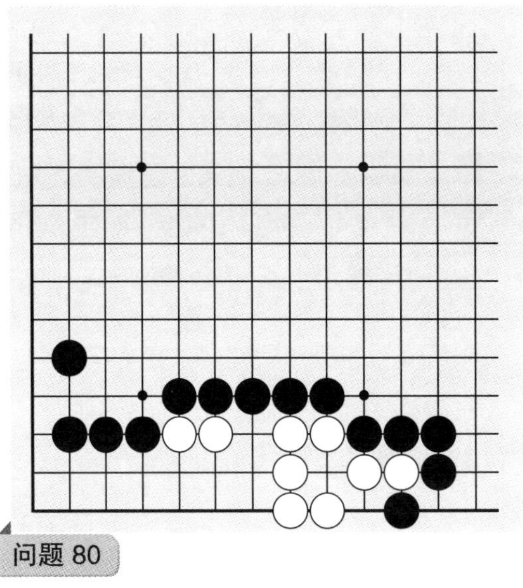

问题 80

黑先。白棋的左边应是黑棋的攻击目标。请问黑棋应如何攻击白棋？第三手棋是关键。

问题 81

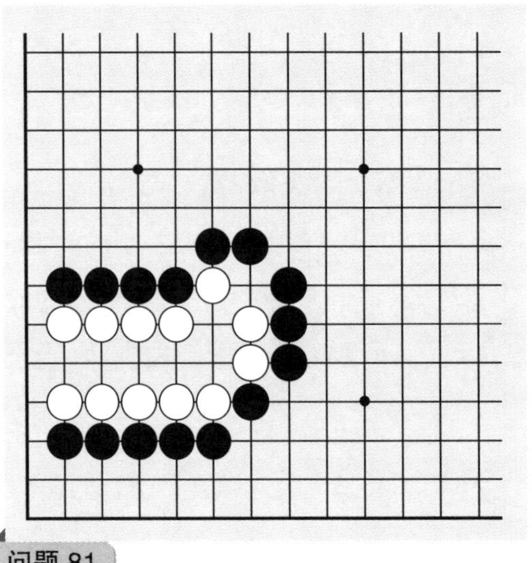

问题 81

黑先。白棋的生存空间是很充分，但黑棋实际上却能吃住白棋。请问黑棋应如何下？

问题 80 解说

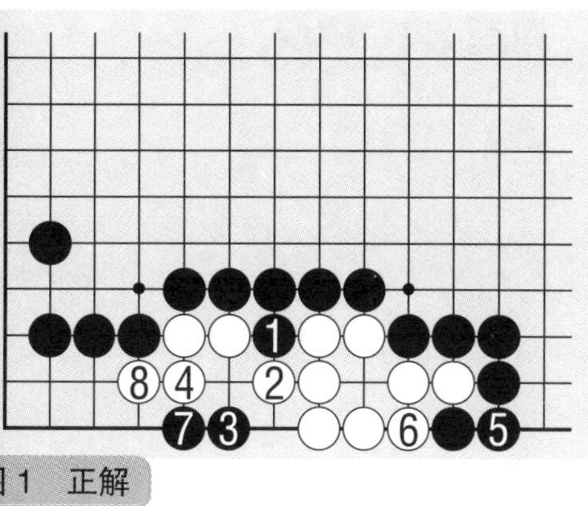

图1 正解

图 1 正解

黑 1 先冲，其后黑 3 点是非常猛烈的攻击方法，白 4 也是唯一的抵抗手段，接着黑 5 与白 6 交换后，黑 7 在一路爬，后续变化见图 2。

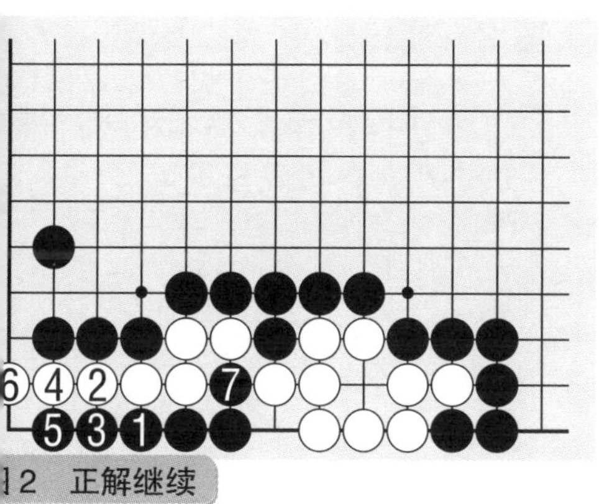

图2 正解继续

图 2 正解继续

黑 1 以下至黑 5 在一路连爬，其后黑 7 断，白棋由于两边均不能入气，只好等死。

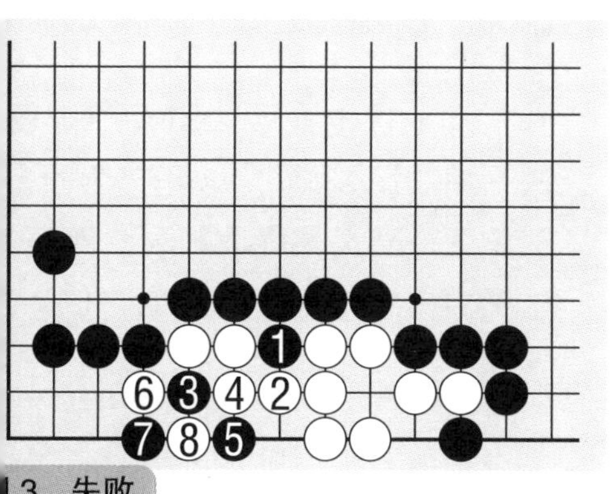

图3 失败

图 3 失败

黑 1、白 2 后，黑 3 扳，白 4 时，黑 5、7 只能做劫，这是普通的下法。如果不能下出正解的妙手，也只能下出本图的劫杀。

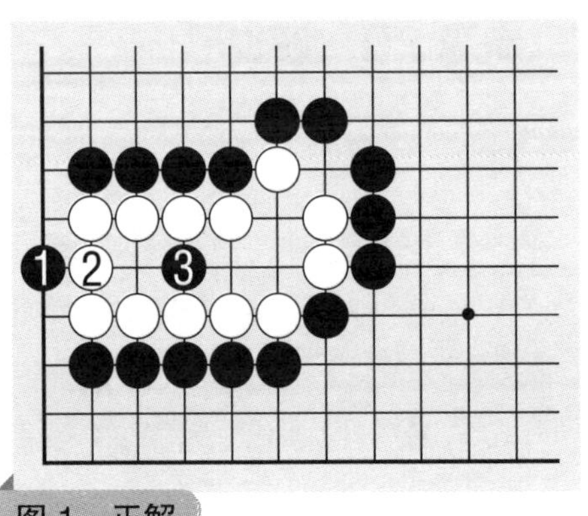

图1　正解

问题81　解说

图1　正解

黑1先点，白2时，黑3再
看似很平常，却是破眼常用的手段
结果白棋没有活路。

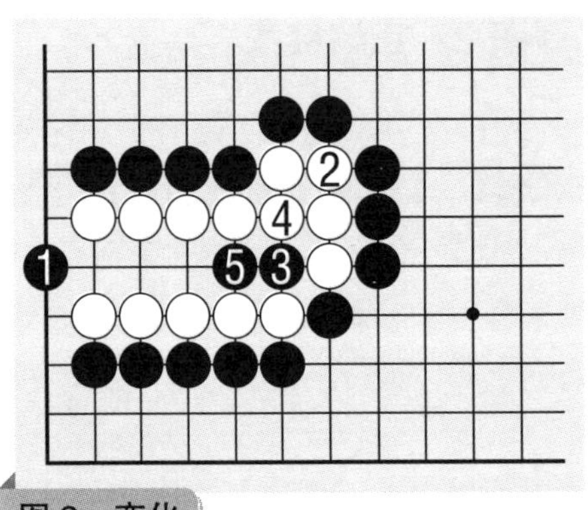

图2　变化

图2　变化

黑1时，白2如果做眼，黑
5攻击后，白棋同样不活。

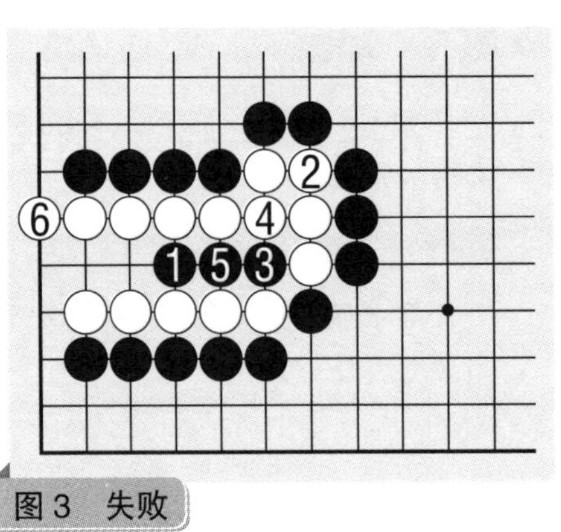

图3　失败

图3　失败

黑1直接在中间点是错误的
法，白2团，黑3、5再破眼时，
6下立，最大限度地扩展生存空间
结果白棋活得更大。

问题 82

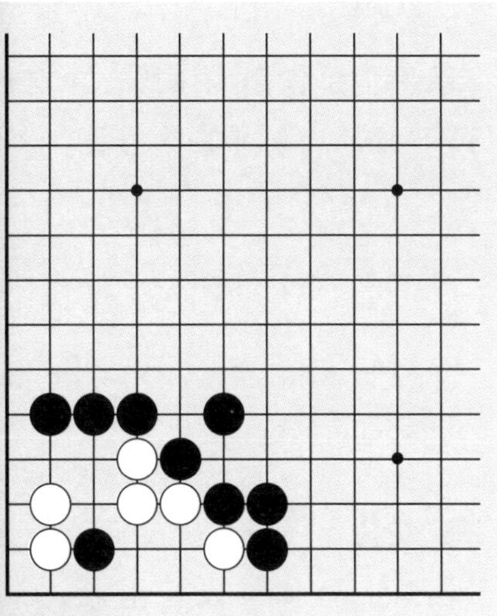

问题 82

黑先。从白棋的空间来看，白棋只要能吃住黑棋一子即可活棋，但事实并非如此。请问黑棋应如何下?

问题 83

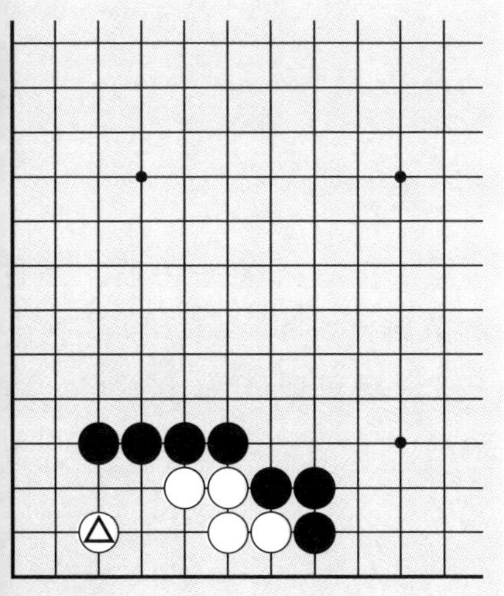

问题 83

黑先。本题是一个角的基本死活问题。白◬飞时，黑棋如何下才能无条件吃住白棋?

问题82　解说

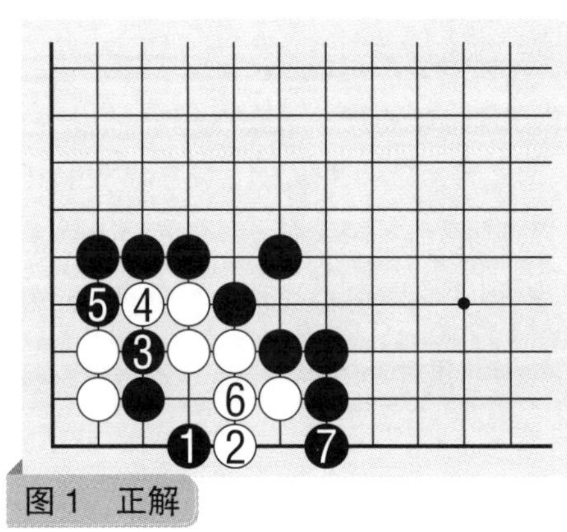
图1　正解

图1　正解

黑1尖是常用的手段，白2时

黑3、5切断，结果白棋净死。

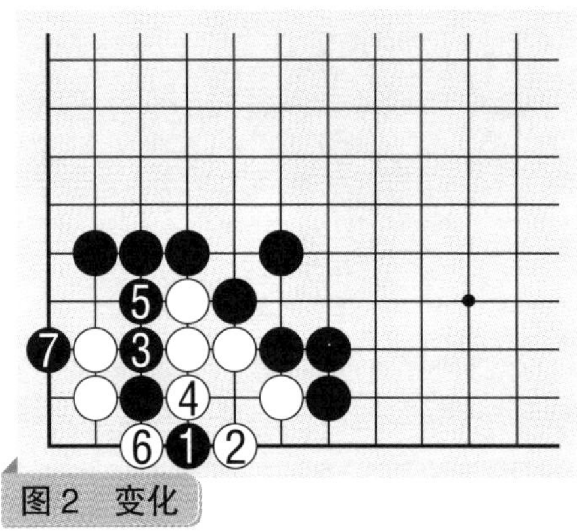
图2　变化

图2　变化

黑3时，白4如寻求变化，

5连接后，黑7破眼，白棋仍

死棋。

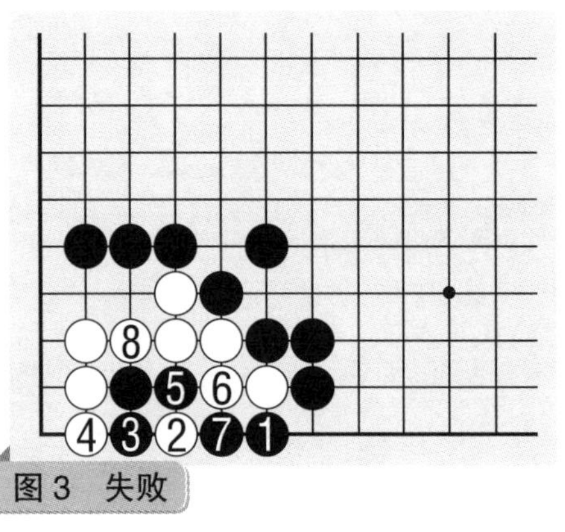
图3　失败

图3　失败

黑1打吃好像是手筋，但白

抢占急所是好棋，黑3以下进行

白8，白棋可以吃黑接不归，黑

失败。

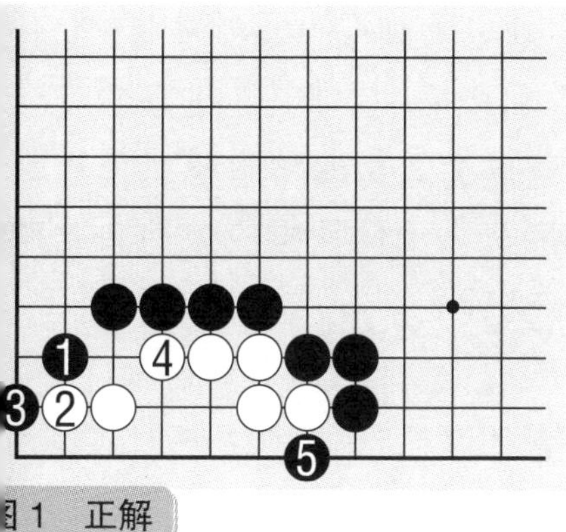
图1 正解

问题 83 解说

图 1 正解

黑 1 尖是无比沉着的攻击方法，白 2 时，黑 3 扳即可。结果白棋缺少生存的空间。

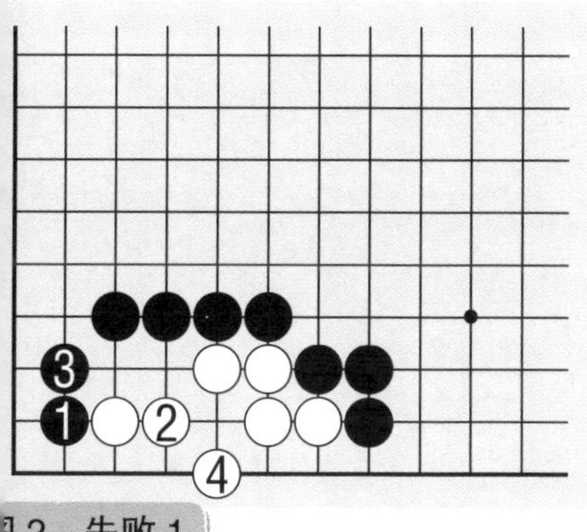
图2 失败1

图 2 失败 1

黑 1 靠虽是强有力的下法，但白 2 退是好棋，结果黑棋失败。其后黑棋在 3 位和 4 位中只能居其一。这种下法是实战中最易犯的错误。

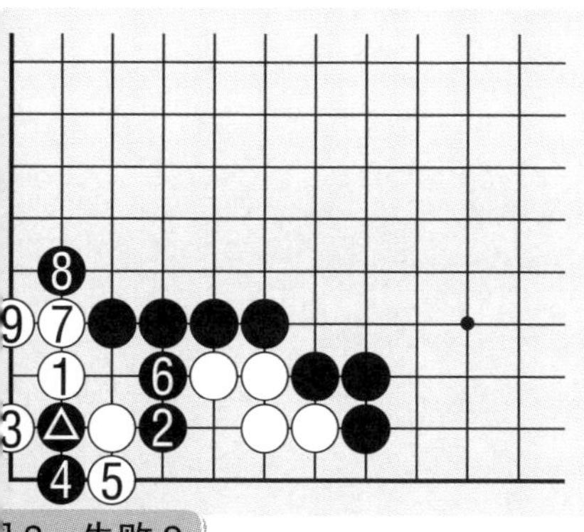
图3 失败2

图 3 失败 2

黑▲时，白 1 如果扳，黑 2 夹虽很严厉，但以下进行至白 9，黑棋只能吃住一半白棋。

问题 84

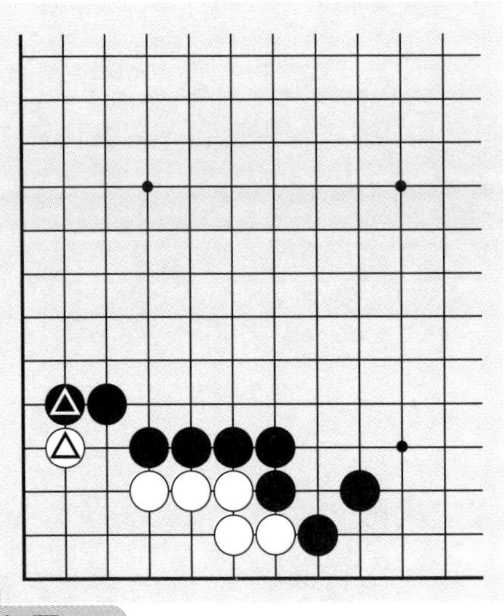
问题 84

黑先。白◬与黑▲交换后，棋脱先。请问黑棋应如何攻击角的白棋?

问题 85

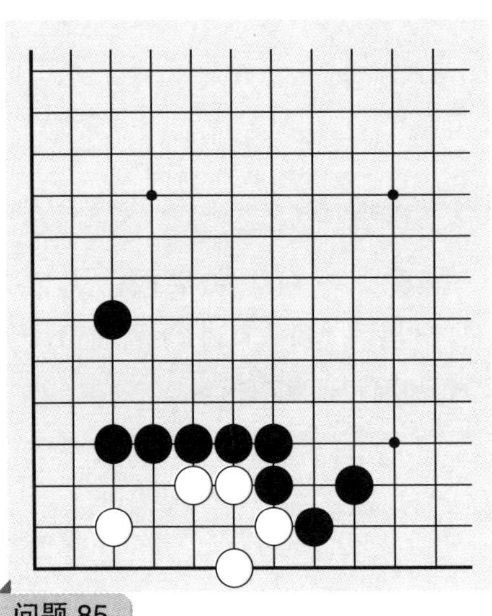
问题 85

黑先。本题的棋形虽然与“题 83”相似，但在实战中很多人有失败的教训。请问黑棋应如何击白棋?

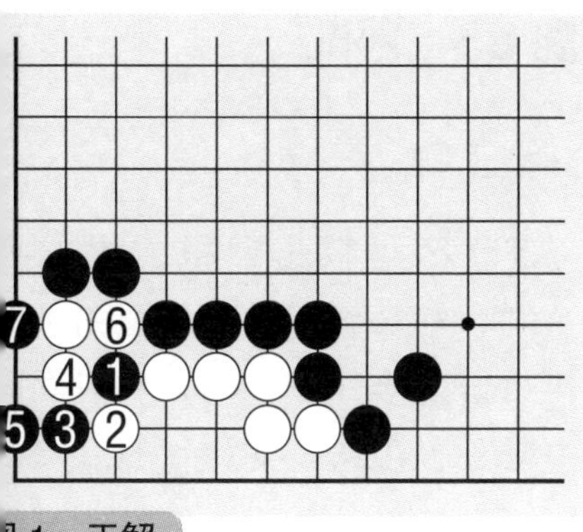
图1 正解

问题 84 解说

图 1 正解

黑 1、白 2 进行后，黑 3 扳是妙手，白 4 时，黑 5 下立是手筋，也是攻击白棋的好棋，结果白棋不活。

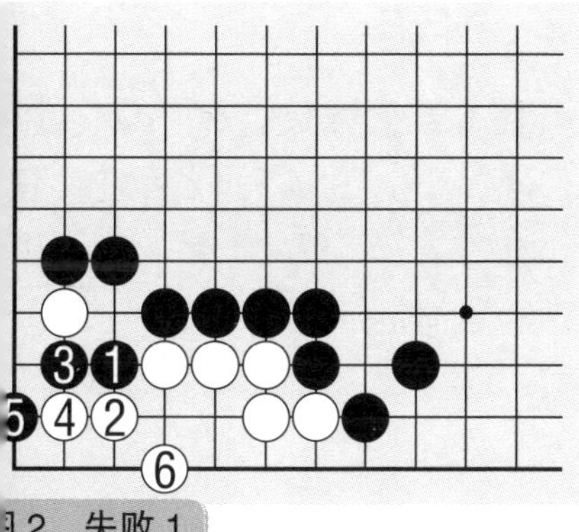
图2 失败 1

图 2 失败 1

黑 1、白 2 进行后，黑 3 长，令人可惜。以下进行至白 6，白棋可以活。

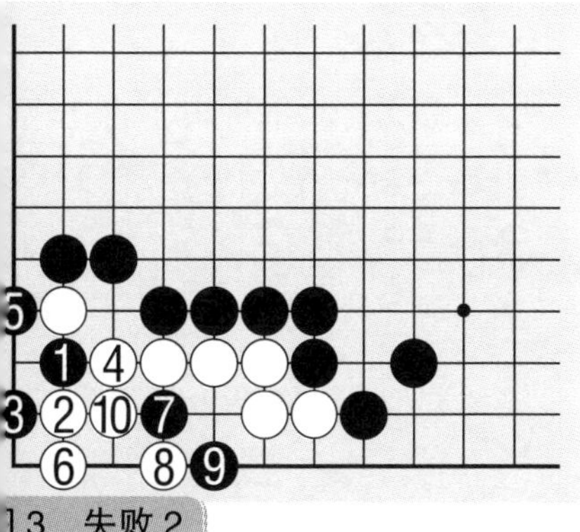
图3 失败 2

图 3 失败 2

黑 1 夹看似有力，但实际上是错误的下法。白 2 时，黑 3、5 做劫，白 6 下立时，黑 7 破眼，以下进行至白 10，白棋在右边又制造出一个劫，这样就成了“摇橹劫”，白棋活了。

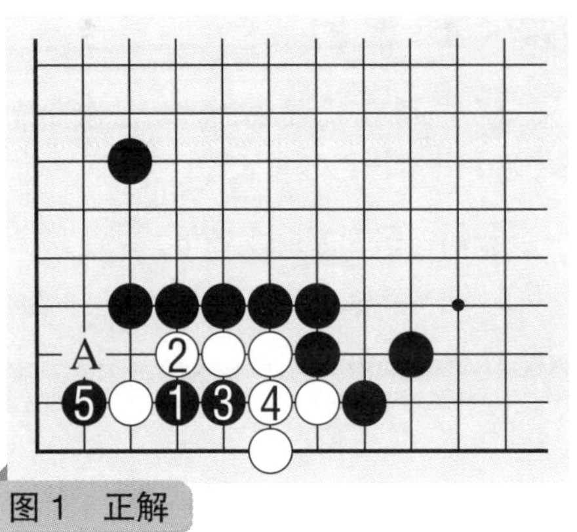

图 1　正解

问题 85　解说

图 1　正解

黑 1 搭是攻击白棋的出发点
白 2 时，黑 3 破眼又是严厉的手段
白 4 只好连接，黑 5 后，白棋净死
其中黑 5 下在 A 位同样可行。

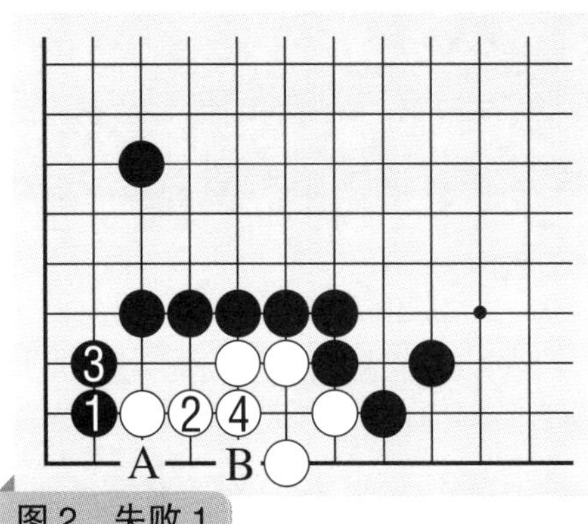

图 2　失败 1

图 2　失败 1

黑 1 虽很强硬，但白 2 可以
退，黑 3 时，白 4 可以活棋。其
白 4 如下在 A 位是轻率下法，黑
有 B 位的攻击手段。

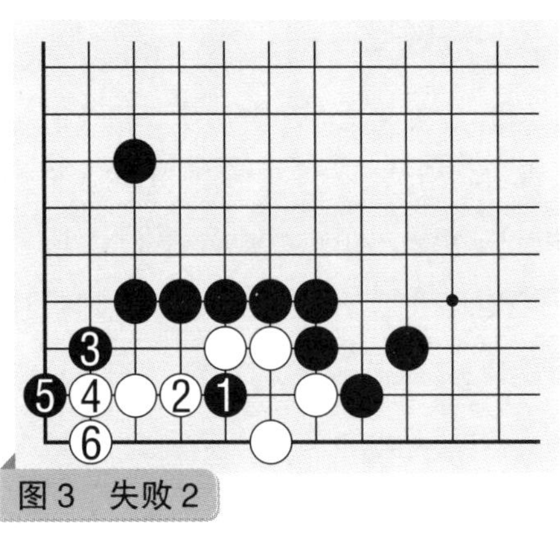

图 3　失败 2

图 3　失败 2

黑 1 是错误的下法，白 2 可
顶住，黑 3 时，白 4、6 可以活
而且活得很大。

问题 86

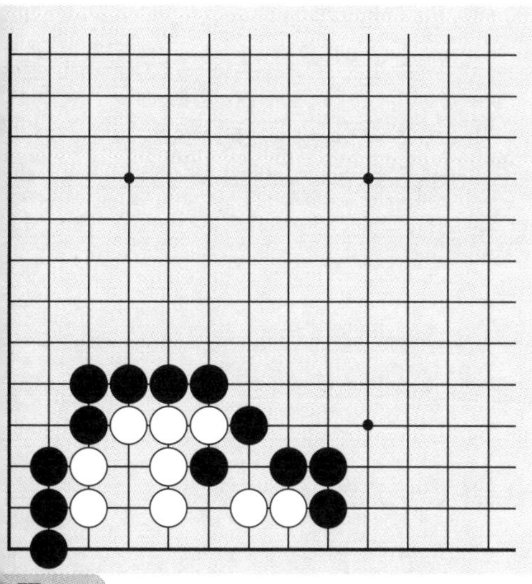
问题 86

黑先。实战中黑棋是否还能吃住白棋，很多人连想都不会想。实际上黑棋仍有吃住白棋的手段。请问黑棋应如何下？

问题 87

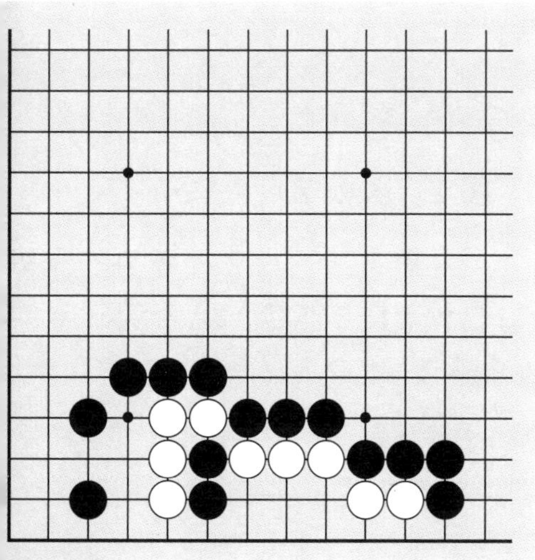
问题 87

黑先。黑棋如能正确利用白棋气紧的弱点，可以吃住整块白棋。请问黑棋应如何下？

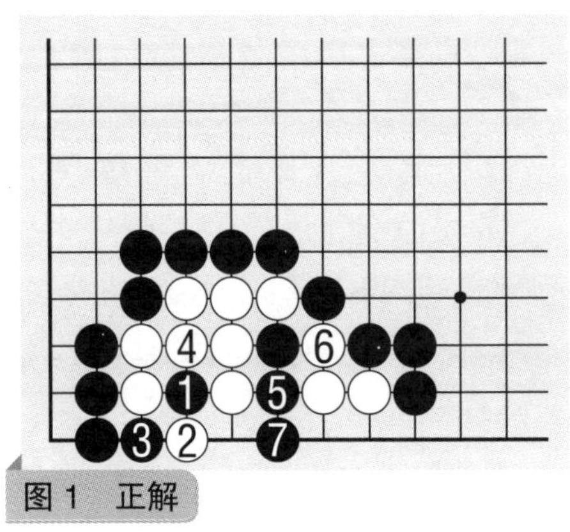

图 1　正解

问题 86　解说

图 1　正解

黑 1、3 让白棋提一子是非常要的准备工作，其后黑 5、7 动手白棋由于两边都不入气，只能束就擒。

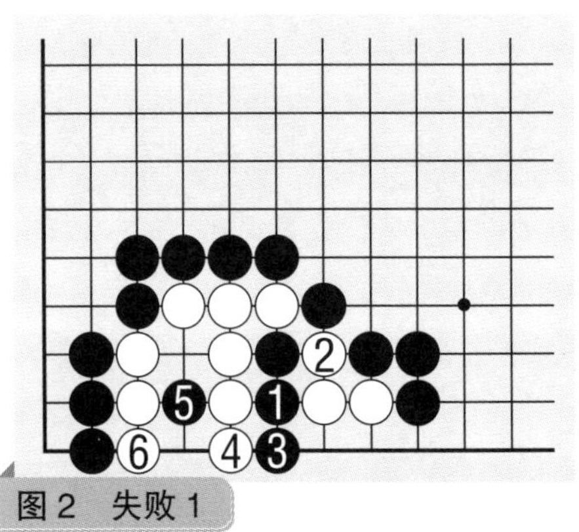

图 2　失败 1

图 2　失败 1

黑 1 直接行动，被白 2 断后黑棋失败。其后黑 3、5 已来不及至白 6，黑棋壮烈牺牲。

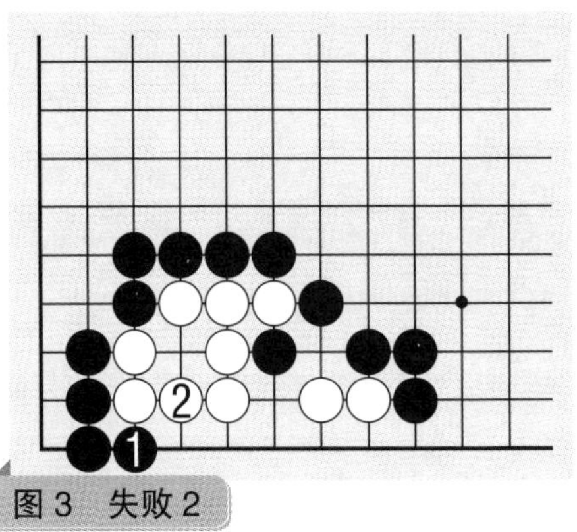

图 3　失败 2

图 3　失败 2

黑 1 冲，白 2 补即可。黑棋这种下法在实战中经常可见。

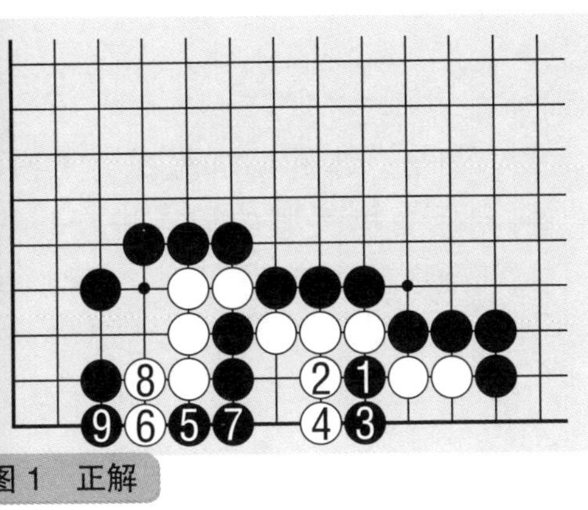

图 1 正解

问题 87 解说

图 1 正解

黑 1 断是好棋，白 2 打吃时，黑 3 下立绝妙，白 4 继续打吃时，黑 5 扳是最后一击。以下进行至黑 9，黑棋可以吃住白棋。

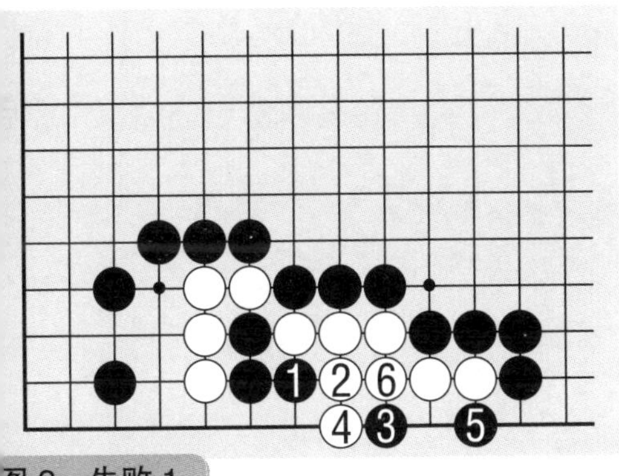

图 2 失败 1

图 2 失败 1

黑 1 先与白 2 交换是大恶手，以下进行至白 6，白棋轻松做活。

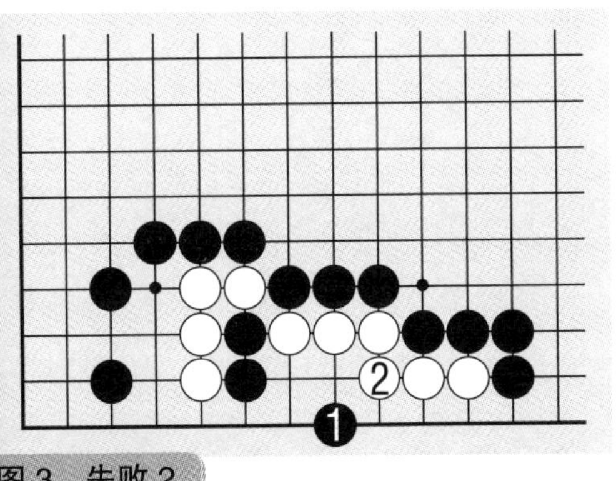

图 3 失败 2

图 3 失败 2

黑 1 飞，白 2 连接，黑棋失败。

问题 88

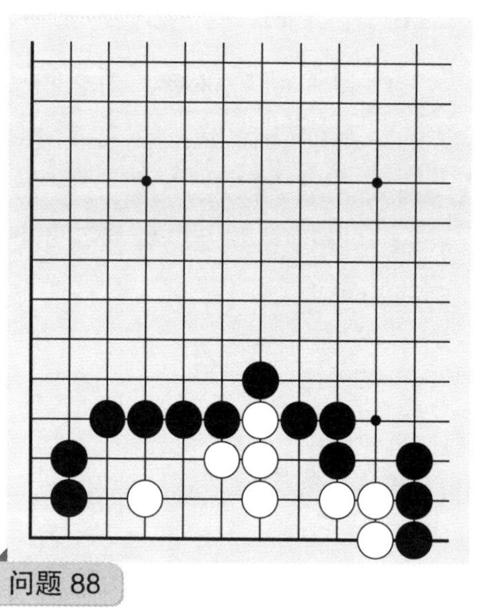
问题 88

黑先。本题同样是探讨黑棋如何利用白棋气紧的弱点进行攻击。请问黑棋应如何下?

问题 89

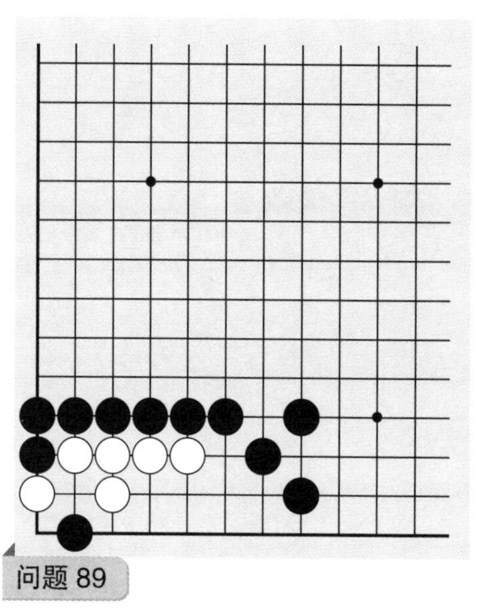
问题 89

黑先。本题是对“问题 88”的复习。请问黑棋应如何攻击白棋?

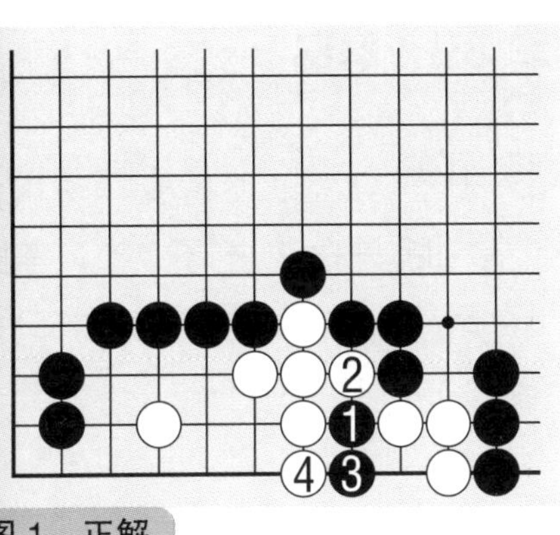
图 1 正解

问题 88 解说

图 1 正解

黑 1 挖，白 2 挡时，黑 3 下立与白 4 交换，是黑棋必须先走的次序，后续变化见图 2。

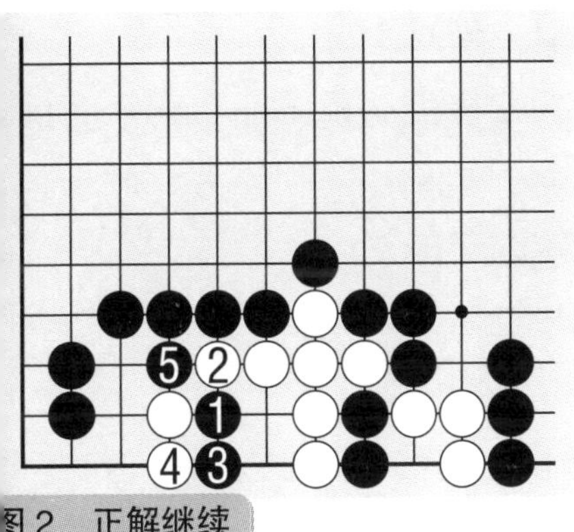
图 2 正解继续

图 2 正解继续

黑 1 搭，白 2 断时，黑 3 下立是巧妙的下法，其后白 4 时，黑 5 断，白棋由于不入气，只好束手就擒。

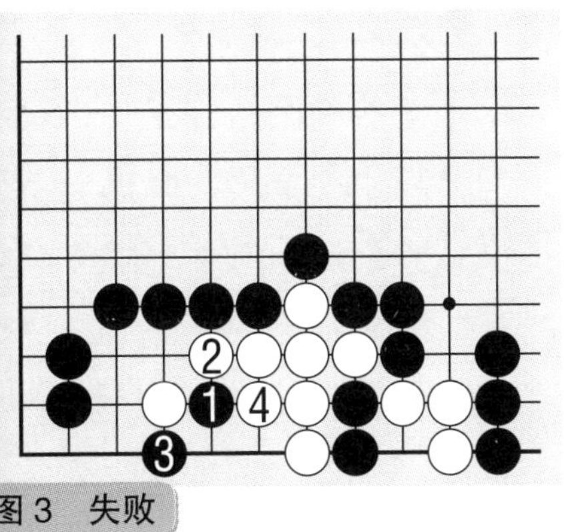
图 3 失败

图 3 失败

黑 1、白 2 时，黑 3 扳错误，白 4 打吃后，白棋可以活。

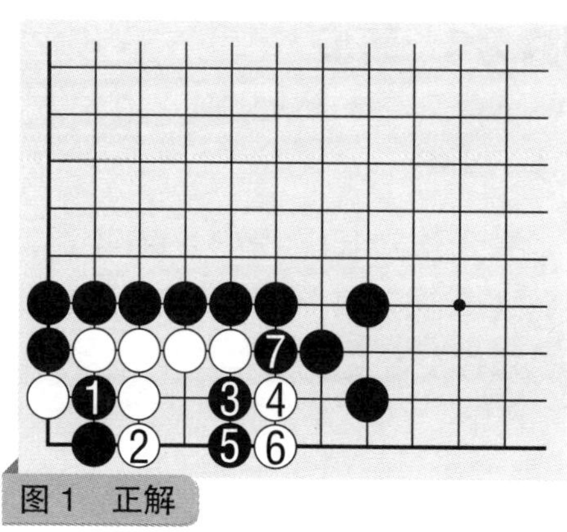
图 1　正解

问题 89　解说

图 1　正解

黑 1 断与白 2 进行交换，其黑 3、5、7 巧妙攻击白棋，白不活。

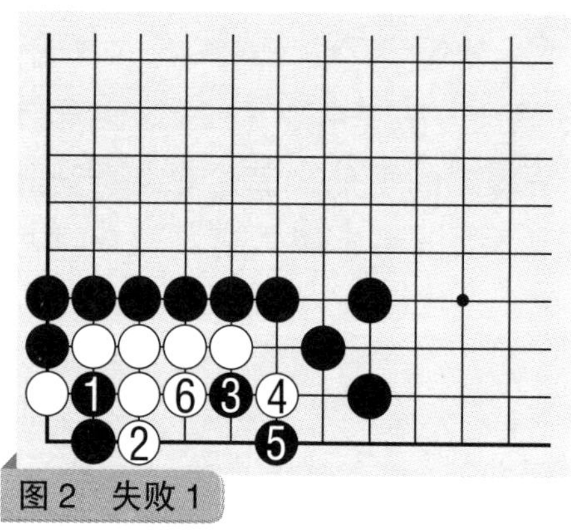
图 2　失败 1

图 2　失败 1

正解中的黑 5 如果下成本图的黑 5 则是恶手，白 6 打吃后，棋可以活。

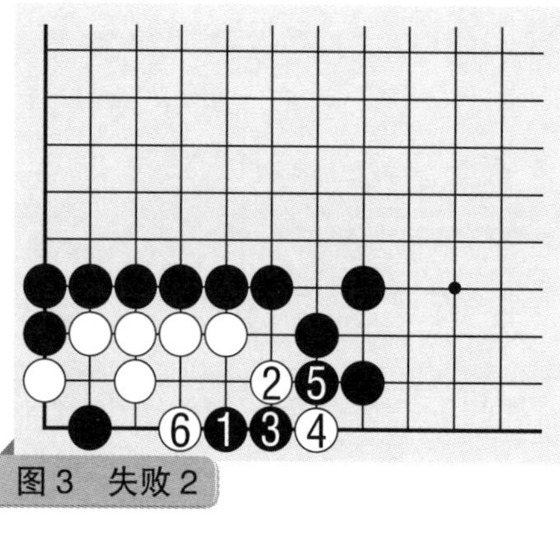
图 3　失败 2

图 3　失败 2

黑 1 虽然猛烈，却是失败的法。白 2 以下至白 6，黑棋的攻以失败告终。

问题 90

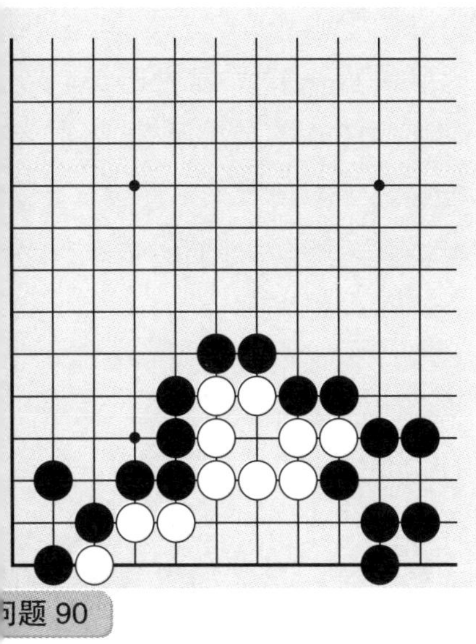
问题 90

黑先。白棋做眼的空间虽然不大，但黑棋解决问题却很困难，其中第三手棋和第五手棋并不容易发现。请问黑棋应如何下？

问题 91

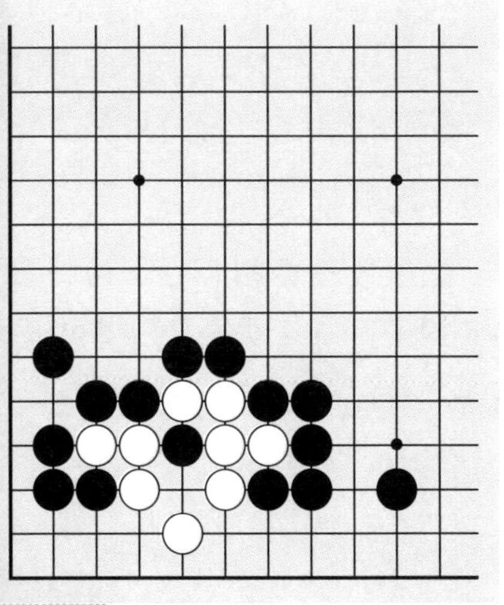
问题 91

黑先。大家一眼就可以看出白棋是两边对称的棋形。请问黑棋应如何攻击白棋？

问题 90　解说

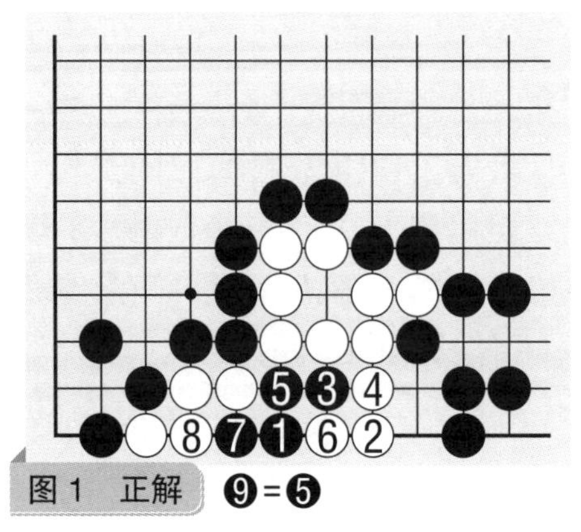

图 1　正解

图 1　正解

黑 1 点比较容易发现，白 2 最顽强的应法，其后黑 3、5 就不易考虑到了。白 6 时，黑 7、9 就大家已经了解的“倒脱靴”，结果棋可以吃住白棋。

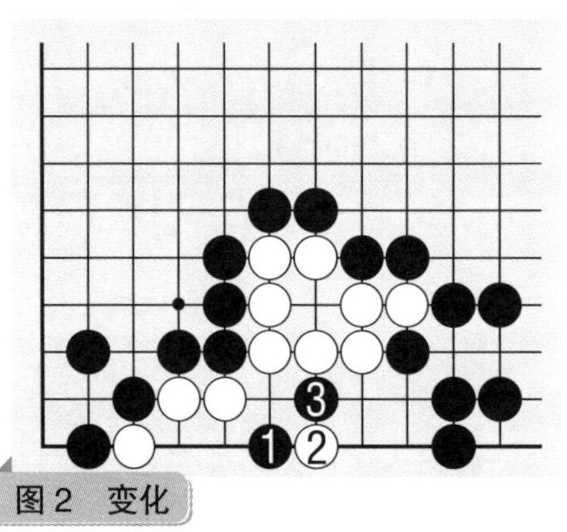
图 2　变化

图 2　变化

黑 1 时，白 2 如果靠，黑 3 单打吃后，白棋净死。

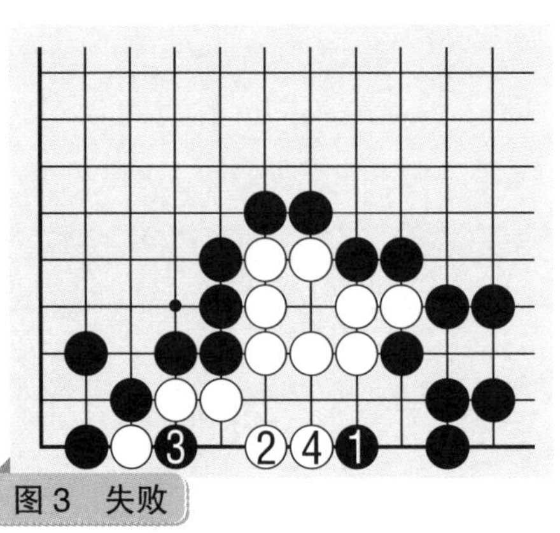
图 3　失败

图 3　失败

黑 1 攻击白棋，白 2 应，其黑 3 提子，白 4 顶后，白棋可以活

问题 91 解说

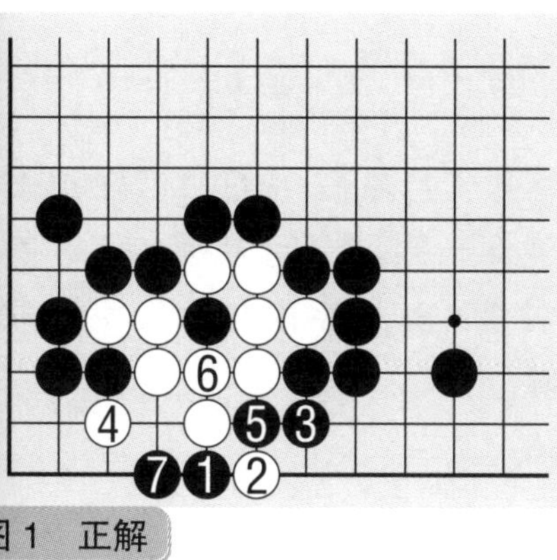
图1 正解

图 1 正解

黑 1 位于白对称棋形的中央，也是攻击白棋的急所。白 2 时，黑 3 又是重要的下法，白 4 时，黑 5、7 破眼，白棋净死。其中白 2 如果下在 7 位，黑棋下在 4 位，是同样的结果。

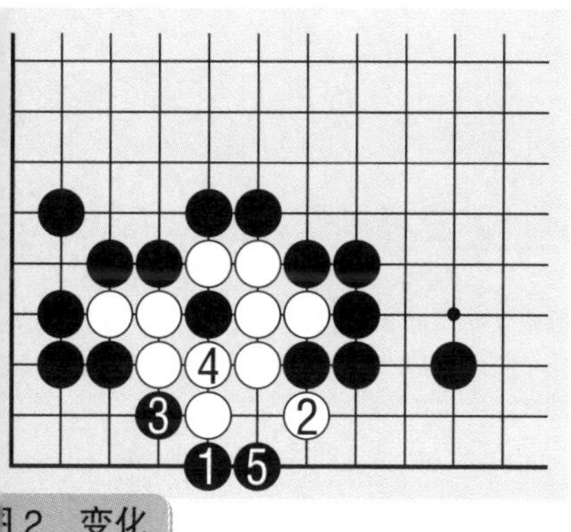
图2 变化

图 2 变化

黑 1 时，白 2 如果扳，黑 3 先手与白 4 交换后，黑 5 爬，白棋仍是死棋。

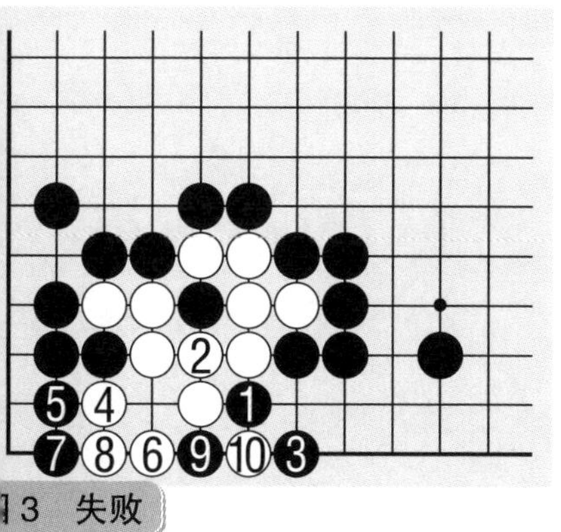
图3 失败

图 3 失败

黑 1 先打吃，将不可能无条件吃住白棋。白 2 提子后，黑 3 虎，以下进行至白 10，黑棋仅仅下成劫杀。

问题 92

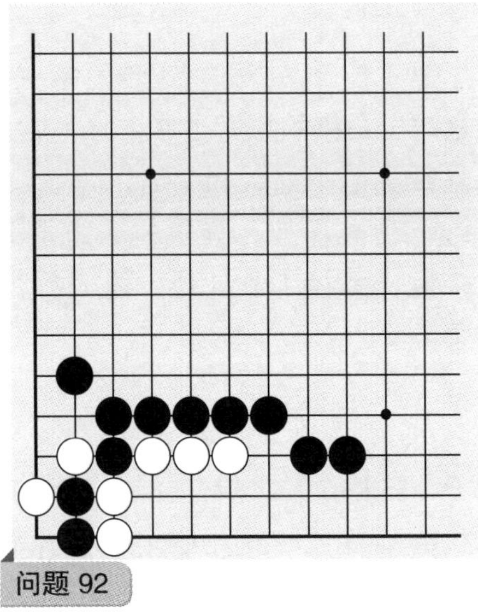
问题 92

黑先。本题中的白棋在角上可确保一眼。请问黑棋如何才能住白棋？第一手棋与第三手棋非关键。

问题 93

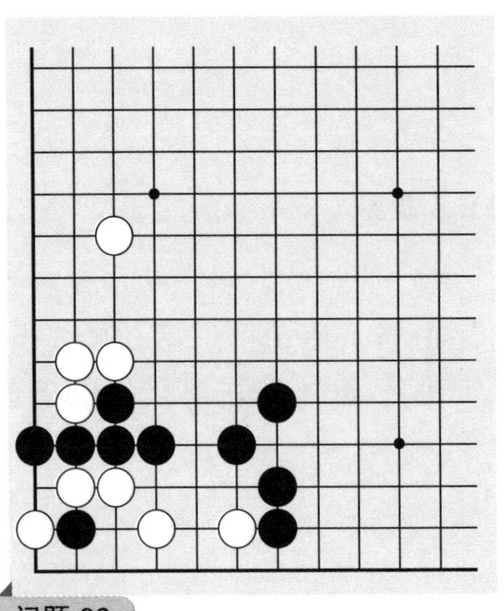
问题 93

黑先。黑棋只有利用白棋气的弱点才能吃住白棋，下成打劫黑棋来说就是失败。请问黑棋应何下？第三手棋是决定性的一手。

问题 92 解说

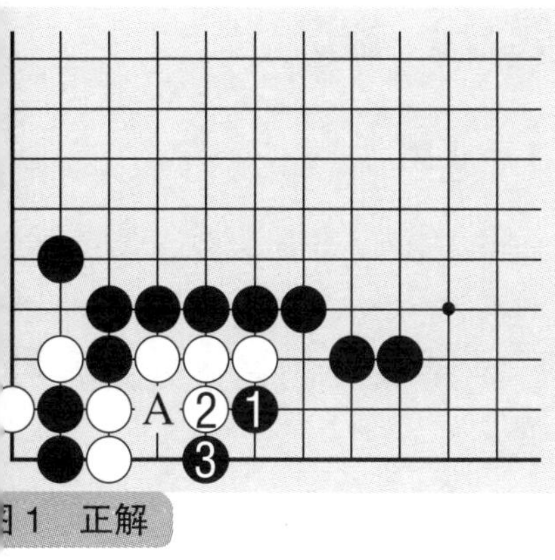

图 1 正解

图 1 正解

黑 1、3 是绝妙的次序，白棋由于要防黑 A 位倒扑，因而不活。

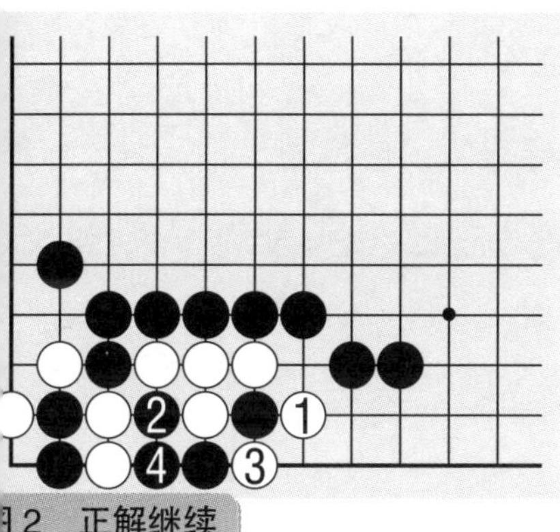

图 2 正解继续

图 2 正解继续

其后白 1 打吃，黑 2 倒扑，白棋无法做活。

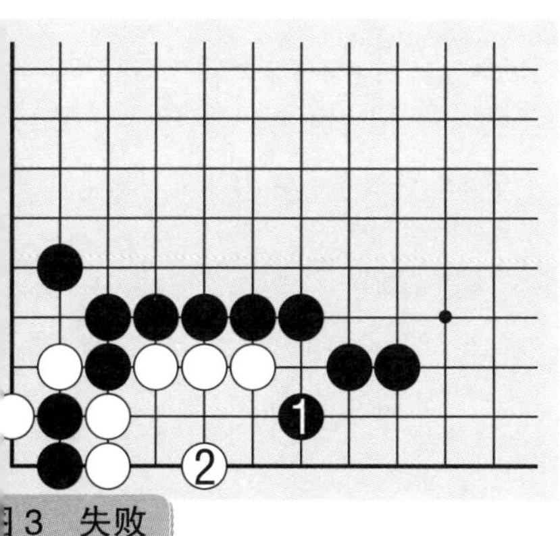

图 3 失败

图 3 失败

黑 1 尖只是官子下法，白 2 应后，白棋即可简单活棋。由此可知，正解中黑 1、3 是精彩的手筋。

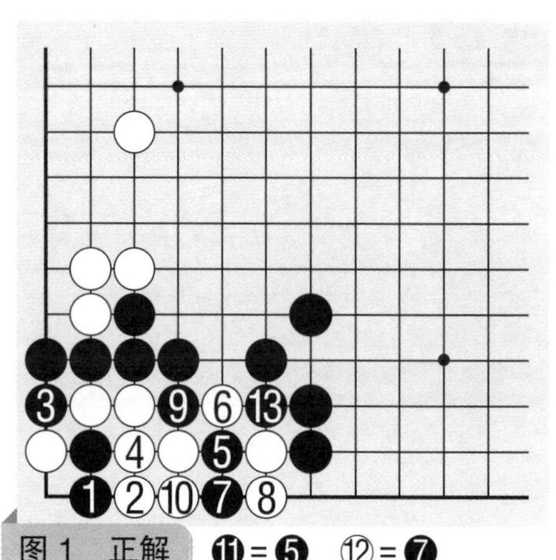

图1 正解 ⓫=❺ ⑫=❼

问题93 解说

图1 正解

黑1先与白2交换是必需的序，其后黑3、5非常严厉，以进行至黑13，黑棋破眼后，白净死。

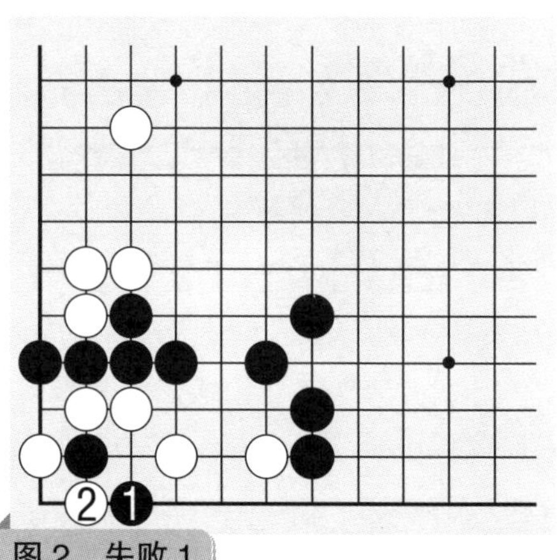

图2 失败1

图2 失败1

黑1尖轻率，白2可以做劫结果双方下成打劫。

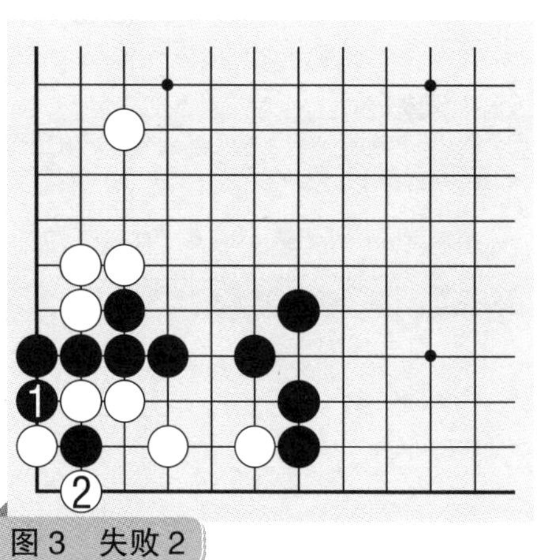

图3 失败2

图3 失败2

黑1先打吃，与图2没有差别白2同样可以做劫。由此也可以出正解中黑1的作用。

题 94

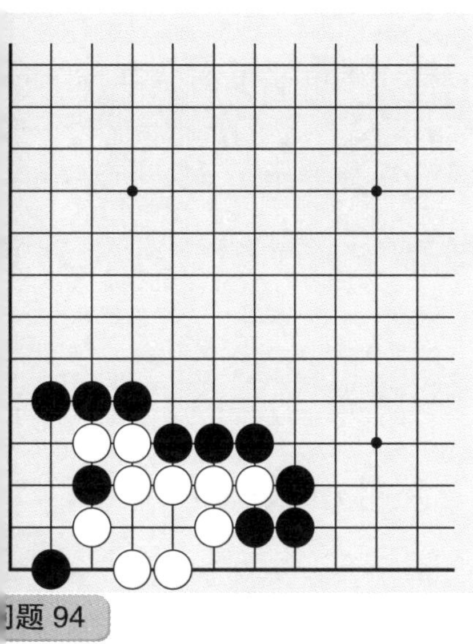
题 94

黑先。本题看似简单，实际上非常复杂。请问黑棋应如何下？

题 95

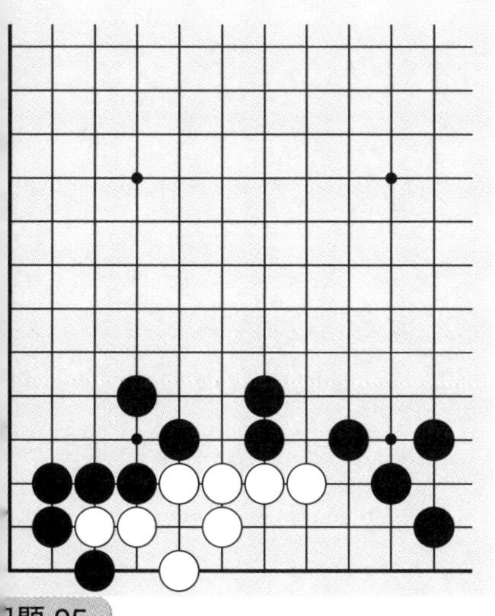
题 95

黑先。本题中的白棋看似已是活棋，但仍存在很多弱点。请问黑棋应如何下？黑棋下成劫杀即告成功。

问题 94　解说

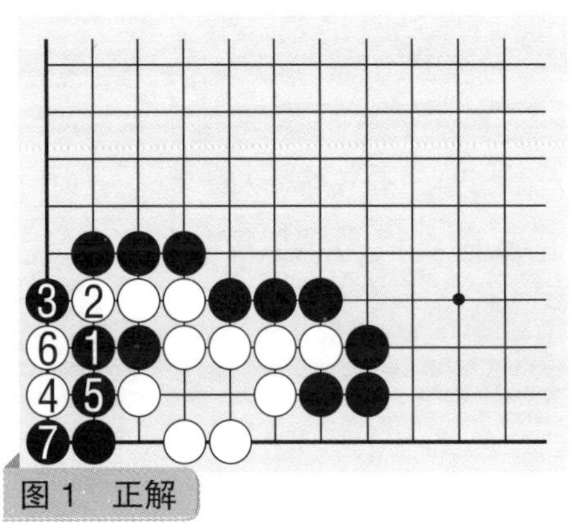

图 1　正解

图 1　正解

黑 1 下立是谁都会考虑到的法，问题是以后的进行。白 2、黑时，白 4 是手筋，黑 5 连接后，7 提子，后续变化见图 2。

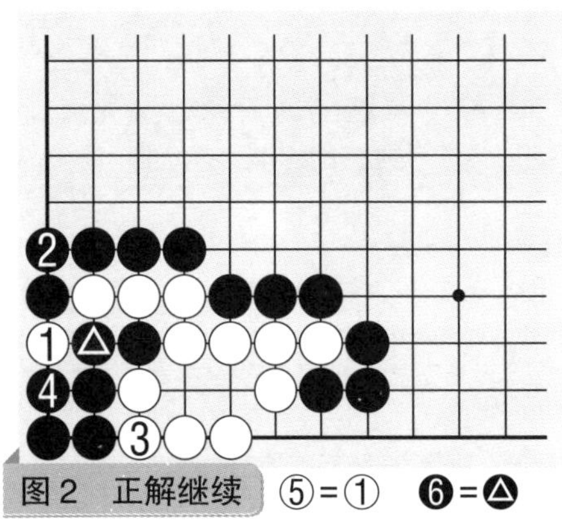

图 2　正解继续　⑤=①　❻=△

图 2　正解继续

白 1 扑，黑 2 连接后，黑 4 子（次序互换同样可行），其后白时，黑 6 可以反吃白一子，结果棋不活。

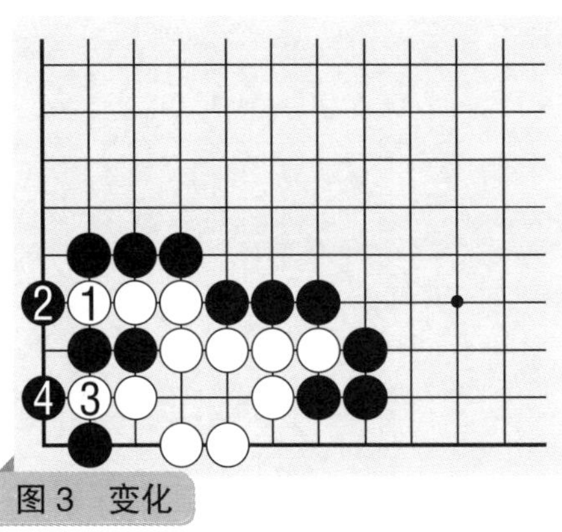

图 3　变化

图 3　变化

白 1、黑 2 时，白 3 冲，被 4 渡，白棋无法抵抗。虽然同样是死棋，但本图白棋没有使用最强的对局手段，黑棋可以很轻易吃住白棋，故白棋更不好。

问题 95 解说

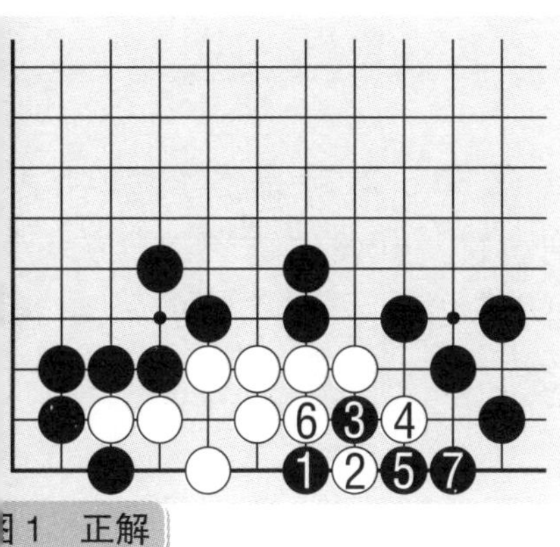

图 1 正解

图 1 正解

黑 1 点是非凡的下法，白 2 虽是最强应手，但黑 3 以下至黑 7，双方下成打劫。

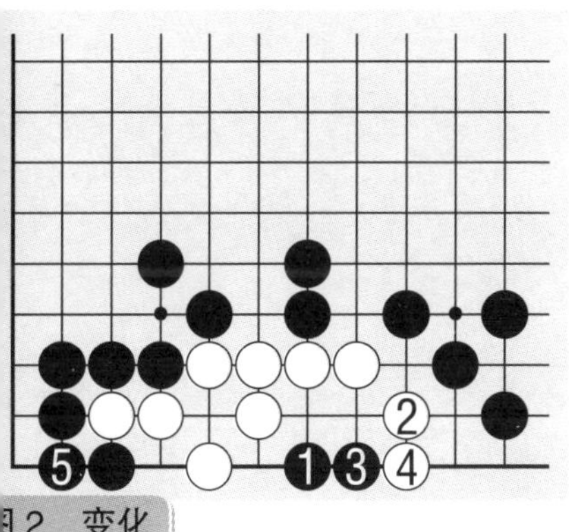

图 2 变化

图 2 变化

黑 1 时，白 2 错误，黑 3 非常严厉，至黑 5，白棋净死。

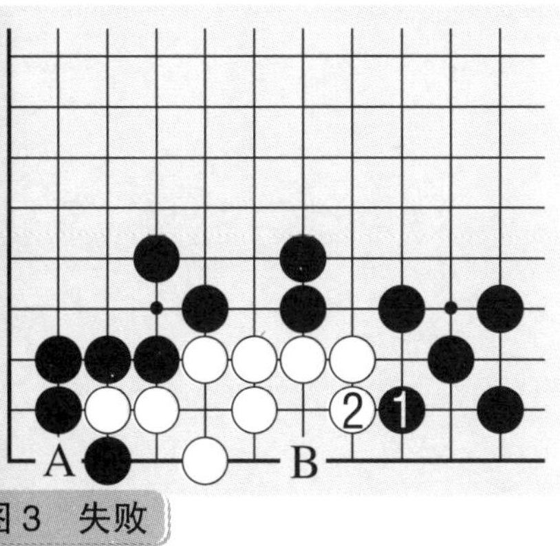

图 3 失败

图 3 失败

黑 1 尖仅仅是官子下法。黑 1 如果下在 A 位接，白棋下在 1 位或 B 位后，即可简单活棋。

问题 96

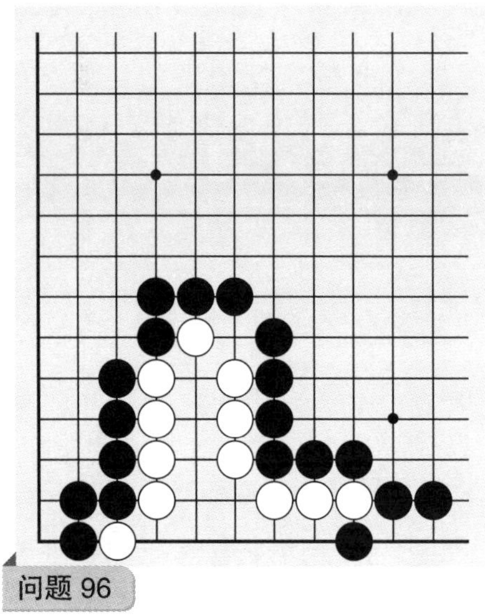
问题 96

黑先。本题是如何综合利
“倒脱靴”和使对方不入气的问是
请问黑棋应如何下？第一手棋
关键。

问题 97

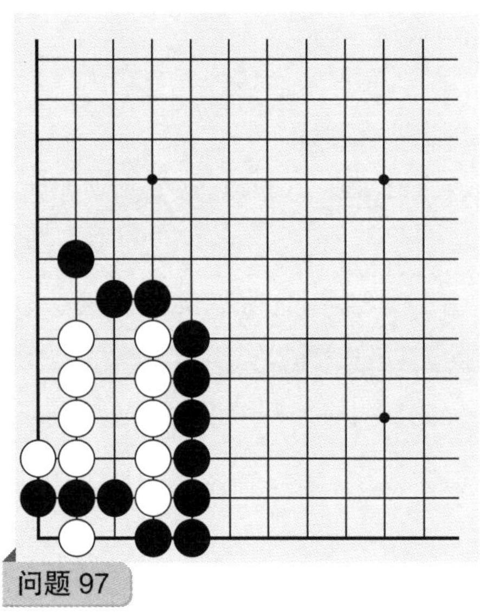
问题 97

黑先。角上的黑棋由于有倒
的关系，白棋看起来肯定可以活棋
但实际上并非如此。请问黑棋应
何下？

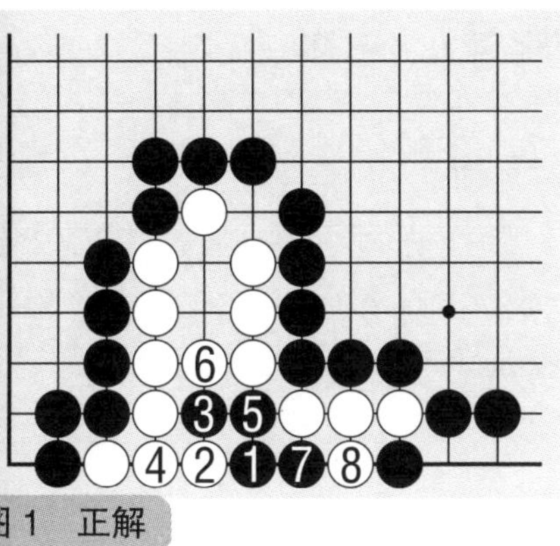

图1 正解

问题 96 解说

图 1 正解

黑 1 点极其锐利，白 2 是必然下法，黑 3 以下进行至黑 7，已下成“倒脱靴”的棋形，后续变化见图 2。

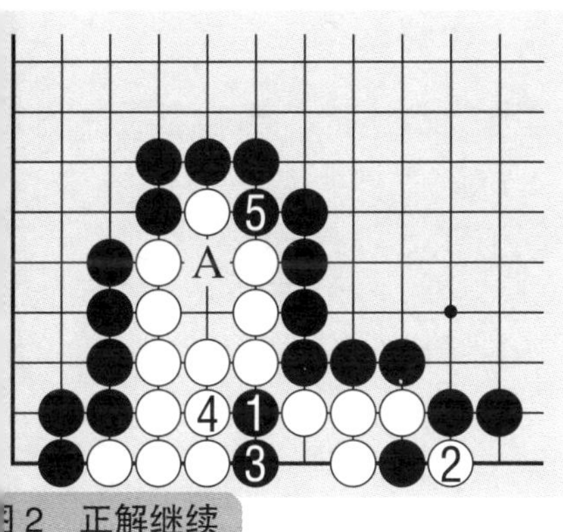

图2 正解继续

图 2 正解继续

其后黑 1 断，白 2 提子时，黑 3 下立，迫使白棋下成不入气，接着黑 5 或黑 A 后，白棋只好举手投降。

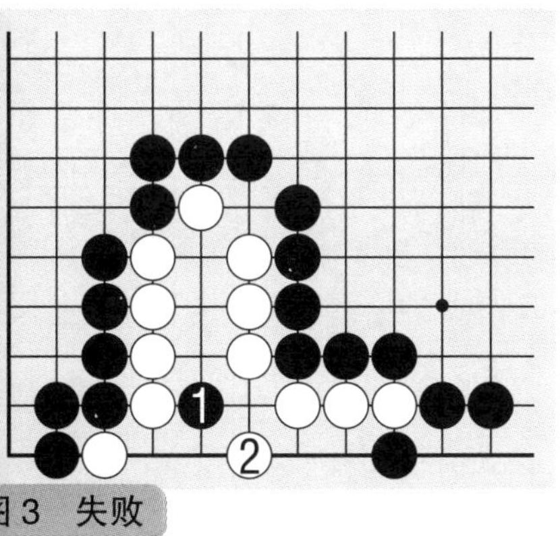

图3 失败

图 3 失败

黑 1 点，白 2 抢占急所后，黑棋将难免下成打劫。其后变化请读者自行研究一下。

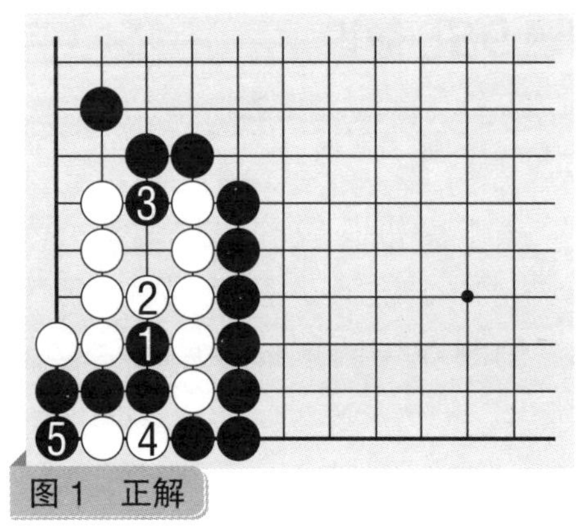

问题 97　解说

图 1　正解

黑 1 先冲，白 2 时，黑 3 破
是妙手，白 4 扑时，黑 5 可以提子
后续变化见图 2。

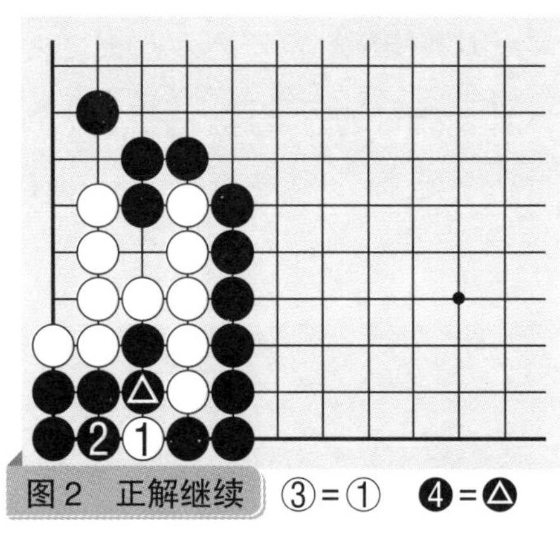

③=①　❹=△

图 2　正解继续

其后白 1 时，黑 2 提，白 3 时
黑 4 可以吃回白棋一子。直到这
大家才发现，白棋不活。

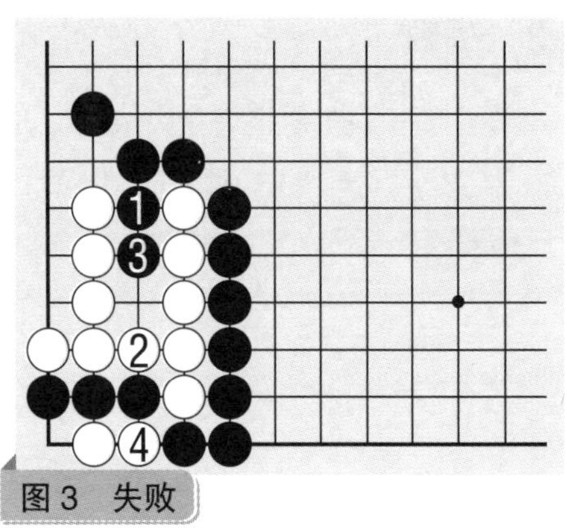

图 3　失败

黑 1 破眼方向错误，白 2 挡
先手，黑 3 若继续破眼，白 4 扑入
结果白棋可以活。其中黑 3 如果
在 4 位，白棋下在 3 位，白棋
可活。

问题 98

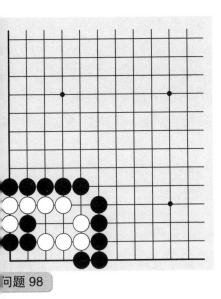

黑先。本题虽很简单，但白棋的抵抗不可忽视。黑棋应如何攻击白棋?

问题 98

问题 99

黑先。本题的棋形有一点人工摆设的味道。请问黑棋如何利用角的特殊性攻击白棋?

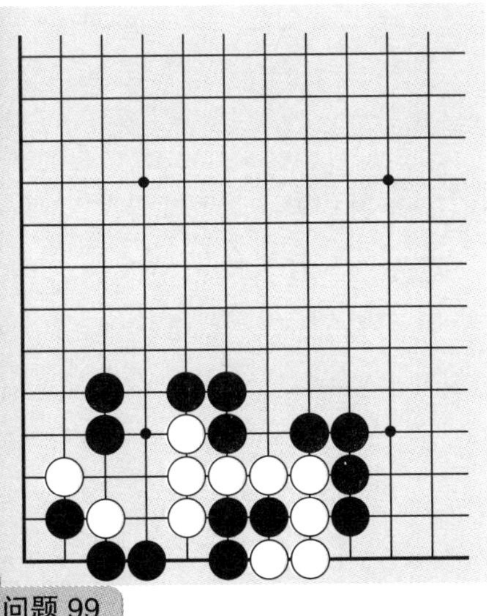

问题 99

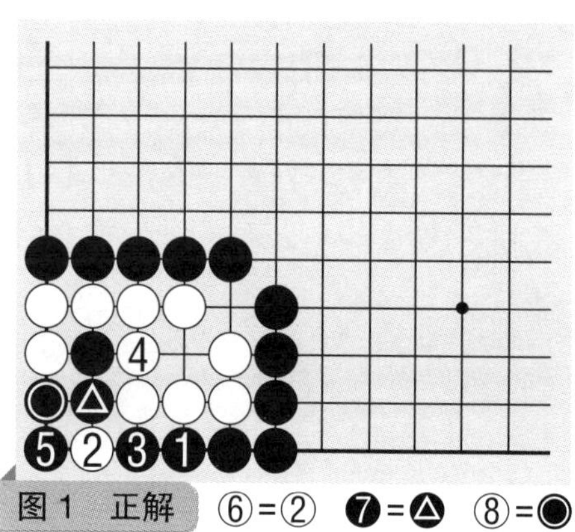

图1 正解 ⑥=② ❼=▲ ⑧=●

问题98 解说

图1 正解

黑1直接冲是正确的，白2时黑3继续冲，白4吃倒包时，黑提子，已下成“倒脱靴”之形，以下进行至白8，下成劫杀是正解。

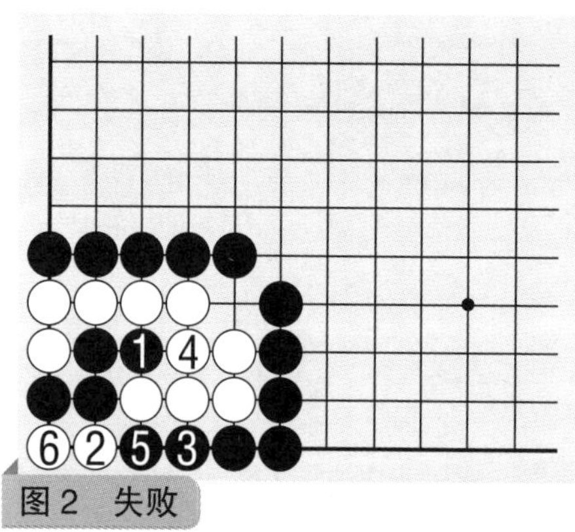

图2 失败

图2 失败

黑1是错误的下法，白2是必然选择，黑3以下至白6是必然的次序，后续变化见图2。

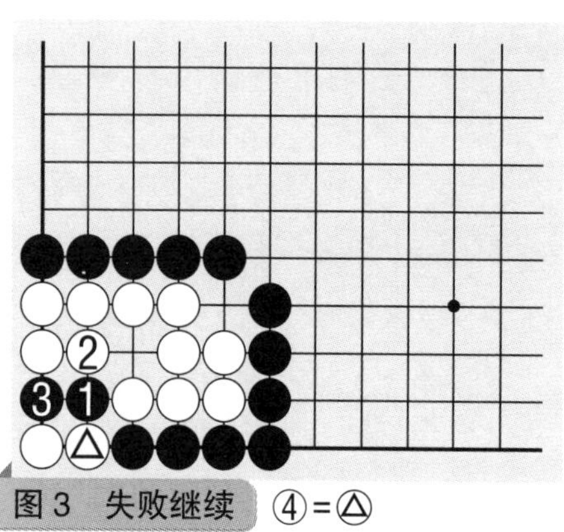

图3 失败继续 ④=△

图3 失败继续

续图2，其后黑1打吃时，白反打吃可以成立，黑3时，白4可以倒扑。

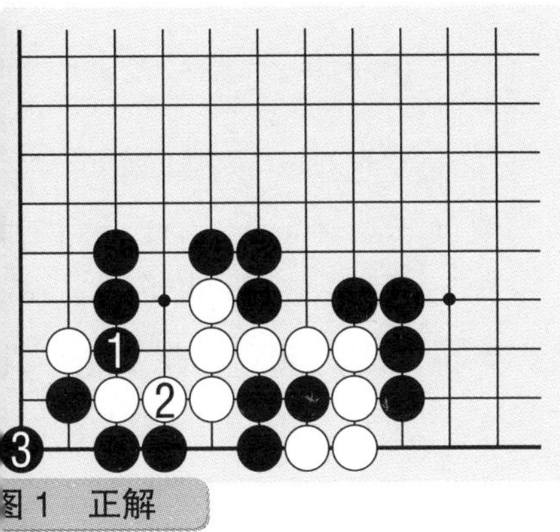
图 1　正解

问题 99　解说

图 1　正解

黑 1 断，白 2 时，黑 3 虎是利用盘角特殊性的巧妙下法，由此使白棋没有了先手提黑三子的手段。白棋净死。

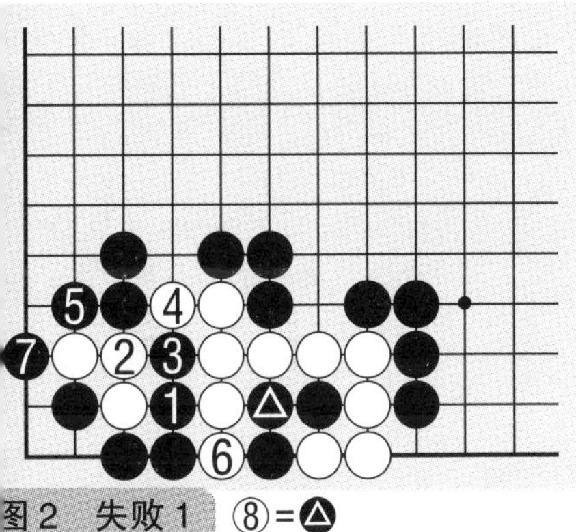
图 2　失败 1　⑧=▲

图 2　失败 1

黑 1 打吃，白 2 连接，黑 3 继续冲，但白 4、6 是先手，至白 8，白棋可以活。

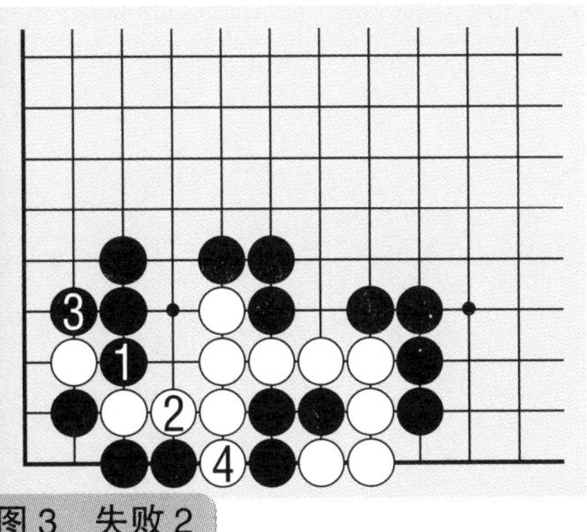
图 3　失败 2

图 3　失败 2

黑 1、白 2 时，黑棋如果不会下正解中黑 3 的手筋，而下成本图中的黑 3 打吃，则白 4 提三子是先手，结果黑棋不能吃住白棋。

问题 100

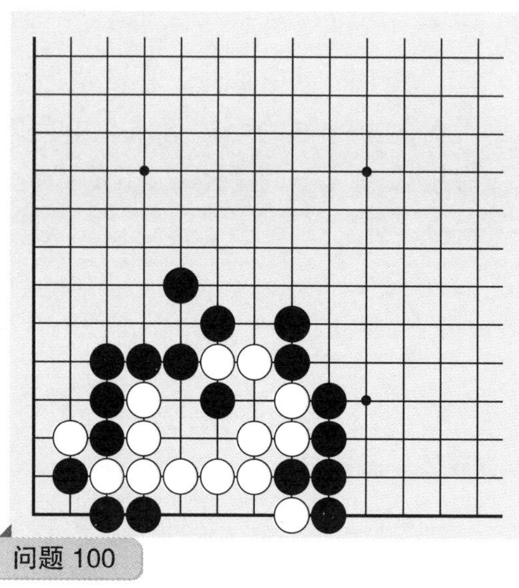
问题 100

黑先。白棋在上边已可成先手一眼，只要在下边后做出一眼，白棋即可活。请黑棋应如何攻击白棋。

问题 101

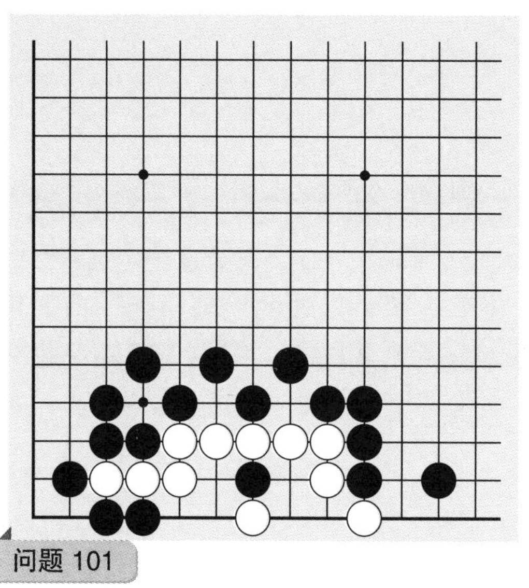
问题 101

黑先。黑棋在考虑本题时应尽量避免与白棋下成打劫请问黑棋应如何下？只要黑能下好第一手棋，其后将非简单。

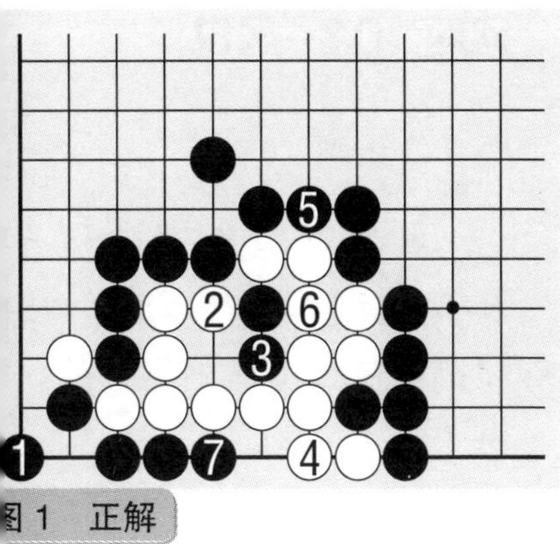
图 1 正解

问题 100 解说

图 1 正解

本题是对“问题 99”的复习。黑 1 虎，即可消除白棋在下边做后手一眼的可能性。白 2 以下至黑 7，白棋虽然竭尽全力，但仍摆脱不了被吃的命运。

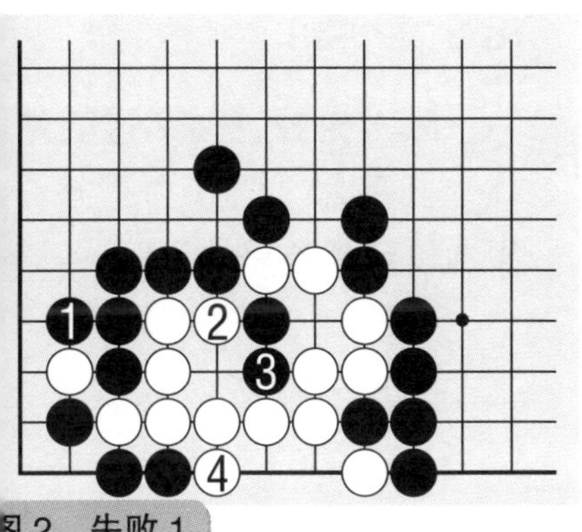
图 2 失败 1

图 2 失败 1

黑 1 先打吃，白 2 挡，黑 3 时，白 4 打吃是先手，白棋可以活。

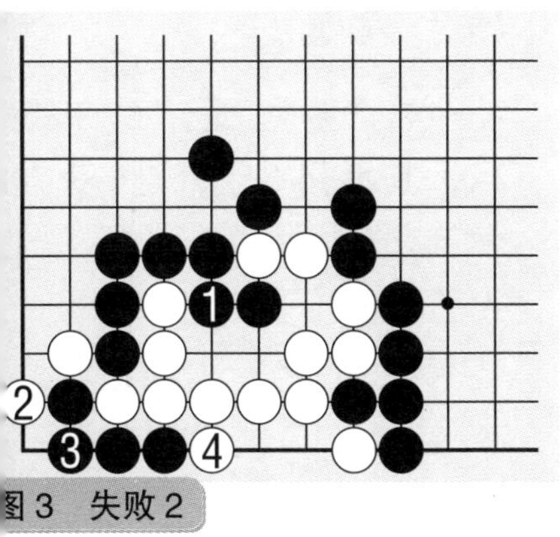
图 3 失败 2

图 3 失败 2

黑 1 连接缺少计算，白 2、4 进行后，角上黑棋几子被吃住，白棋净活。

问题101 解说

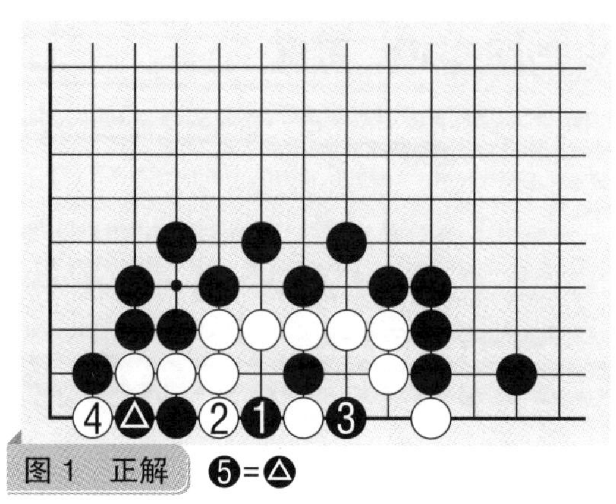

图1 正解 ❺=△

图1 正解

黑1、3首先打拔一子
好棋，结果下成“刀五”的
形，白棋不活。至黑5扑，
棋净死。

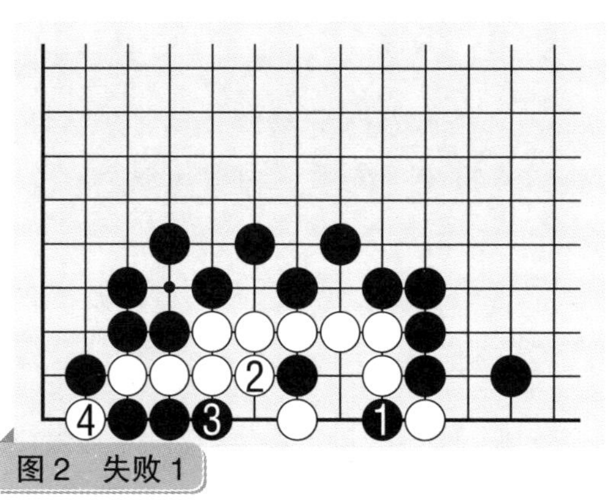

图2 失败1

图2 失败1

黑1先扑，白2打吃是
棋，其后黑3时，白4扑，
果白棋可以吃黑接不归。

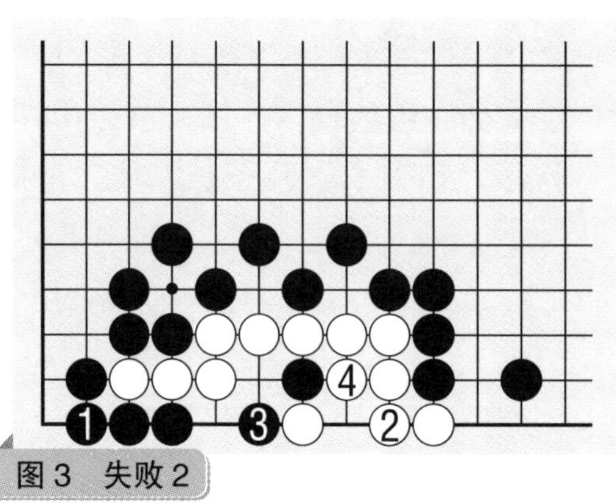

图3 失败2

图3 失败2

黑1接过缓，白2是
点，其后黑3、白4，双方
然下成打劫。

问题 102

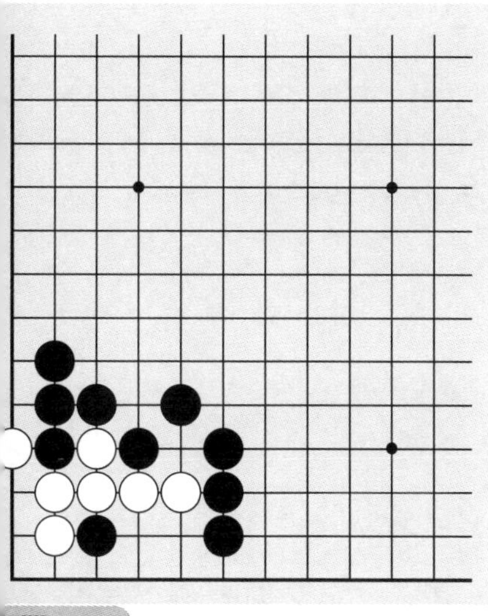
问题 102

黑先。白棋看似已经活净，但黑棋可以通过巧妙的攻击，置白棋于死地。请问黑棋应如何下？

问题 103

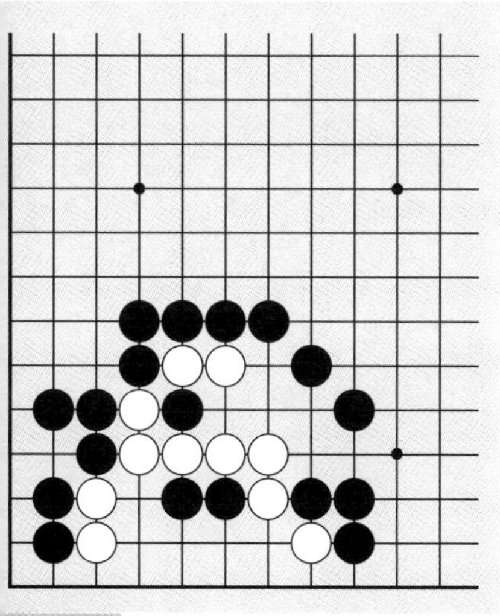
问题 103

黑先。黑棋如能成功救回二子，白棋将肯定死掉。请问黑棋应如何下？第一手棋和第三手棋是绝妙的下法。

问题 102　解说

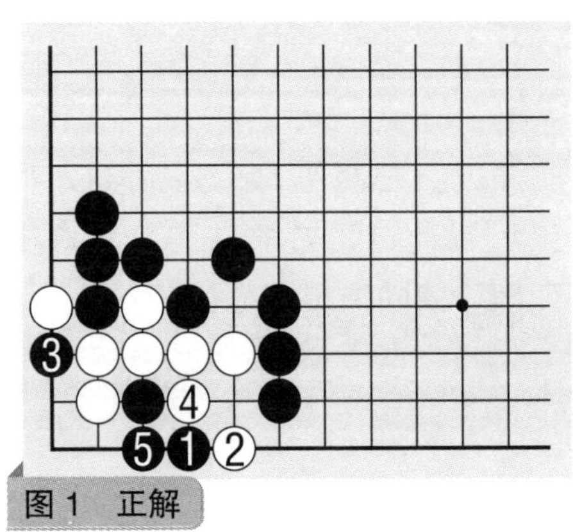
图 1　正解

图 1　正解

黑 1 尖巧妙，白 2 是最顽强抵抗，但黑 3 扑是决定性一击，黑 5，白棋净死。

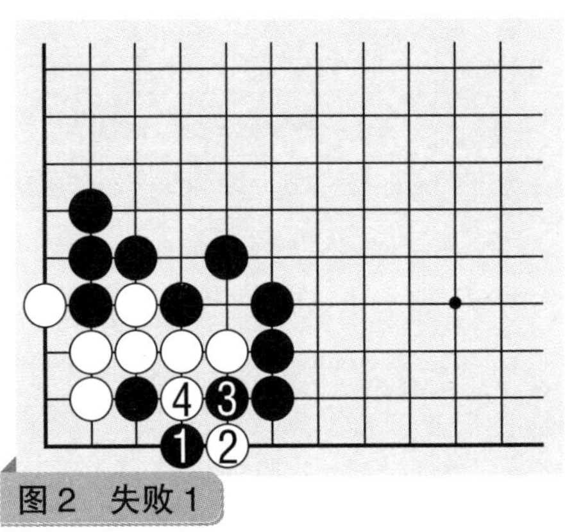
图 2　失败 1

图 2　失败 1

黑 1、白 2 时，黑 3 是令人惜的下法，白 4 应后，黑已吃不白棋。

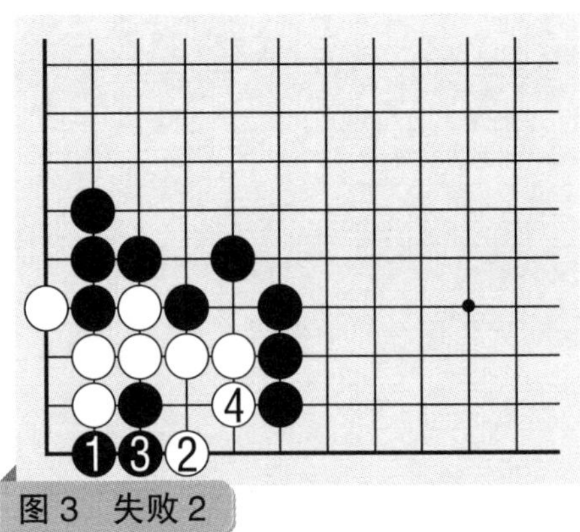
图 3　失败 2

图 3　失败 2

黑 1 扳，白 2、4 应，双方下双活。

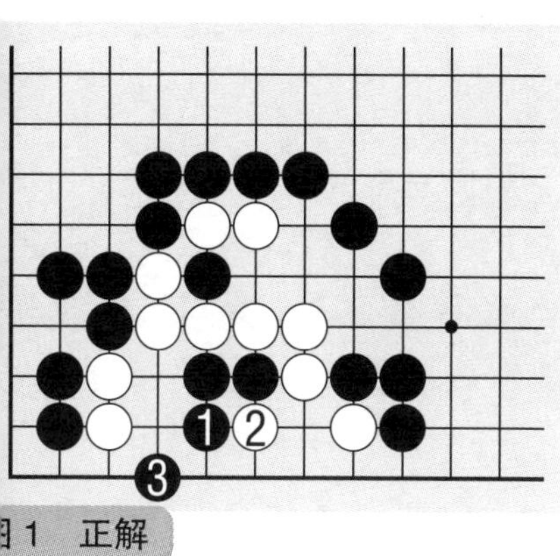
图1 正解

问题 103 解说

图 1 正解

黑 1 弯，迫使白 2 应后，黑 3 尖绝妙，结果白棋无法活。

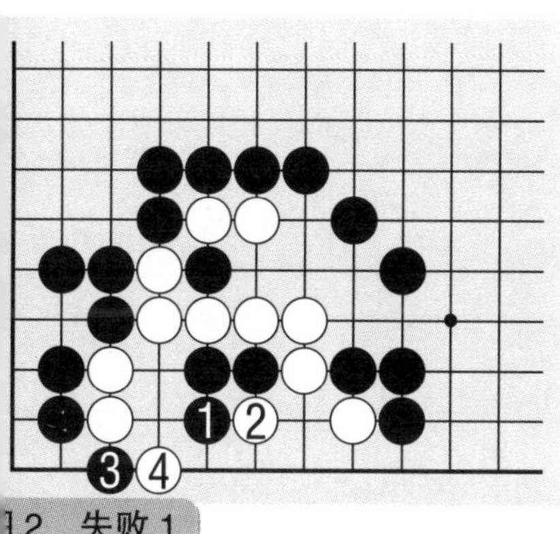
图2 失败 1

图 2 失败 1

黑 1、白 2 进行后，黑 3 扳轻率，被白 4 挡后，黑棋无后续手段。

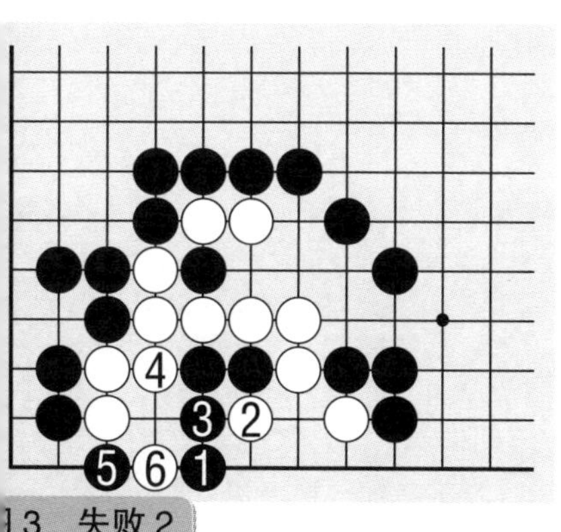
图3 失败 2

图 3 失败 2

黑 1 与白 2 交换后，黑 3 连接看似可行，但白 4、6 是沉着的下法，结果黑棋不行。

问题 104

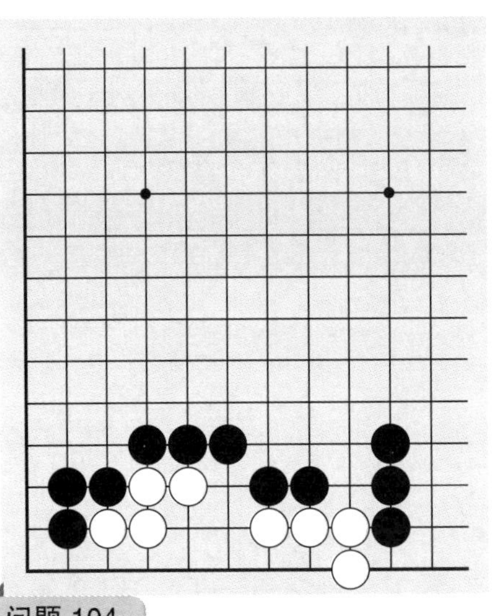
问题 104

黑先。本题是大家熟悉的问题白棋的生存空间虽然不大，但黑却丝毫马虎不得。请问黑棋应如下？下成打劫对黑棋来说就是成功

问题 105

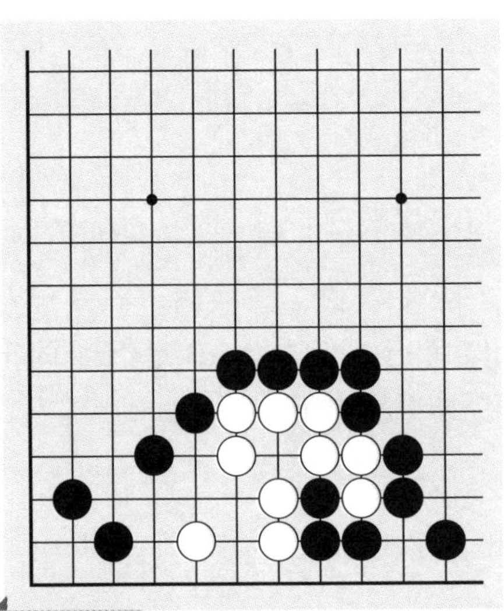
问题 105

黑先。本题中黑棋如果小视棋的抵抗，很可能会失败。请问棋应如何下？第三手棋是关键。

问题 104 解说

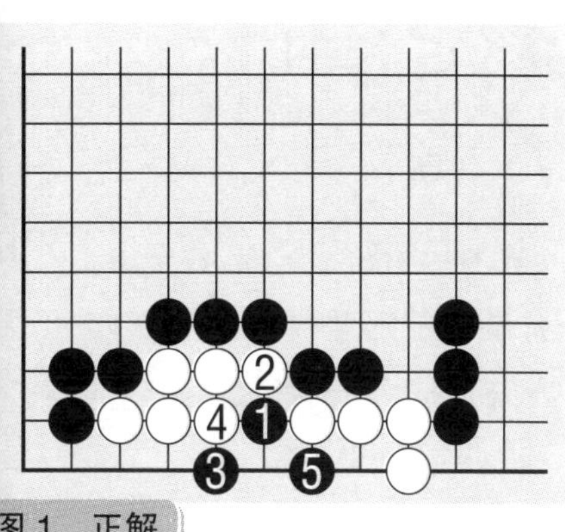
图 1 正解

图 1 正解

黑 1 扳是正确下法，白 2 时，黑 3 尖巧妙，白 4 时，黑 5 可以做劫。这是最佳的下法，也是正解。

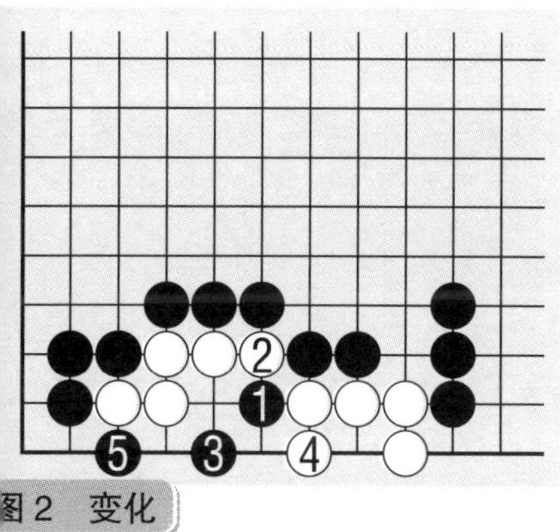
图 2 变化

图 2 变化

黑 1、3 时，白 4 如果做眼，黑 5 渡过后，白棋反而净死。

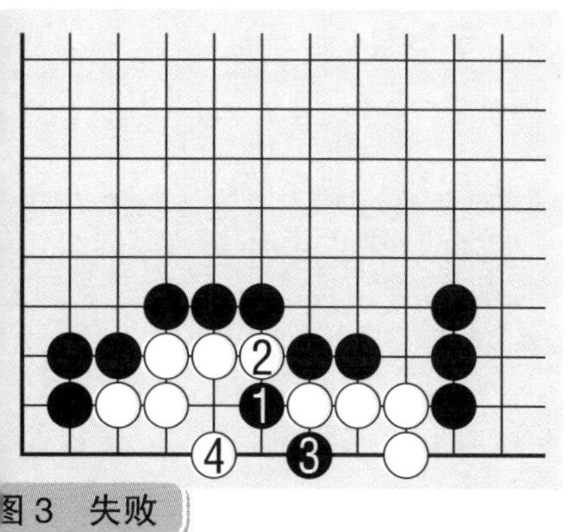
图 3 失败

图 3 失败

黑 1、白 2 进行后，黑 3 扳操之过急，白 4 抢占急所是好棋，黑棋失败。

问题105 解说

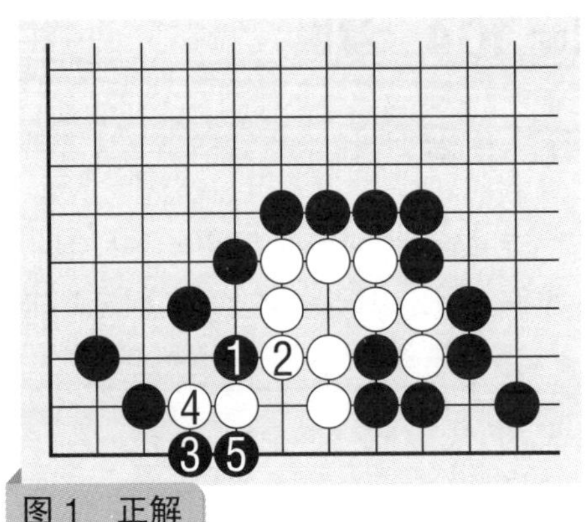
图1 正解

图1 正解

黑1尖是很容易找到的下法
问题是白2应后，黑棋应如何下
黑3尖是绝妙的攻击，白4时，
5破眼，白棋不活。

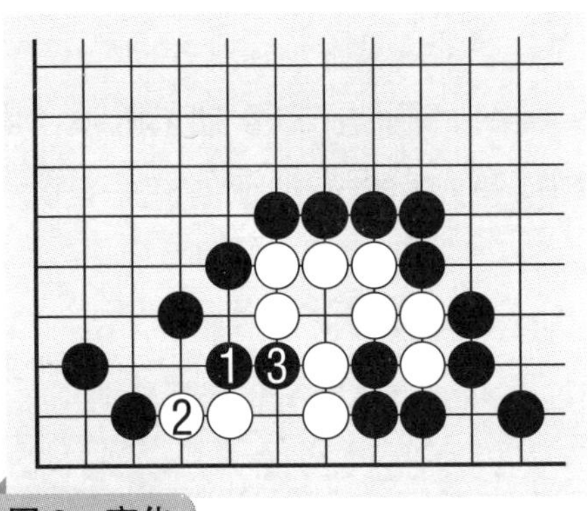
图2 变化

图2 变化

黑1时，白2如果谋求变化
黑3后，即可简单吃住白棋。

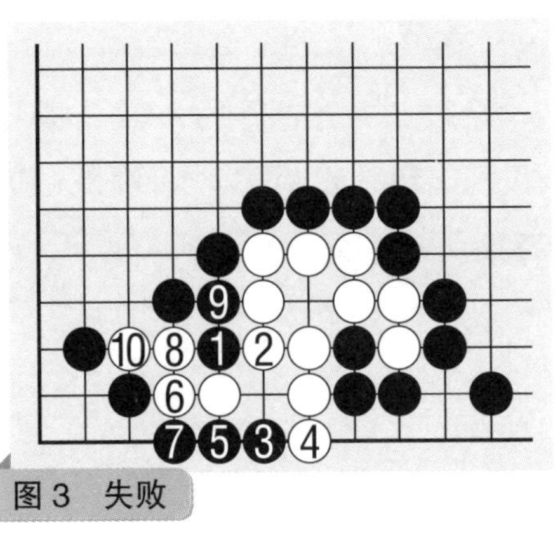
图3 失败

图3 失败

黑1、白2后，黑3点是很
易考虑到的下法，但白4以下至
10，黑棋已经吃不住白棋。

问题 106

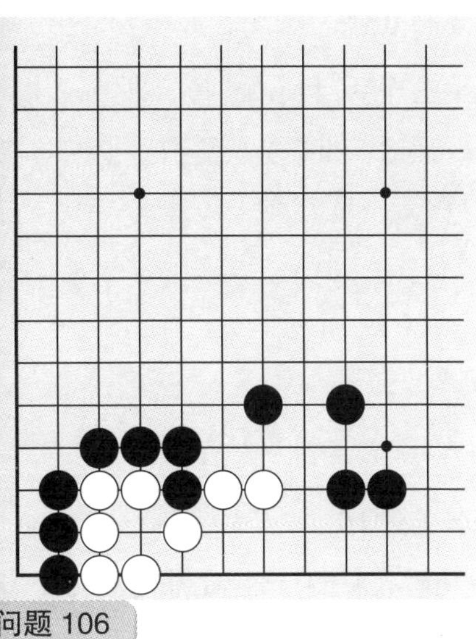
问题 106

黑先。在实战中，就本题的棋形，黑白双方都可能看不清死活。请问黑棋应如何下？

问题 107

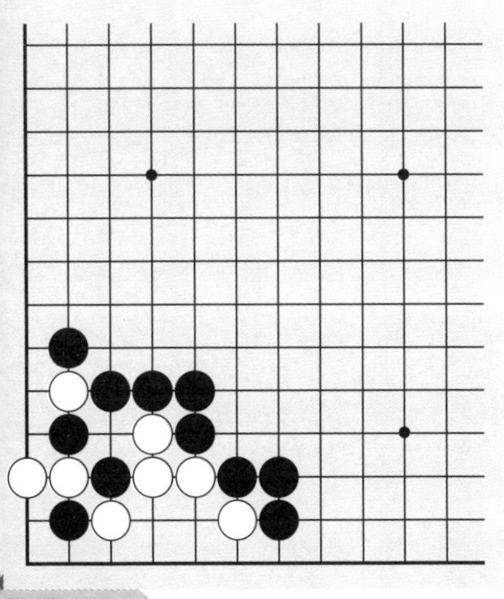
问题 107

黑先。在本题中黑棋只有将整块白棋都吃掉才算胜利。请问黑棋应如何下？

问题 106　解说

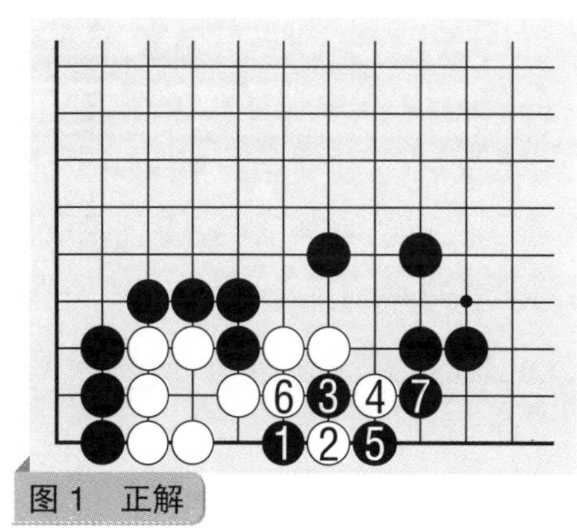

图 1　正解

图 1　正解

黑 1 点击中要害，白 2 是最
手，黑 3 打时白 4 反打，以下至
7，双方下成打劫。

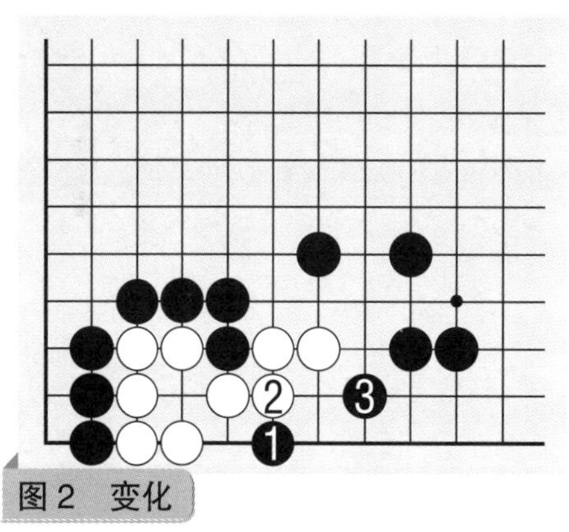

图 2　变化

图 2　变化

黑 1 点时，白 2 如果连接，
黑 3 尖后，白棋净死。

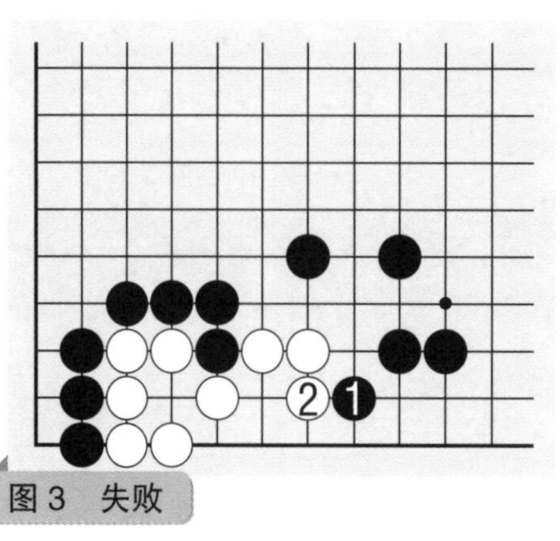

图 3　失败

图 3　失败

黑 1 尖只是官子下法，全然
有进取心。白 2 挡后，白棋净活。

问题 107 解说

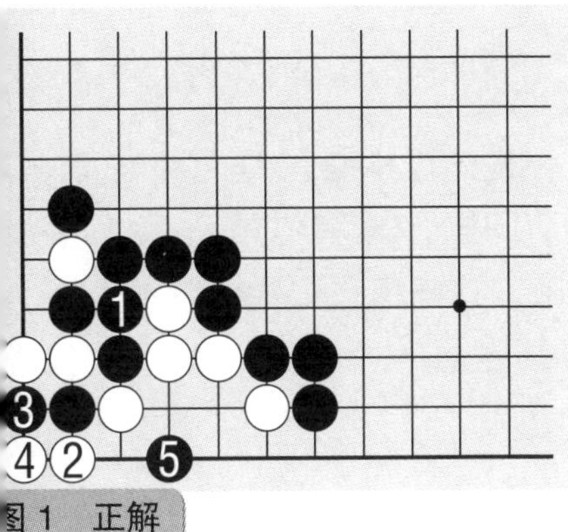
图 1 正解

图 1 正解

黑 1 连接或许令很多人感到意外，白 2 打吃时，黑 3 多送一子，白 4 提，黑 5 点，结果白棋无法摆脱死亡的命运。

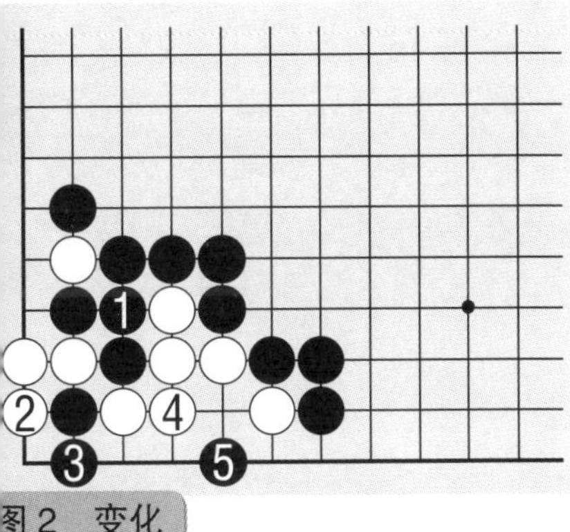
图 2 变化

图 2 变化

黑 1 时，白 2 如换方向打吃，则黑 3 下立，白 4 连接，其后黑 5 点，白棋同样不活。

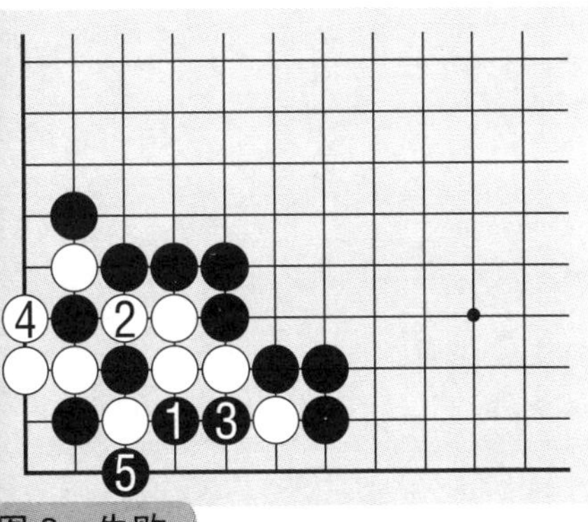
图 3 失败

图 3 失败

黑 1 断虽看似手筋，但实际上是错着，以下进行至黑 5，黑棋无法避免地下成打劫。

问题 108

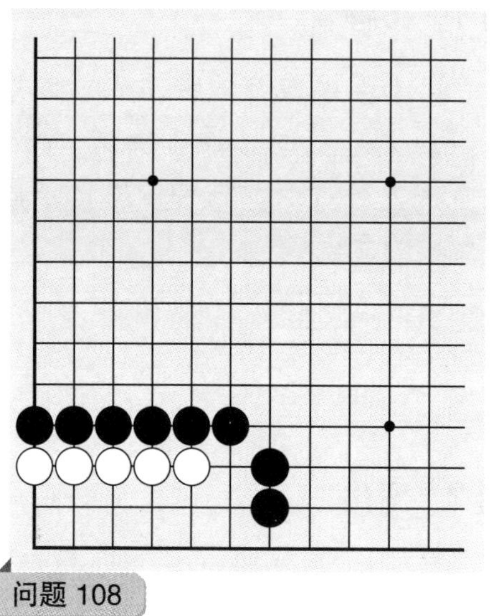

问题 108

黑先。本题同样可以说是基
死活问题，黑棋的第一手棋将决
成败。请问黑棋应如何下？

问题 109

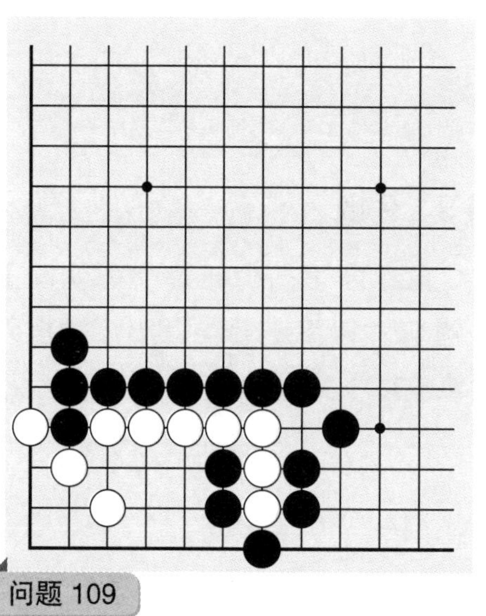

问题 109

黑先。本题中的白棋比较富
弹性，因此黑棋要吃住白棋并不
易。请问黑棋应如何下？

问题 108　解说

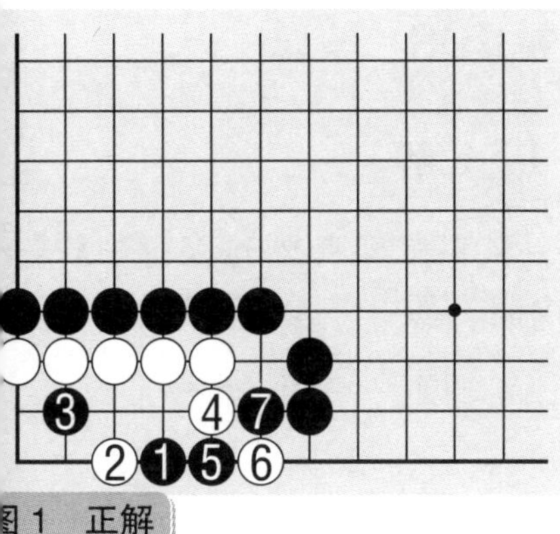
图 1　正解

图 1　正解

黑 1 大飞是急所，白 2 时，黑 3 简单破眼，至黑 7，白棋净死。

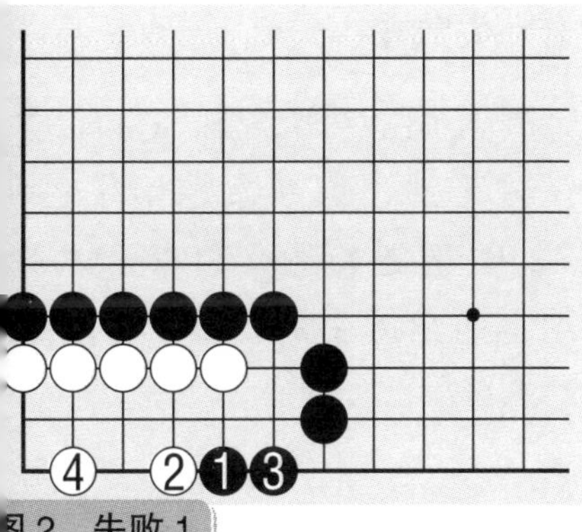
图 2　失败 1

图 2　失败 1

黑 1 小飞，此时不适用。白 2、4 是好棋，结果白棋净活。

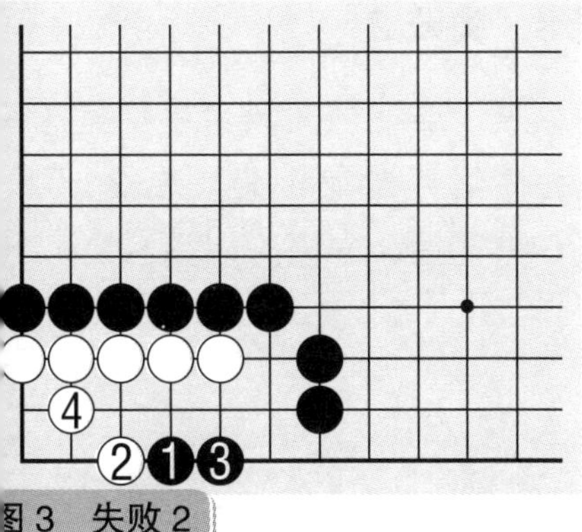
图 3　失败 2

图 3　失败 2

黑 1、白 2 进行后，黑 3 退错误，白 4 占据要点后，白棋净活。

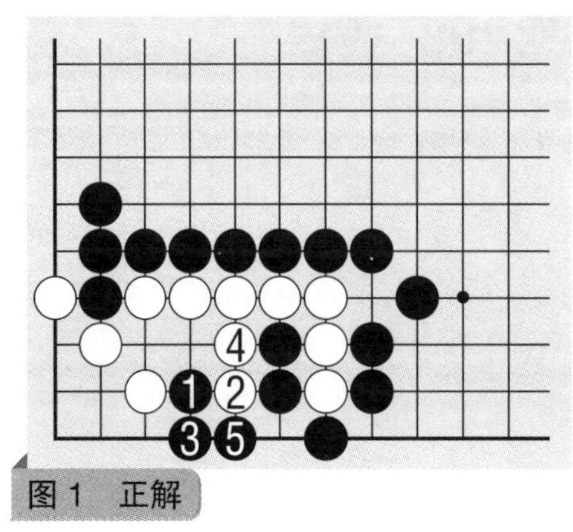
图 1　正解

问题 109　解说

图 1　正解

黑 1 靠是当然的攻击手段，2 挖时，黑 3 下立是不易考虑到下法，结果白棋净死。

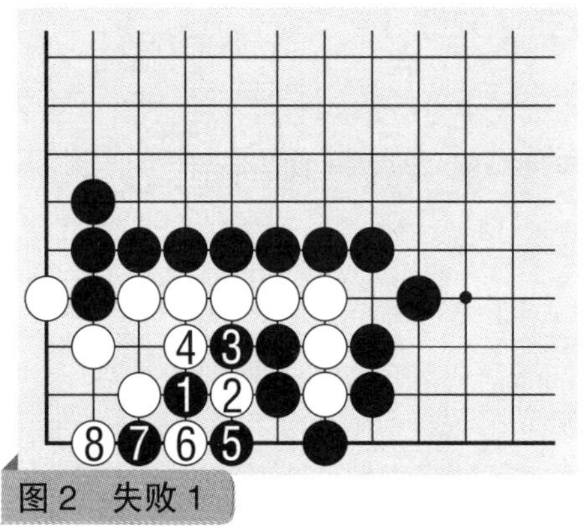
图 2　失败 1

图 2　失败 1

黑 1、白 2 时，黑 3 打吃虽常识性下法，但在本题中是俗手白 4、6、8 进行后，白棋可以下打劫。而正解中的黑 3，可以避打劫的结果。

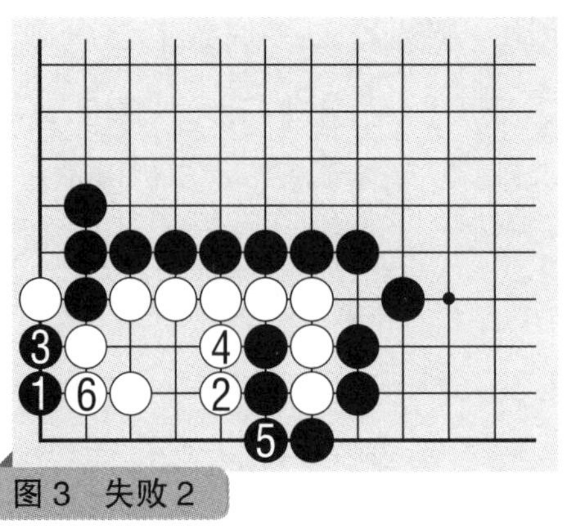
图 3　失败 2

图 3　失败 2

黑 1 虽在很多场合中都是急所但在本题中却是例外。白 2 以下白 6 进行后，白棋可以活。

题 110

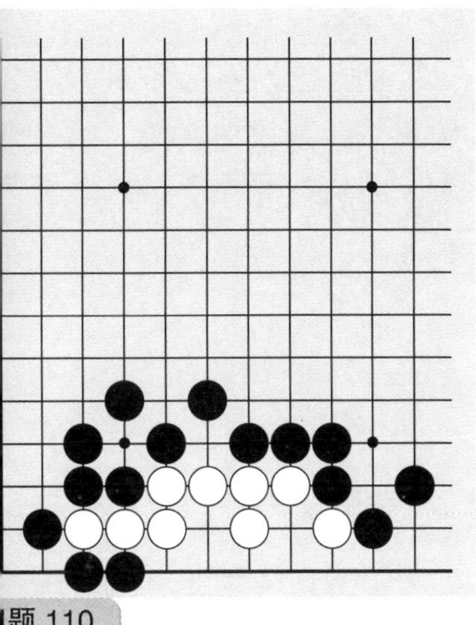
题 110

黑先。黑棋在本题中应避免下成打劫，而要无条件吃住白棋。请问黑棋应如何下?

题 111

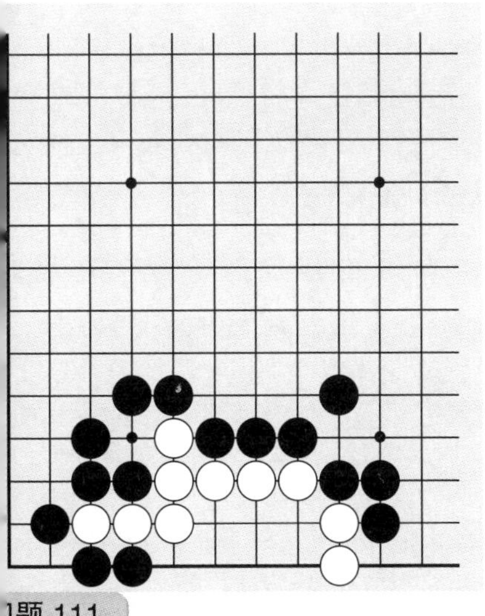
题 111

黑先。本题中，黑棋的攻击点有两处，请问黑棋应如何选择?

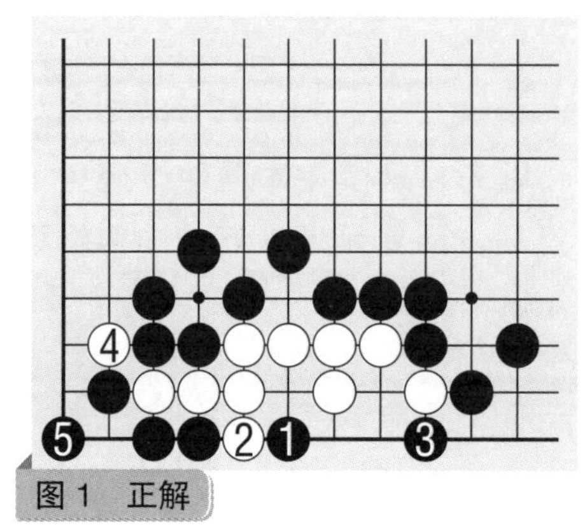
图 1　正解

问题 110　解说

图 1　正解

黑 1 先点，白 2 断时，黑 3
吃是正解。其后白 4 断，黑 5 充
利用了角的特殊性，结果白棋免
了一死。

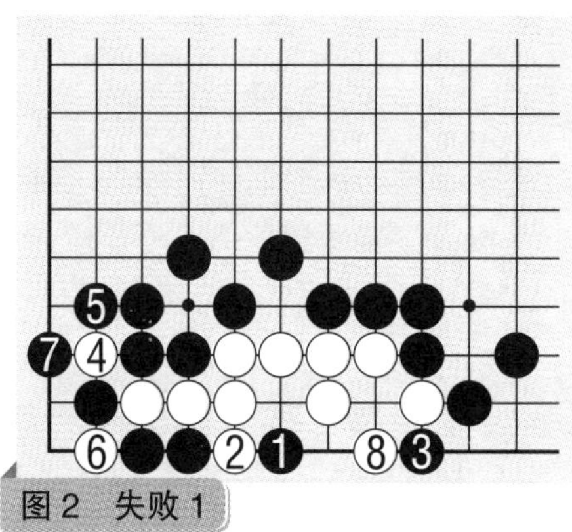
图 2　失败 1

图 2　失败 1

黑 1 至白 4 都是正确的进
但黑 5 打吃正合白意，白 6 提是
手，其后白 8 可以做劫，黑棋失

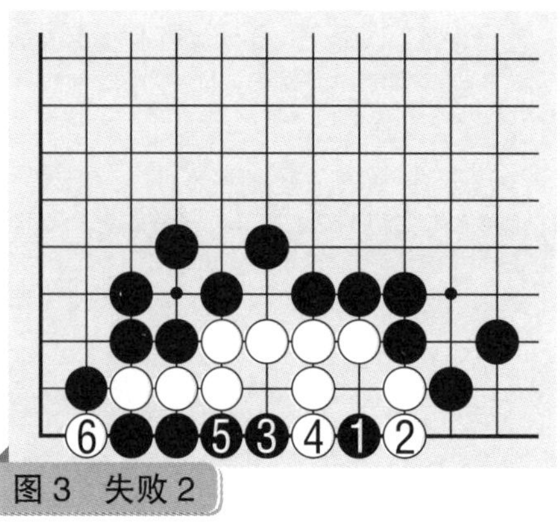
图 3　失败 2

图 3　失败 2

黑 1 先点次序错误，其后黑
时，白 4 断，黑 5 时，白 6 扑，
果白棋净活。

问题 111　解说

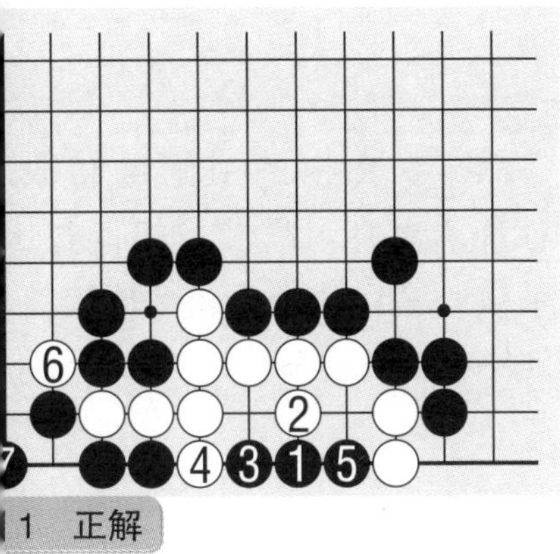

1　正解

图 1　正解

黑 1 点是本题的正解。白 2 时，黑 3、5 破眼，白 6 时，黑 7 是要领。

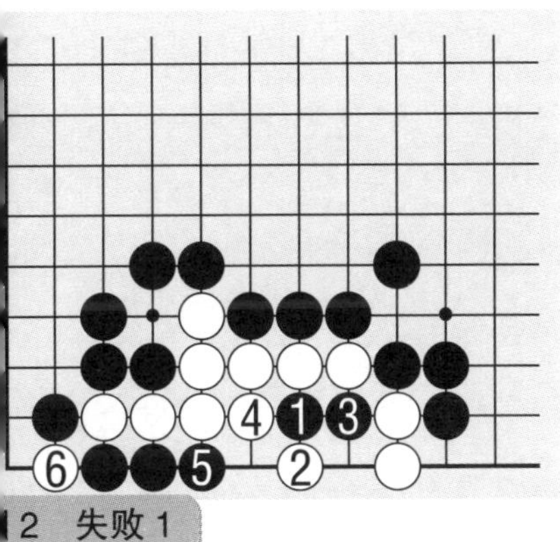

2　失败 1

图 2　失败 1

黑 1 点错误，白 2 应是好棋，黑 3 时，白 4 打吃，黑 5 爬，其后白 6 扑，结果黑棋成接不归的棋形。

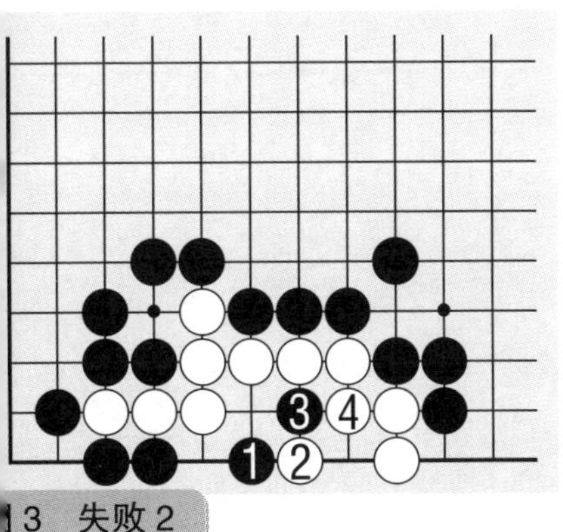

3　失败 2

图 3　失败 2

黑 1 点同样失败，白 2 应是好棋，至白 4，双方下成打劫。其中黑 3 如果下在 4 位，白棋下在 3 位，结果与图 2 相同。

问题 112

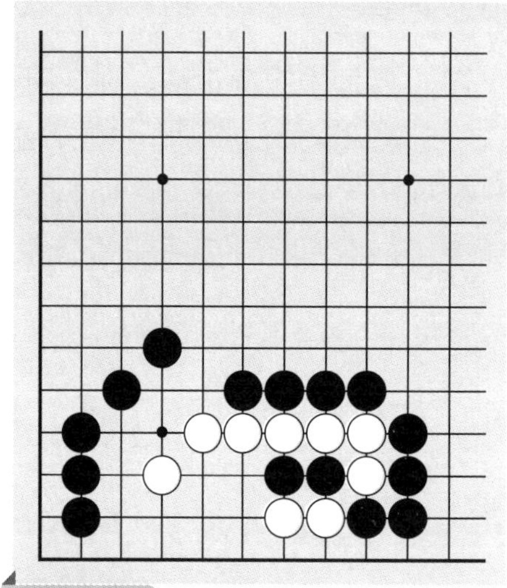

问题 112

黑先。白棋的空间虽然很大
却存在着弱点。只要黑棋能找出
一手棋，其后的进行将会比较简单
请问黑棋应如何下？

问题 113

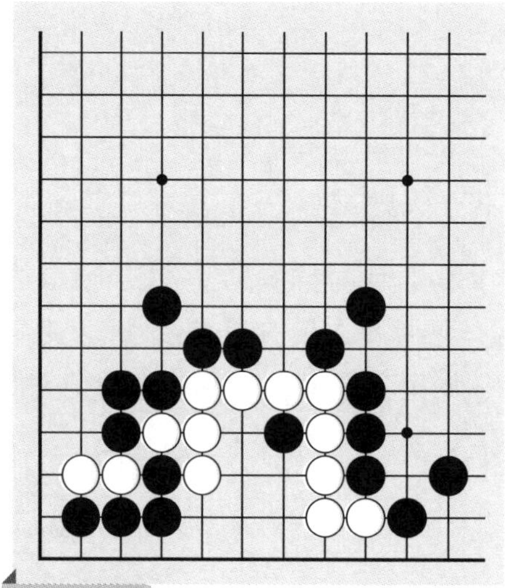

问题 113

黑先。本题虽然简单，但如
棋稍有不慎，也会遭到白棋的抵抗
请问黑棋应如何下？

问题 112 解说

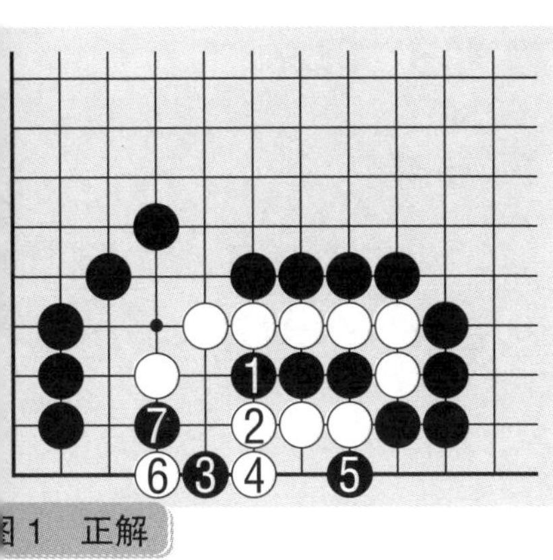
图 1 正解

图 1 正解

黑 1 长是妙手，白 2 时，黑 3 大飞破眼，结果白棋不活。

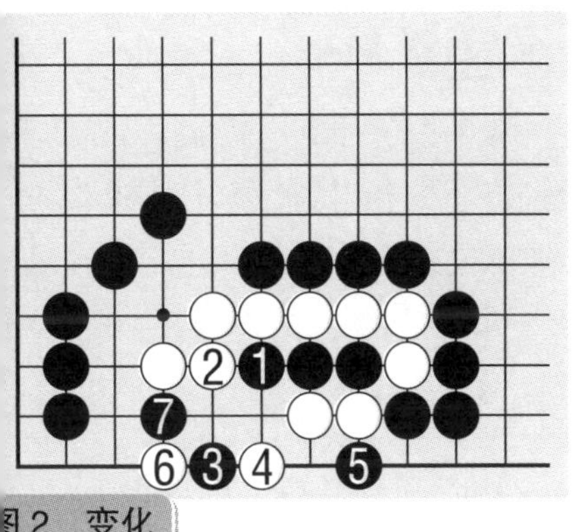
图 2 变化

图 2 变化

黑 1 时，白 2 换方向打吃，黑 3 同样大飞，结果与正解大同小异。其后白 4 时，黑 5 扳，白 6 时，黑 7 挖打，白棋无活路。

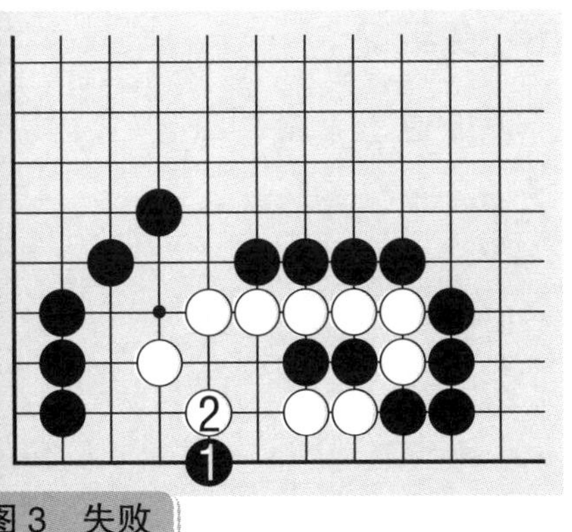
图 3 失败

图 3 失败

黑 1 直接大飞，白 2 是好棋，白棋的眼形丰富，黑棋失败。

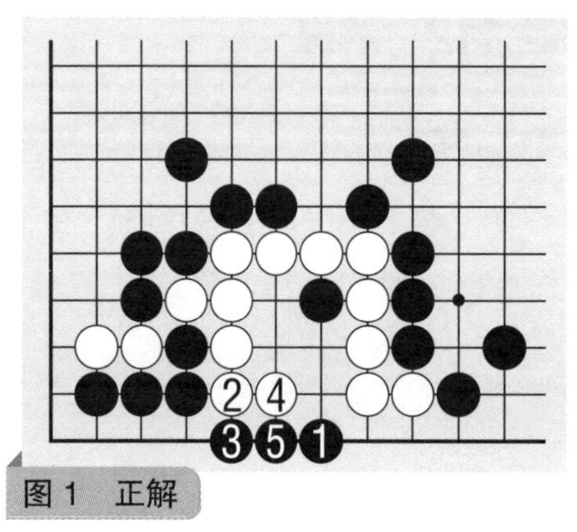

图1　正解

问题113　解说

图1　正解

黑1大飞是正解，白棋对此抵抗方法。以下进行至黑5，白净死。

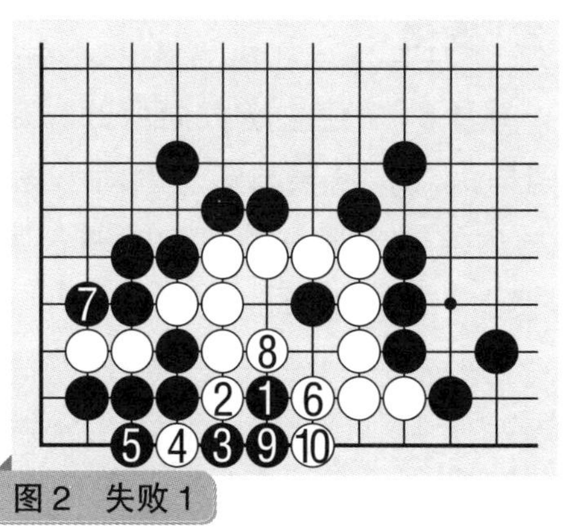

图2　失败1

图2　失败1

黑1跳是第一感觉，白2、6是很好的行棋次序，结果黑棋法继续攻击白棋。

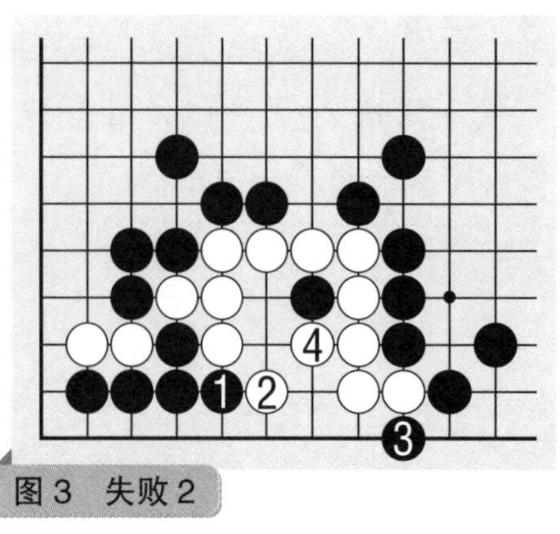

图3　失败2

图3　失败2

黑1过于平庸，白2、4后，棋已活。

题 114

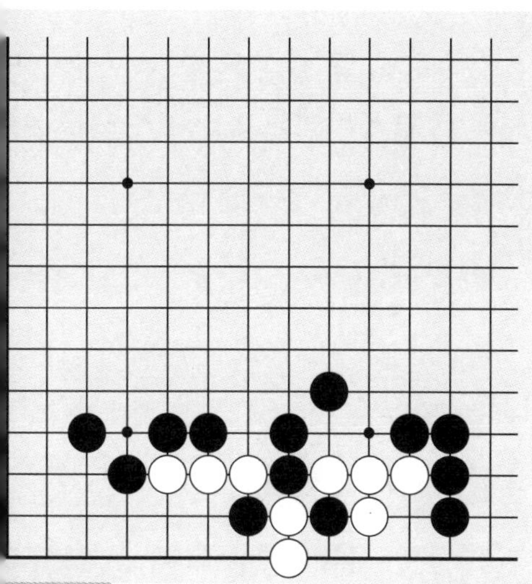
题 114

黑先。白棋在右边已有一眼，黑棋如要吃住白棋，只有在左边破白棋的眼位。请问黑棋应如何下?

题 115

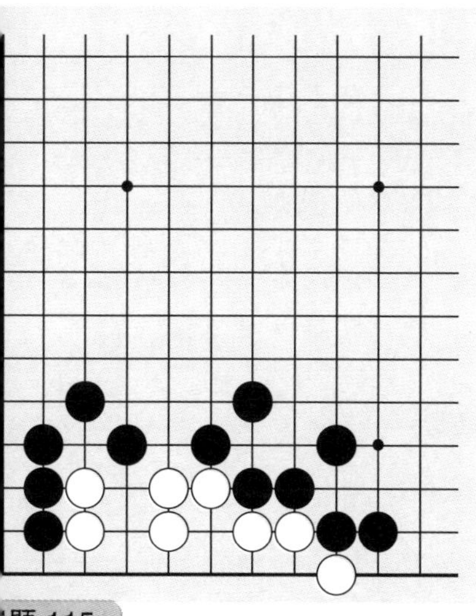
题 115

黑先。本题中白棋的棋形虽较有弹性，但黑棋却可无条件吃住白棋。请问黑棋应如何下?

问题 114　解说

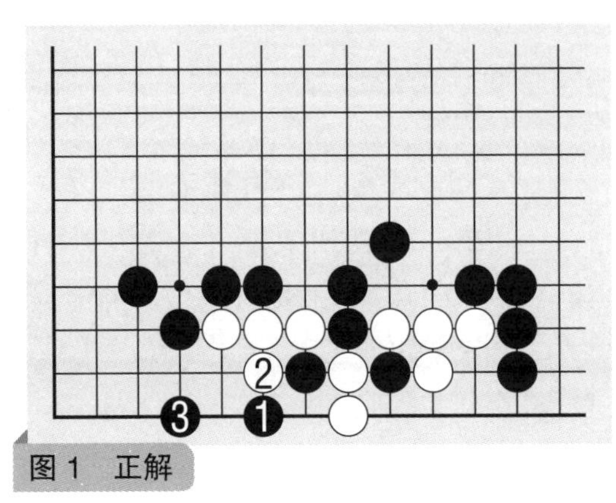

图 1　正解

图 1　正解

黑 1 尖是急所，白 2 时

黑 3 单跳联络，结果白棋净死

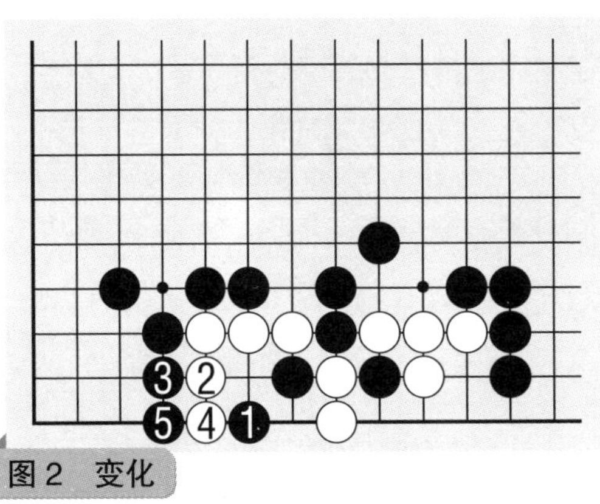

图 2　变化

图 2　变化

黑 1 时，白 2 进行抵抗

无作用，其后黑 3、5 挡，

棋由于两边都不入气而死。

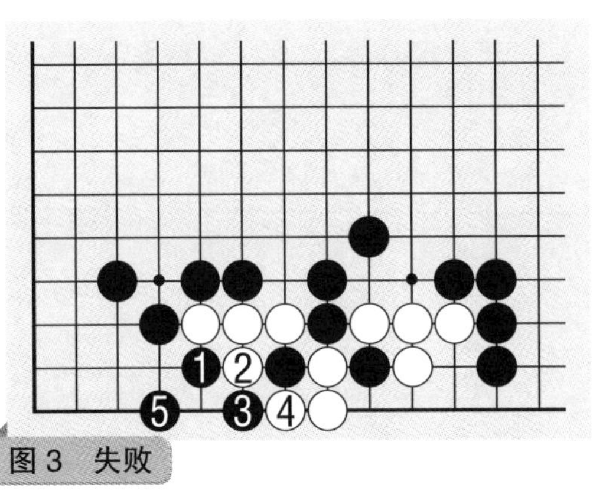

图 3　失败

图 3　失败

黑 1 扳，其后黑 3、5

劫，属于计算不足。

问题 115 解说

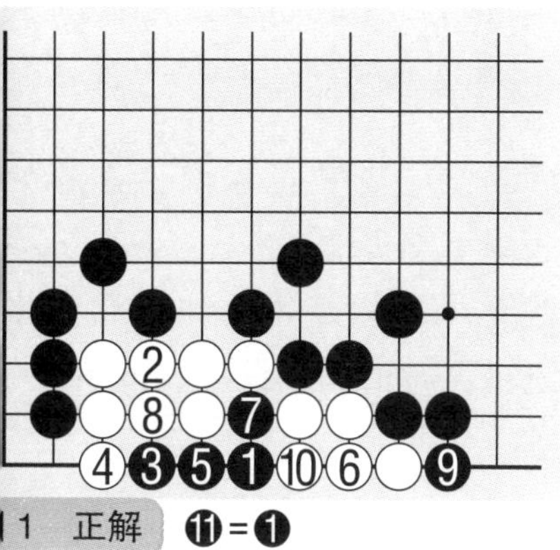

1 正解 ⑪=❶

图 1 正解

黑 1 点是急所，白 2 进行抵抗时，黑 3、5 可以破眼，白 6 时，黑 7 断绝妙，以下进行至黑 11，白棋净死。

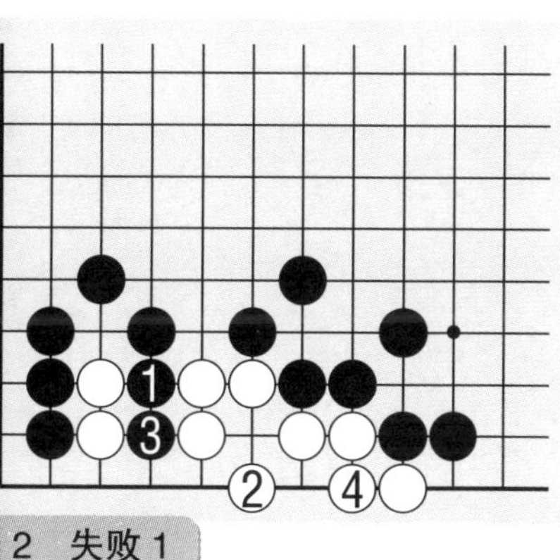

2 失败 1

图 2 失败 1

黑 1 冲无味，白 2、4 后，黑棋不过是吃掉白二子而已。

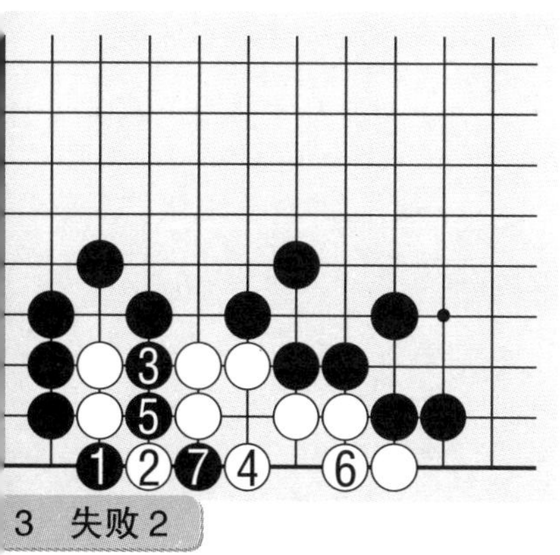

3 失败 2

图 3 失败 2

黑 1 扳虽也相当有力，但白 2 简单实用，黑 3 强行破眼，白 4 以下至黑 7，黑棋仅仅下成劫杀。

问题 116

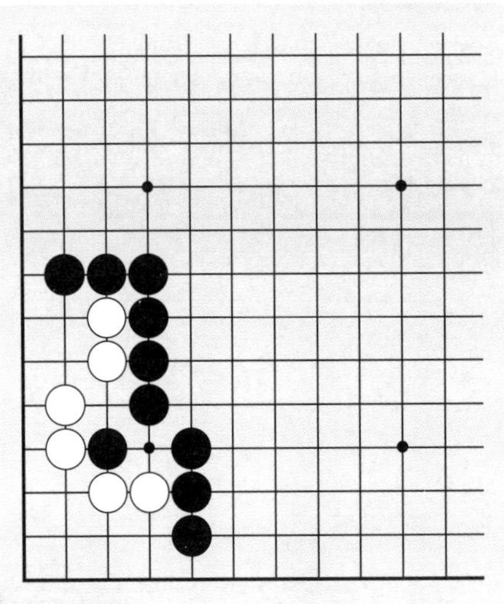

问题 116

黑先。本题可以说存在着死的盲点，其巧妙之处也正在于平中的不平凡。高手往往容易在本中犯错误。请问黑棋应如何下？

问题 117

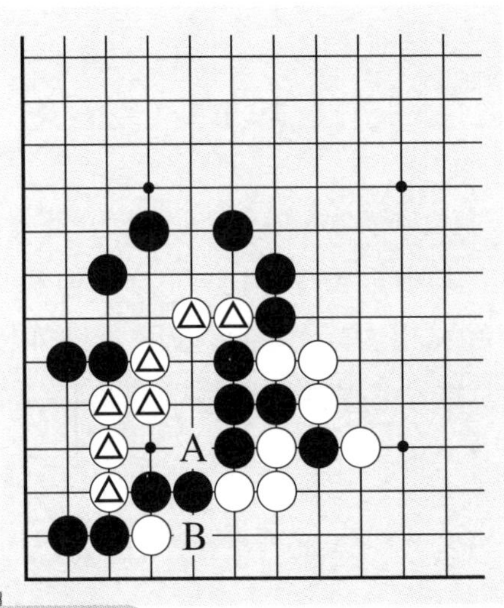

问题 117

黑先。白△七子，看起来有位和 B 位的手段可以活棋，但事并非如此。请问黑棋应如何下？

问题 116 解说

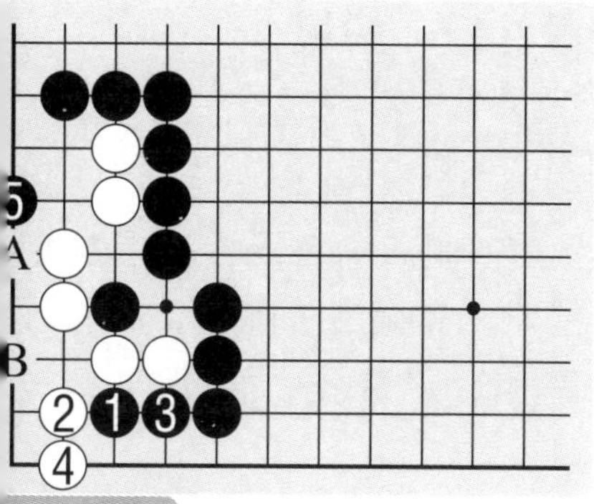

1 正解

图 1 正解

黑 1 跳入是平凡的好棋，白 2、4 时，黑 5 小飞，其后白 A 时，黑可 B 位点，白棋不活。

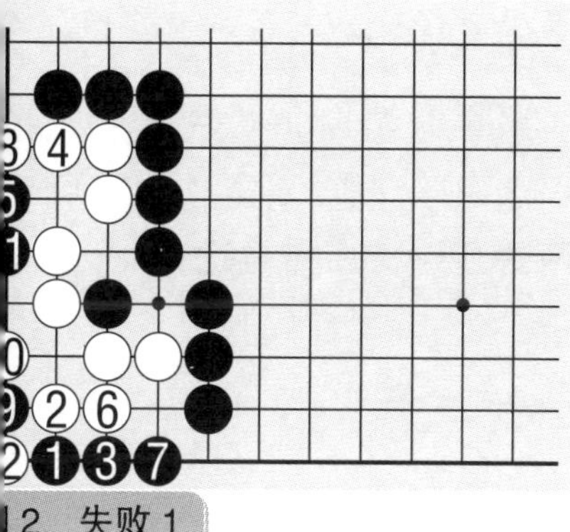

2 失败 1

图 2 失败 1

黑 1 大飞，看起来相当不错，但白 2 以下进行至黑 11，黑棋仅仅下成打劫。

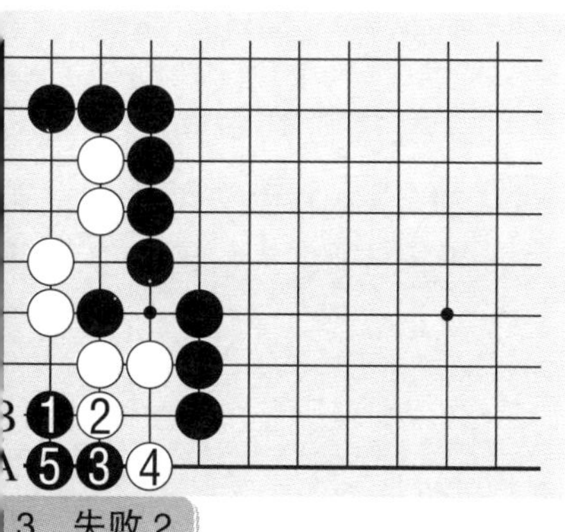

3 失败 2

图 3 失败 2

黑 1 点虽是第一感觉，但白 2 挡成立。黑 3、5 扳接后，白棋似乎已死，但这是错觉。白 4 可先于 5 位抵抗，黑 A 时再下在 4 位（黑如先下 4 位，白可下 B 位），双方下成打劫。

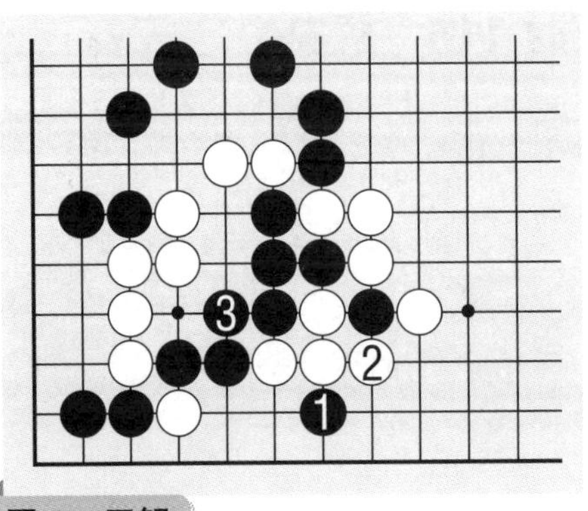

图1　正解

问题117　解说

图1　正解

黑1是具有飞跃性构想的下法
也是唯一能解决问题的方法。白
提子时，黑3接，由此可以吃
白棋。

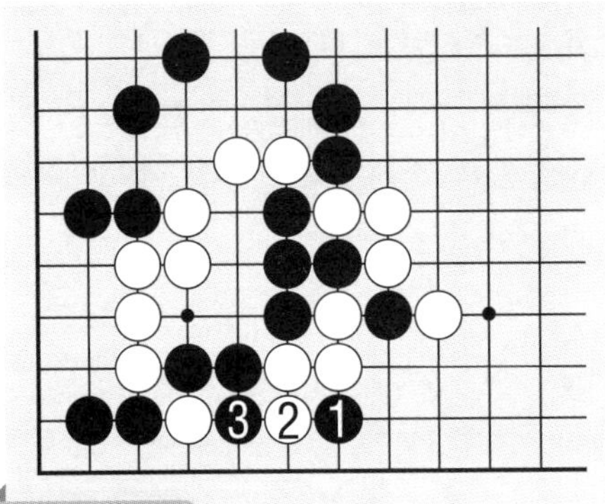

图2　变化

图2　变化

黑1时，白2如寻求变化，
3打吃白一子是先手，结果可以
补两处断点，白棋被吃。

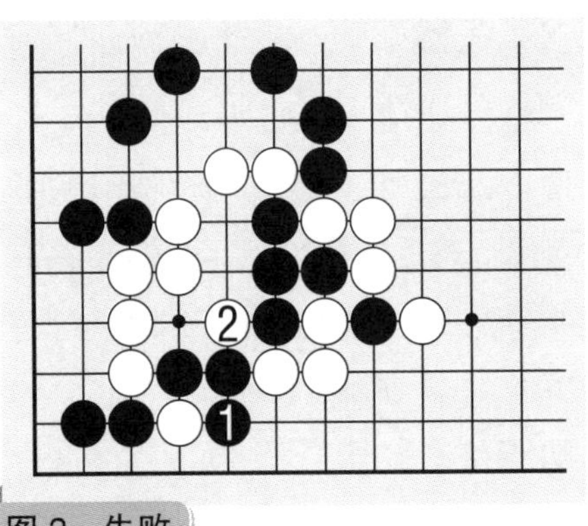

图3　失败

图3　失败

黑1直接打吃白棋一子是没
发现正解中黑1手筋的下法，白
断后，黑棋失败。

问题 118

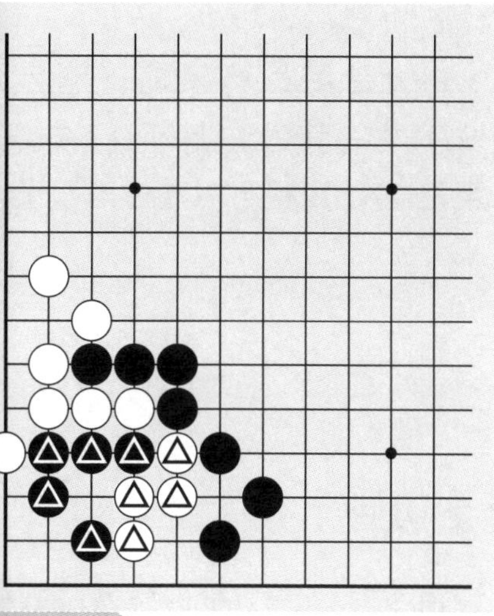
问题 118

白先。黑▲五子与白△四子展开了对攻，白棋如果稍有不慎，将有可能被吃。请问白棋应如何下？

问题 119

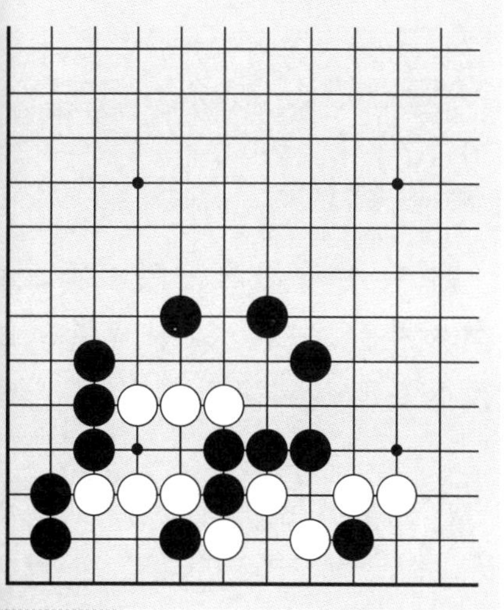
问题 119

黑先。本题中的黑棋能否吃住左边白棋六子？请问黑棋应如何下法？劫杀是本题的正解。

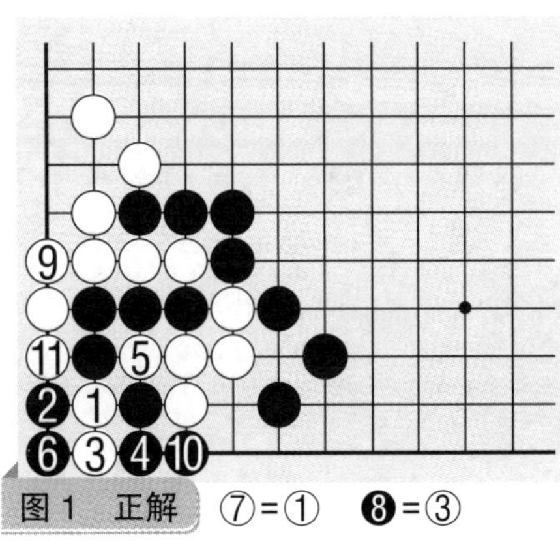
图1　正解　⑦=①　❽=③

问题118　解说

图1　正解

白1是绝妙的手筋，黑2时，白3下立，其后白5断、7扑，下至白11，白棋可以吃住黑四子。

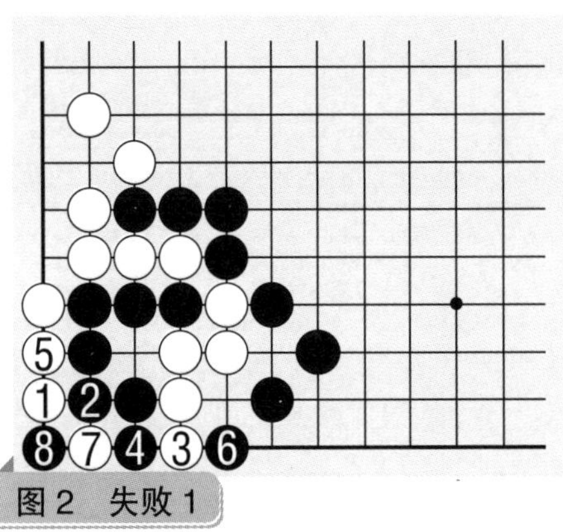
图2　失败1

图2　失败1

白1时，黑2抢占急所是好棋，白3以下至黑8，双方下成打劫。

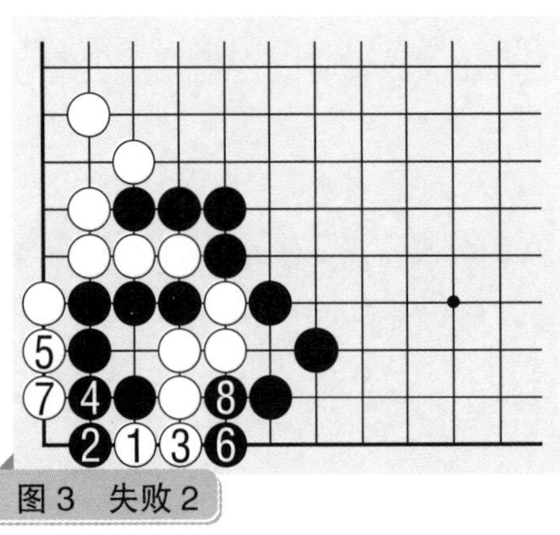
图3　失败2

图3　失败2

白1、3扳接时，黑4是好棋，形势发生了逆转，以下至黑8，棋反而气不够。

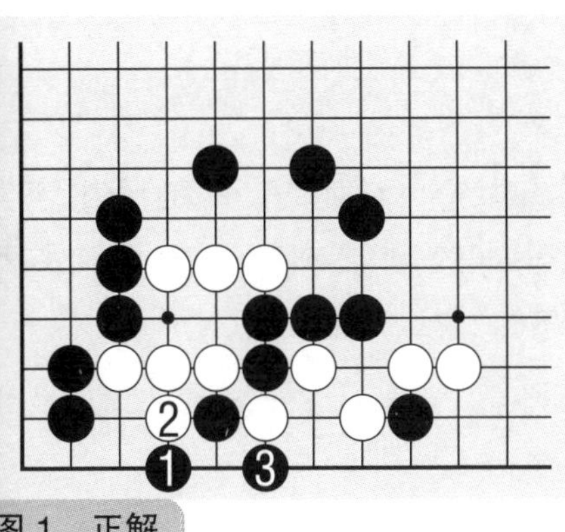

图 1　正解

问题 119　解说

图 1　正解

黑 1 尖是手筋，白 2 打吃时，黑 3 可以做劫，这一下法是本题的正解。

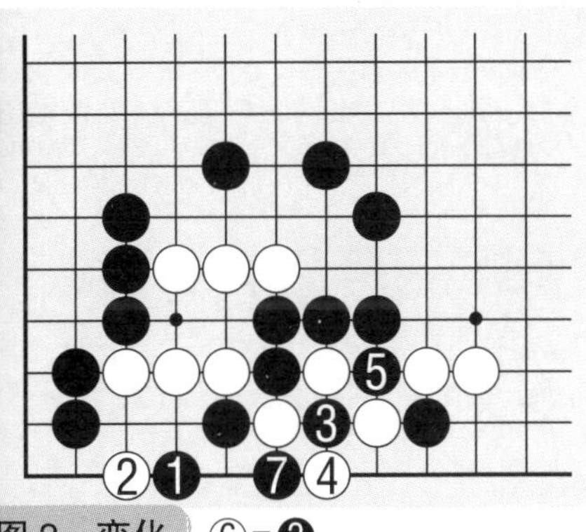

图 2　变化　⑥=❸

图 2　变化

黑 1 时，白 2 如寻求变化，黑 3 扑是好棋，以下进行至黑 7，双方下成打劫。

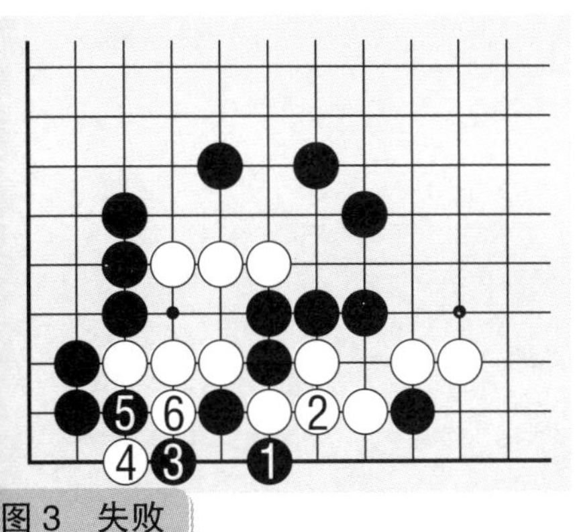

图 3　失败

图 3　失败

黑 1 先打，再黑 3 尖则次序错误，白 4、6 进行后，白棋可以净活。

问题 120

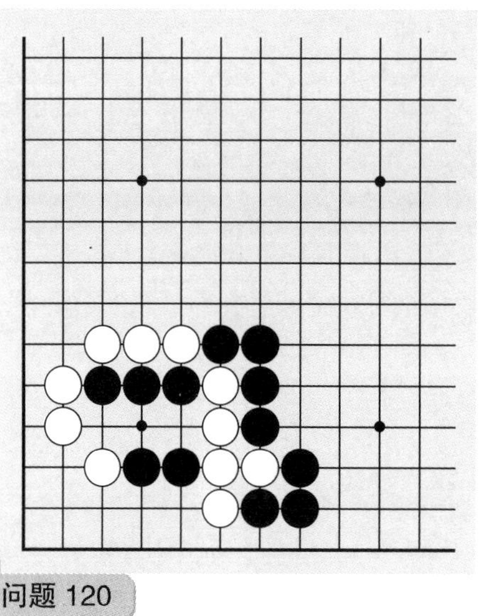

问题 120

白先。白棋五子和黑棋五子处于对攻的状态。请问白棋应如何下?

问题 121

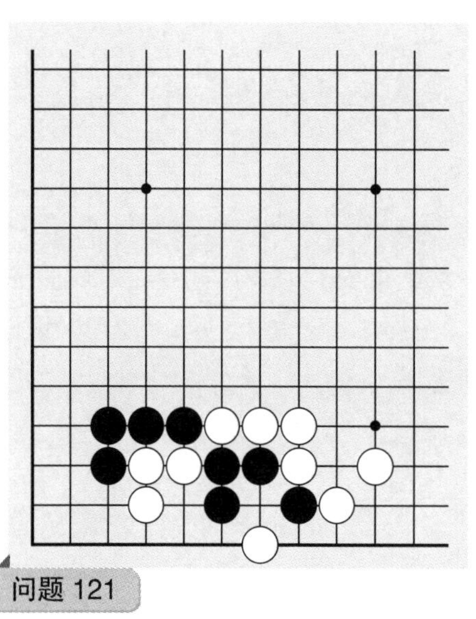

问题 121

黑先。黑白双方展开了对攻，看似问题很简单，其实不然。请问黑棋应如何下? 第一手棋是关键。

问题 120　解说

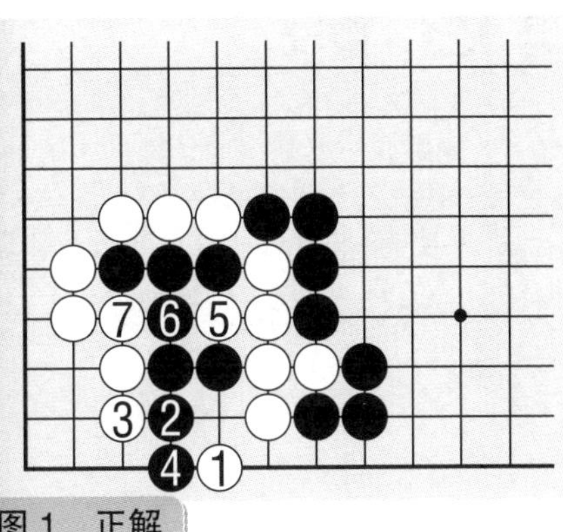

图 1　正解

图 1　正解

白 1 尖是对杀的急所，黑 2 应是当然的，其后白 3 谋求渡过，以下至白 7，对杀以白胜告终。

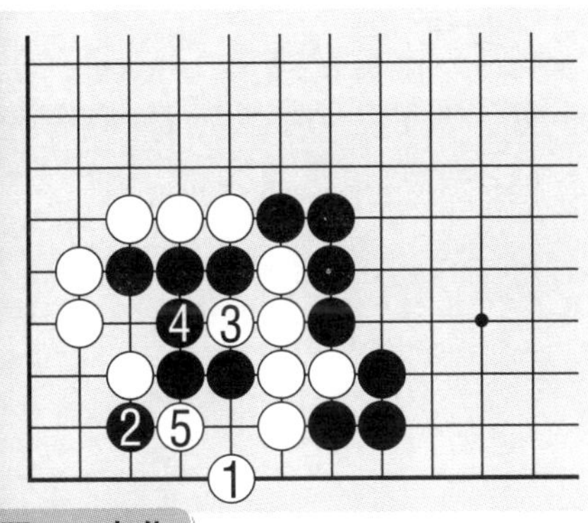

图 2　变化

图 2　变化

正解中的黑 2 如果下成本图中的黑 2 扳，白 3、5 进行后，黑棋同样不行。

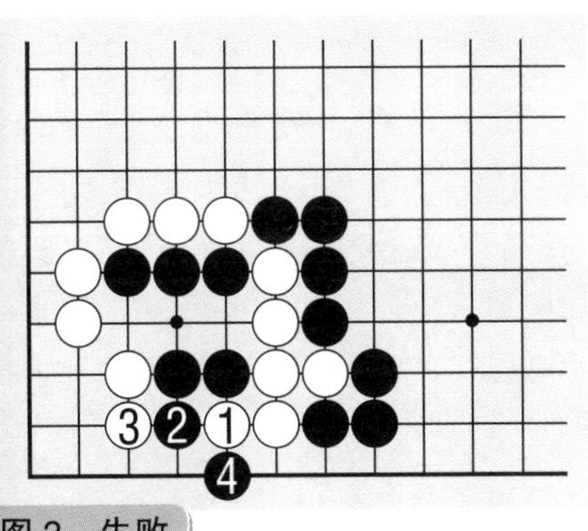

图 3　失败

图 3　失败

白 1 拐，被黑 2、4 应，白棋差一气被杀。

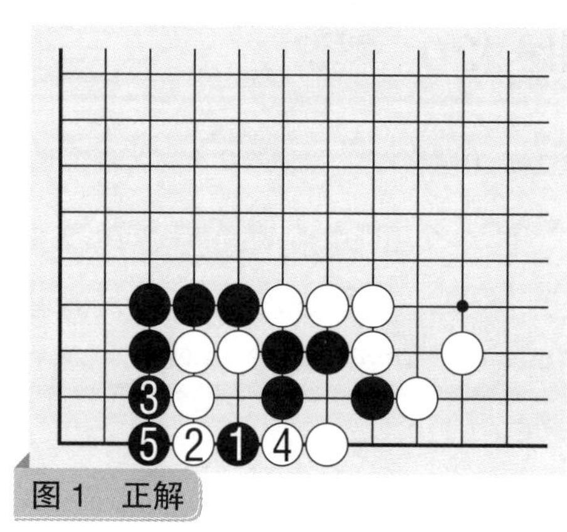

图 1　正解

问题 121　解说

图 1　正解

黑 1 尖是急所，白 2 时，黑 3 5 从外边紧气，对杀中黑胜。

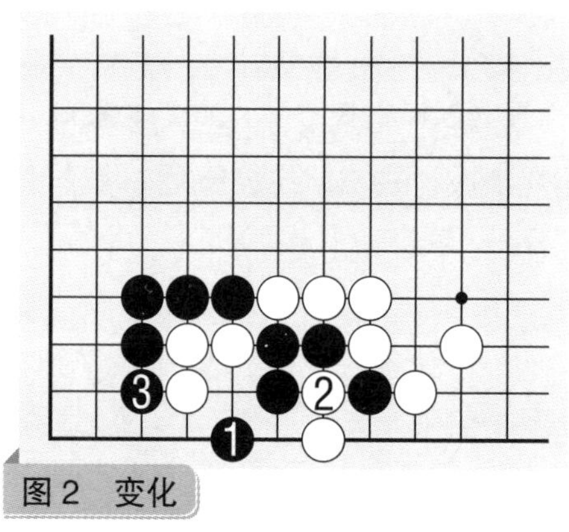

图 2　变化

图 2　变化

黑 1 尖时，白 2 如寻求变化 黑 3 挡后，结果仍是黑胜。

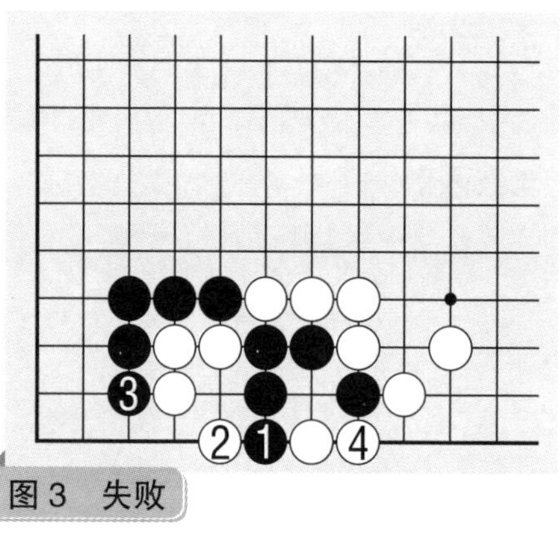

图 3　失败

图 3　失败

黑 1 下立，被白 2 抢占急所 形势发行了逆转。其中黑 1 如果 在 3 位，白棋同样下在 2 位，结 白胜。

问题 122

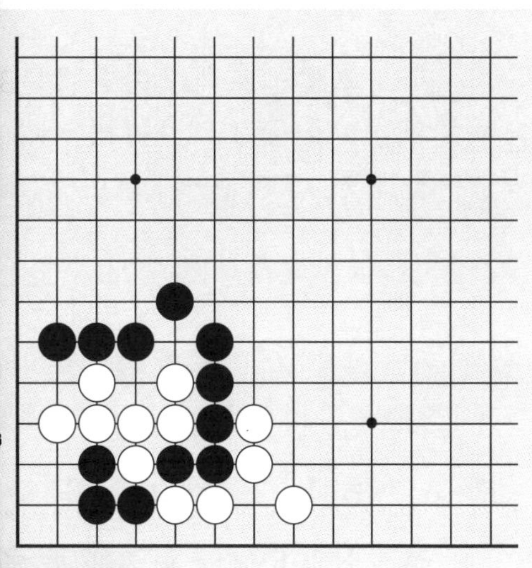
问题 122

黑先。黑棋三子和白棋七子展开了对攻。请问黑棋应如何利用角的特殊性杀死白棋?

问题 123

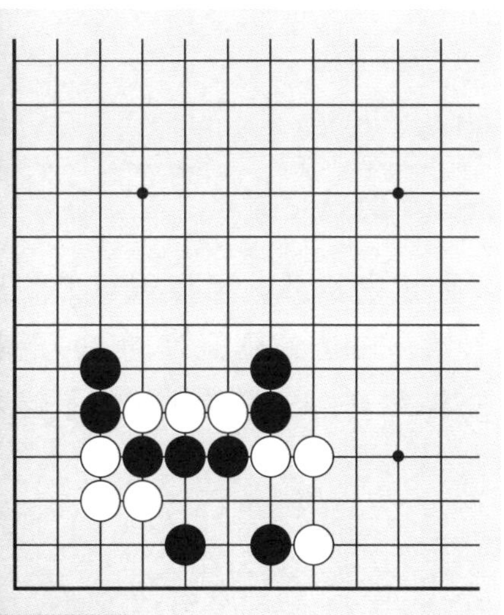
问题 123

白先。黑白双方展开了对攻,上边三个白子只有三气,故要想吃住下边的黑棋,必须将黑棋的气限制在三口以内。请问白棋应如何下?

问题 122 解说

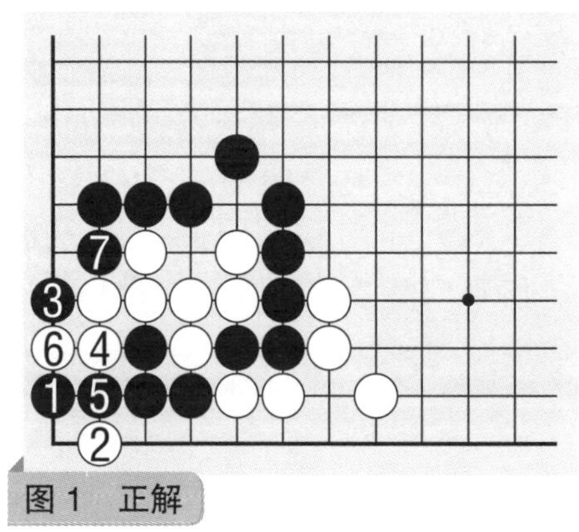
图 1 正解

图 1 正解

黑 1 单跳是急所，白 2 虽是最强的抵抗，但黑 3 又是好棋，以下进行至黑 7，黑棋快一气杀白棋。

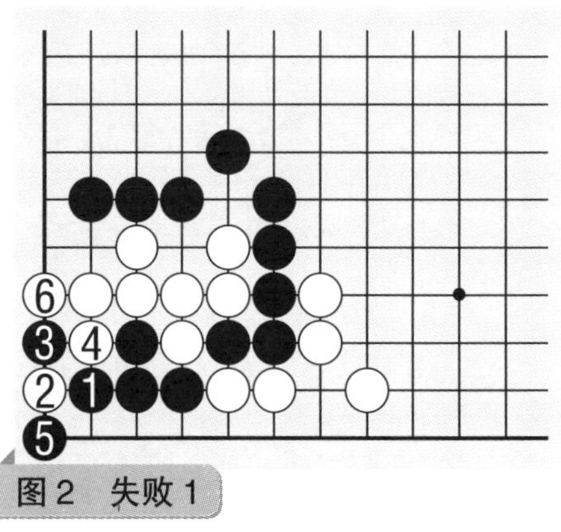
图 2 失败 1

图 2 失败 1

黑 1 时，白 2 是对杀的要点，以下进行至白 6，黑棋不可避免地下成打劫。

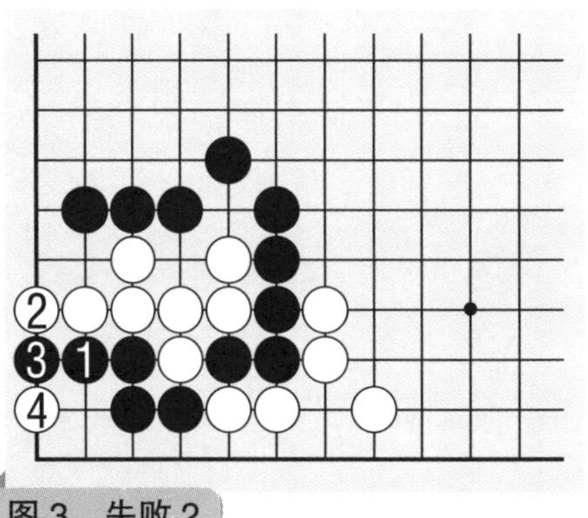
图 3 失败 2

图 3 失败 2

如果是实战，黑棋很可能下成黑 1 挡，白 2 应则是冷静的好棋，其后黑 3、白 4，结果黑棋气不够。

问题 123 解说

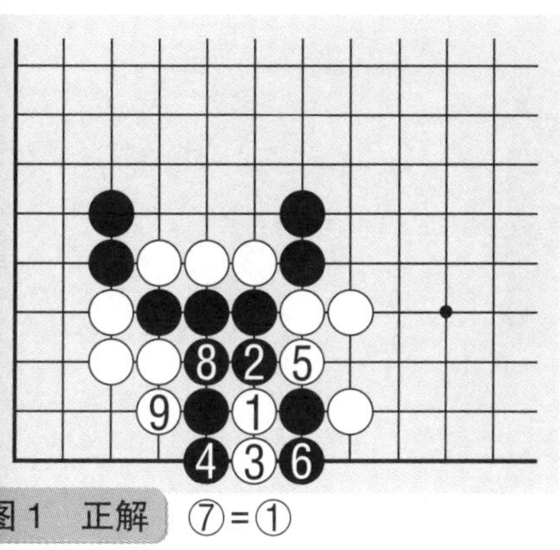
图 1 正解 ⑦=①

图 1 正解

白 1 挖是巧妙的手筋，黑 2 时，白 3 下立，其后白 5 打吃，以下进行至白 9，黑死。

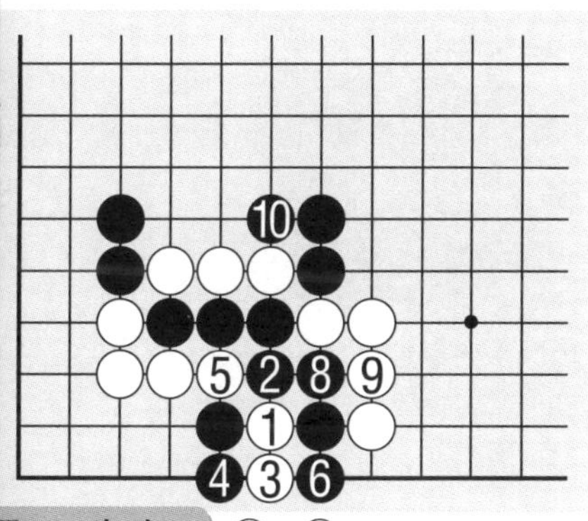
图 2 失败 1 ⑦=①

图 2 失败 1

白 1 挖，以下进行至黑 4 时，白 5 打吃方向错误。黑 6 时，白 7 扑，其后黑 8 连接，结果白棋失败。

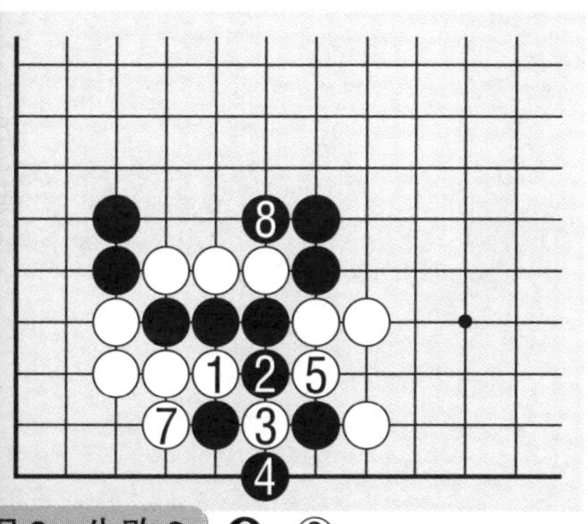
图 3 失败 2 ❻=③

图 3 失败 2

白 1 过于平庸，不可能在对攻中取胜。以下进行至黑 8，白棋失败。

曹薰铉、李昌镐精讲围棋系列

第一辑

精讲围棋官子．官子计算
精讲围棋官子．官子手筋
精讲围棋官子．官子次序

第二辑

精讲围棋棋形．定式常型
精讲围棋棋形．棋形急所
精讲围棋棋形．手筋常型

第三辑

精讲围棋布局．布局基础
精讲围棋布局．布局技巧
精讲围棋布局．布局实战 1
精讲围棋布局．布局实战 2
精讲围棋布局．布局实战 3

第四辑

精讲围棋定式．星定式
精讲围棋定式．小目定式
精讲围棋定式．目外高目三三定式
精讲围棋定式．定式选择
精讲围棋定式．定式活用

第五辑

精讲围棋对局技巧．基本技巧
精讲围棋对局技巧．接触战
精讲围棋对局技巧．实战对攻

第六辑

精讲围棋中盘技巧．打入与侵消
精讲围棋中盘技巧．攻击
精讲围棋中盘技巧．试应手

第七辑

精讲围棋手筋．1
精讲围棋手筋．2
精讲围棋手筋．3
精讲围棋手筋．4
精讲围棋手筋．5
精讲围棋手筋．6

第八辑

精讲围棋死活．1
精讲围棋死活．2
精讲围棋死活．3
精讲围棋死活．4
精讲围棋死活．5
精讲围棋死活．6